NONFICTION
論創ノンフィクション
043

ヒロポンと特攻

太平洋戦争の日本軍

相可文代

論創社

ヒロポンと特攻　太平洋戦争の日本軍　目次

2章 学校と生徒を根こそぎ利用した日本軍

3章 覚醒剤入りチョコレートはなぜ作られたのか

4章 ヒロポンと特攻

5章 特攻とは

カバー写真 「科学朝日」一九四三年一〇月号掲載

はじめに

二〇二一年の五月末に『「ヒロポン」と「特攻」　女学生が包んだ「覚醒剤入りチョコレート」　梅田和子さんの戦争体験からの考察』を自費出版してから二年がたった。当初は知人がSNSで広げてくれるくらいだったが、八月に「共同通信」の電子版で報じられてから注目されるようになり、多くの方に読んでもらうことができた。

毎年、八月一五日の「終戦記念日」と、一二月八日の「太平洋戦争開戦日」の前後には、テレビで戦争関連の特集番組が組まれる。それを見ていて、やはり映像の持つ力は大きいとあらためて感じた。のちの人々にさらにリアルに伝えるためには、梅田さんの証言を映像に残す必要があると思い立ち、二〇二一年の秋から撮影を始めた。それだけではなく、「ヒロポンと特攻」にかんするさまざまな証言、資料、戦争遺跡の映像なども必要だと考えた。

しかし、思い立った時点では、戦争体験者の多くはすでに故人になっていた。そのうえ、ヒロポンにかんする証言は極端に少ない。ヒロポンと特攻との関係を私に証言してくれたのは梅田さんただ一人で、あとはいくつかの書籍に数件の証言があるだけだった。しかし、書籍であれ証言がある以上、ヒロポンが特攻兵に与えられていたことは事実である。元特攻基地の映像も含めて、何とかドキュメンタリー映画を作ろうと、コロナ禍ではあったが、二〇二二年春から本格的に撮影を開始した。

その真っただなかで、新たなヒロポン注射にかんする情報を得た。元海軍軍医の蒲原宏《かんばらひろし》さんが鹿児島県串良《くしら》基地で特攻兵にヒロポン注射を打っていたという二〇一六年の「新潟日報」の記事を、教えていただいたのである。蒲原さんは健在で、連絡を取るなかで、出撃前に串良基地でヒロポン注射を打たれたと証言している沓名坂男《くつなさかお》さんに注射をしたのは、蒲原さん本人であることがあきらかになった。打たれた特攻兵と打った軍医の証言が、ぴったり合った瞬間だった。

そんなときに、論創社から『ヒロポンと特攻』を出版しないかというお話をいただいた。私の冊子を読んだ方が、ご自分の著書や関連資料を送ってくださったり、撮影の過程で新たに得た情報もあった。せっかくなので、それらも含めて書き足して出版したいと考えた。したがって、本書は自費出版の『「ヒロポン」と「特攻」』を基にしつつも、太平洋戦争における日本軍と特攻の実相を、さらに鮮明にする内容を加えている。

私は、過去の侵略戦争が美化され、「祖国や愛する人のために命を捧げた尊い戦い」というキャンペーンがはびこる現状に、強い危機感を持っている。日本を再び「戦争をできる国・する国」にするために、「改憲」が目論まれ、教科書が変えられようとしてきた。戦争を止めるためには、戦争をしたがる人たち、戦争によって利益を得る人たちの前に立ちふさがる人々がたくさんいなければならない。そのために必要なことは何か。

ひとつは、戦争の実相をリアルに伝えることである。美化したくても、とうていできないくらいの悲惨な加害と被害の絡み合った現実を、伝えなければならない。戦後、これまでも多くの戦争体験が語られ、戦争の実相を伝える書籍がたくさん作られた。だが、繰り返し語り継がれなければ、やがて忘れ去られていく。体験者がどんどんいなくなるなかで、私たち、体験していない世代が語り継がねばならない。いまだ少数ではあるが、若い人たちのなかにも語り継ごうとする人たちがいる。これにはずいぶん力づけられる。

しかし、体験の継承だけでは不十分だと考える。そのような悲惨な戦争を、なぜ、止められなかったのか。なぜ、多くの人々が積極的にしろ、消極的にしろ、受け入れ・加担していったのか。当時の政治や経済、社会の状況にまで踏み込んで原因を突き止めなければ、戦争反対の意志は情緒のレベルでとどまってしまう。そして結局は、「経済や生活の苦境を打開するためには戦争もやむをえない」とか、「向こうがわれわれの資源や領土を奪いに来るのだから戦争もやむをえない」と、またもや戦争への道を選択してしまうことにもなりかねない。

戦争という歴史的なできごとの因果関係を掘り下げる「歴史認識」と統一されてこそ、「戦争体験の継承」も生きた力となる。国内の困難を国外に排外的に転嫁するのが戦争である。冷静に考え行動する人が多数にならなければ、戦争はまた起こるだろう。そして、大きな戦争であれ、小さな戦争であれ、他国にも自国にも犠牲者は必ず出る。

二〇二二年二月に始まったプーチンのロシアによるウクライナ侵略は、日本の軍事力を一気に拡大し、そのための増税を強いる状況まで作りだした。どうすれば戦争を防げるのか。この危機を克服するために、本書が少しでも役に立てば幸いである。

1章　女学生が包んだ覚醒剤入りチョコレート

1　梅田和子の家庭

梅田和子は一九三〇年九月二三日に、田村堅三《けんぞう》・登美《とみ》夫妻の三人姉妹（俊子、静子、和子）の三女として、神戸市で生まれた。父親の堅三が大阪市で弁護士事務所を開業したので、二歳からは大阪市の中之島の近くで育った。中之島公会堂や図書館が遊び場だった。自宅兼弁護士事務所の三階建ての大きな建物には、両親、祖母、三人の子ども以外に、弁護士、事務員、書生、お手伝いさんなどがいて、常時一五人以上がいるにぎやかな生活だった。しかし、戦争が激しくなるにつれ、若い人たちは戦争に駆り出されていった。

父親の堅三はリベラルな思想の弁護士で、和子は子どものころから、部落差別や朝鮮人差別をしてはいけないと教えられた。堅三は、松島遊郭事件や住友別子銅山争議の弁護[1]で知られている。母親の登美は神戸育ちのハイカラな女性で、モンペをはくのを嫌がり、国防婦人会の活動にもあまり参加しなかった。「御真影」[2]の前では最敬礼しなければならないと学校では教えられていたが、和子はまじめにやらない子どもだった。

堅三は日米開戦反対派として知られた野村吉三郎《きちさぶろう》・海軍大将と交流があった。野村は一九三二年四月二九日の上海天長節爆弾事件で、朝鮮の独立運動家・尹奉吉《ユンボンギル》の投げた爆弾で右目を失明し、義眼を入れていた。同郷（和歌山県）のよしみもあったと思われるが、しょっちゅう田村弁護士宅に遊びに来た野村は、和子をかわいがり、よく膝に乗せてくれた。和子にとっては大好きなおじさんであった。野村は義眼を外して和子に見せることもあったという。

日米開戦前の一九四〇年、和子が西天満小学校[3]四年生の夏、野村は田村弁護士らを伴ってサイパンなどの南方旅行に出かけた。にぎにぎしい見送りがおこなわれ、和子は学校を休んで母親、姉たちといっしょに横浜港に見送りに行った。民間人の友人を連れた旅行という触れ込みであったが、実際には、南方への軍事進出を見すえた視察旅行であったと思われる。この視察から戻った野村は、同年一一月に駐米大使となり、日米開戦回避のために奔走した。

和子が小学校一年生のときに日中戦争が始まった。和子の家は大阪駅に近く、出征する兵士の宿泊所になることもたびたびあった。このころは各地から集められた兵士が大阪駅で降り、大阪港から出征していくあいだの宿泊所として、民間人の家が割り当てられることがあったのだ。

母親の登美は戦争を嫌っていたが、献身的に兵士の世話をした。日中戦争が膠着し、すでに物不足の時代になっていたが、食料品をかき集め、精一杯のもてなしをした。兵士が家族に出す手紙を預かり、故郷の家族との仲立ちをすることもあった。小学生であった和子も慰問袋づくり、出征兵士の見送りや英霊[4]の迎えに駆り出された。

和子が小学校五年生のときに太平洋戦争が始まった。姉がピアノを弾いていると、「敵性音楽

梅田和子の家族（右から父・堅三、母・登美、祖母・ヨシエ、長女・俊子、次女・静子、三女・和子）

だ」と警官が来た。家に石が投げつけられることもあった。「ベートーベンの曲は同盟国の音楽だ」と釈明し、蓄音機に布団をかぶせてレコードを聴くこともあった。

2　高槻市への疎開

日米の国力を冷静に分析し、日本が負けると予想していた父親は、街中での暮らしは危険だと判断し、高槻市の富田《とんだ》に家を購入した。太平洋戦争の開戦前ではあったが、祖母の世話をするという名目で、小学五年の和子がいっしょに疎開した。一家をあげての疎開は「非国民」と見なされるため、両親と姉は自宅に残り、大阪市と高槻市を行ったり来たりしていた。

疎開したものの、和子は地元の小学校への転校が認められなかった。高槻市から元の西天満小学校に通い、一九四三年に旧制大阪府立大手前高等女学校に進学した。旧制中学校と女学校はもともと五年制だったが、和子が入学した一九四三年からは四年制に短縮された。

和子の四歳年上の姉である静子たち上級生には、配属将校による教練（手旗信号の練習など）があった。だが、和子たち下級生には教練も勤労奉仕も少なく、まがりなりにも授業をしていた。ただ、長距離の行軍練習などはあった。

大手前高女の前にある大阪城には、中部軍管区司令部や陸軍第四師団司令部が置かれ、東洋一の兵器工場といわれた陸軍砲兵工廠もあった。そのため、空襲が激しくなるなかでの通学はきわめて危険となり、父親が大阪府庁と何度も交渉し、二年生の三学期、一九四五年一月末[6]に、ようやく旧制大阪府立茨木高等女学校[7]（以下、茨木高女）に転校することができた。

3　旧制茨木高等女学校に置かれた大阪陸軍糧秣廠の支所

茨木高女の校舎は新しくてきれいだった。一九三四年の室戸台風で木造校舎が倒壊し、教職員二名と生徒四名が亡くなった。その後、一九三七年に再建された新校舎は、鉄筋コンクリート造りの立派な建物だった。転校したものの授業はまったくなく、ほとんどの生徒は外部の工場に勤労奉仕に出ていた。また、茨木高女の敷地内に工場があり、そこで勤労奉仕をする生徒もいた。

春日丘高校の同窓会誌『藤蔭百年』[8]によると、校内には大阪陸軍糧秣廠《りょうまつしょう》の支所があった。茨木高女は茨木カンツリー倶楽部から近く、東海道本線の茨木駅[9]にも非常に近かったため、校舎そ

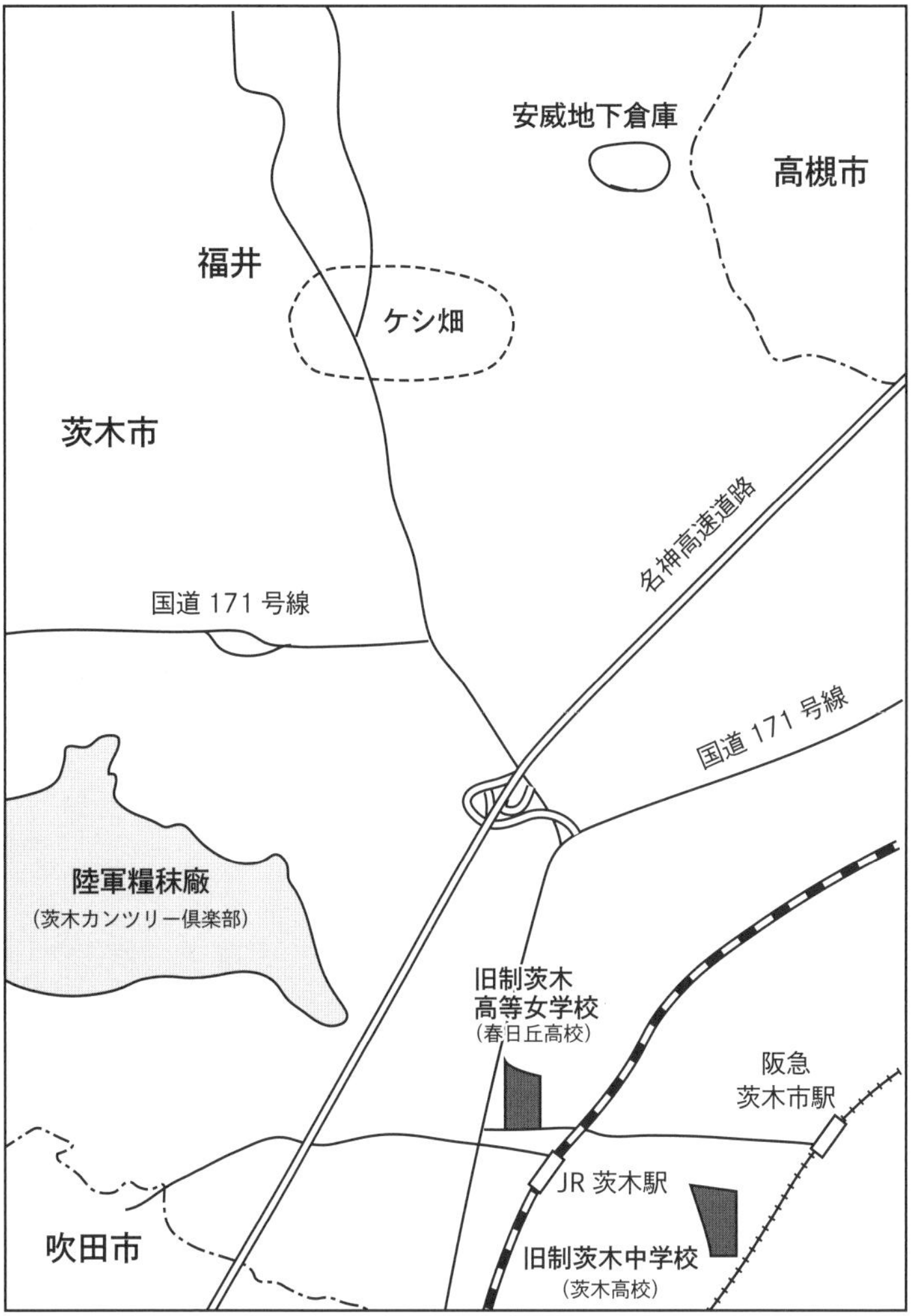

本書に出てくる茨木市の関連地図

女学生時代の梅田和子

のものが軍需工場として使用されたと考えられる。『藤蔭百年』では、一九四四年の夏ごろの様子が次のように書かれている。

当時、茨木ゴルフクラブ[10]の場所にあった陸軍糧秣廠が茨木高女の校舎を使用しており、生徒たちは糧秣廠の仕事を手伝った。六月から夏のあいだはイカナゴ干し作業をしたという。

学校に出てくると二人一組で何枚か筵《むしろ》を渡されてイカナゴを拡げる。なかにちっちゃいイカやタコが混じっていたら食べて良いってことになっていた。タコ、イカ、カニとか見つけて鼻紙ひろげて入れてひねって持って帰ったりした。六月から七月八月と、暑いよ、運動場で。楽しかったよ、しゃべりもってするから。そのころはまだ授業があったね。朝、イカナゴ拡げて、授業二時間ほどして『せえの』ってひっくり返して、また授業して、お弁当を食べて。午後、乾いたところで修練館で詰めたね。リンゴ箱に詰めた。荷車へ持って行ってた。

糧秣廠は軍隊用の食料品を扱っている部署で、生徒たちは餅粉や乾燥野菜、チョコレートなどの袋詰めや包装作業をした。包装された食料品は箱詰めされて茨木駅から貨車に積み込まれるのだが、力持ちの生徒で「強力《ごうりき》班」が結成され、茨木駅に運んだ。貨車に積み込む作業は女生徒ではできなかったので、中学校生[11]が担当した。そのなかにかわいい男の子がいて、「あの子、ええ子やわー」と内々で騒ぐのが「貨車積みに行く楽しみ」であった。糧秣廠からは蚕《かいこ》の蛹《さなぎ》を粉末にしたものを混ぜ込んだ（藁《わら》も入っていたという）チョコレート色のコッペパンが生徒たちに配られており、ときどきお菓子やチョコレートのはじっこが口に入ることもあった。

戦争末期の食糧難のなかで、コッペパンがもらえ、少量であれ、お菓子のおこぼれももらえるのはうれしかったことだろう。空襲はあっても、まだ茨木市は田舎でのんびりしていた。男子生徒といっしょの作業に、心をときめかせていた女子生徒もいたようだ。

4　校内にあった覚醒剤入りチョコレート包装工場

茨木高女に転校した和子は級友に紹介されることもなく、担任の教師に校庭の隅のプレハブ[12]に連れて行かれた。教師からは「兵隊さんに送るチョコレートを包む仕事だ」と説明された。そこはチョコレートの包装作業場で、体の弱い生徒、不良といわれている生徒、転校生などで構成されており、二年生から五年生までいた。教師から梅田さんに与えられた〝任務〟は、「チョコレート工場では生徒がチョコレートを盗むので、それを監視して誰が何本盗んだかを教師に報告すること」であった。なぜ、来たばかりの生徒にそんなスパイのようなことをさせるのか。その理由は、「茨木高女より大手前高女のほうが格が上で、上位の者は下位の者を監督する義務がある」というものだった。

上級生たちは和子に与えられた任務＝〝密命〟を見抜いていたのか、和子をその日のうちに屋上に呼び出した。一五センチほどの棒状のチョコレートを何本も見せ、そのなかの一本を差し出して、「これを食べろ」と迫った。裕福な和子の一家だったが、そのころの食糧難はひどく、長年食べたことのないチョコレートである。ひとくち食べるとカッと体が熱くなり、何らかの薬物が入っていることは、子どもの和子にもわかった。上級生は「これは特攻隊が最後に食べるもので、何か入っているみたいだ」と説明した。「食べたからにはおまえも同罪だ。先生には絶対言うな」と念を押されたが、和子は、はじめから教師に告げ口する気はなかった。父親にチョコレートの話をすると、「ヒロポン[13]でも入れているのだろうか」と言ったという。

教師からは白い目で見られている覚醒剤入りチョコレート包装班であったが、和子からすると良い人ばかりだった。軍事教練が嫌で耐えられないため、「落ちこぼれ」と見られているだけで、詩を作ったりして楽しむ優しい人たちであった。いっしょに作業をしながら、和子がずっかりなじんでしまい、「誰も悪いことなどしていない」と報告するものだから、教師は困っていたそうである。

チョコレートは今でいうチョコバーのようなもので、円筒形のチョコレート棒には「菊の御紋」が押されていた。それを半透明の紙にくるっと包んで両端をねじり、箱に詰めた。工場には兵士が数人おり、チョコレートを運んできて、箱詰めにされたチョコレートを運び出した。将校が工場を管理しており、朝の九時から午後三時までが勤労奉仕の時間だった。

『藤蔭百年』[14]によると、茨木市は大阪市に比べると空襲の被害は少なかった。それでも空襲警報はたびたび発動され、電車が止まって通学できない生徒もたくさんいた。警報が鳴ると、校長は「御真影」と「教育勅語」を包んだ風呂敷包みを背負って、約四キロ離れた福井の防空壕まで自転車で走って逃げた。茨木高女の校舎は一九四五年七月一九日に米軍の機銃掃射を受け、銃弾が職員室のなかまで飛び込んだが、人的被害はなかった。校舎や屋上には弾痕がたくさんあった。

5　タチソへの派遣

三年生になると、和子には新たな任務が与えられた。高槻市の山間部にある成合《なりあい》に、新たに造られている秘密軍需工場タチソ（「高槻地下倉庫」の暗号名）での勤労奉仕であった。

もともとタチソは、陸軍中部軍管区司令部の戦闘指揮所の疎開先として、一九四四年一一月から設営工事が始められた。しかし、一九四五年一月に、兵庫県明石にあった川崎航空機の工場が空襲にあったため、タチソは戦闘機「飛燕《ひえん》」のエンジンを製造する地下工場になった。工場は、本格的に稼働する前に敗戦を迎えたが、一九四五年の春はまさに建設中であった。

タチソには約二八〇〇人の朝鮮人労働者[15]がおり、その家族も含めると約三五〇〇人の朝鮮人がいた。日本人労働者もいて、他地域からも来ていた。彼らを管理する将校・下士官・兵士らの軍人、さらには学生の勤労奉仕隊も含めると、常時四〇〇〇人以上がタチソの工事に従事していたようである。成合の山中に多くの横穴が掘られ、機械が運び込まれていた。一日二〜三交代、二四時間の突貫工事が、昼夜を分かたずおこなわれていた。ダイナマイトで発破をかける音が毎日のように響き、ときには爆発事故も起きた。

女学生の仕事は、管理棟[16]での事務の手伝いであった。中部軍管区司令部からの要請で、茨木高女から一〇名が送られることになり、和子は第一候補であった。覚醒剤入りチョコレート包装工場で、期待どおりのスパイの役割を果たさない和子に、教師が腹を立てたからだろうというのが和子の推測である。

派遣された生徒は転校生ばかりで、その半数は父親が高級軍人の娘たちであった。転校生ばかりで構成されたのは、地元に知り合いがいないので、軍事機密が漏れにくいという判断からではないか。和子はそう推測している。

タチソへ行くには、まず省線[17]の汽車で富田駅から高槻駅まで行き、そこから歩いて西国街道[18]へ出る。すると、そこにトラックが迎えに来る。徐行しながら走るトラックの荷台に飛び乗るのは大変だった。だが、やがてちゃんと乗れるようになったという。なぜ、徐行するトラックに飛び乗るような危険なことをするのか。軍用トラックは民間人を乗せてはならないという規則があったからである。しかし、高槻駅から山間部の成合まで、女学生たちを毎日歩かせるわけにもいかなかったのだろう。トラックの徐行は、たまたま通りかかったというかたちにして、女学生たちをトラックに乗せるための苦肉の策だったようだ。

タチソの倉庫には食料も衣類も物資が豊富にあり、和子は目を見張った。管理棟では白いご飯が食べられた。管理棟の隊長は中年の軍人で、女学生には優しく、和子は親しみを感じた。

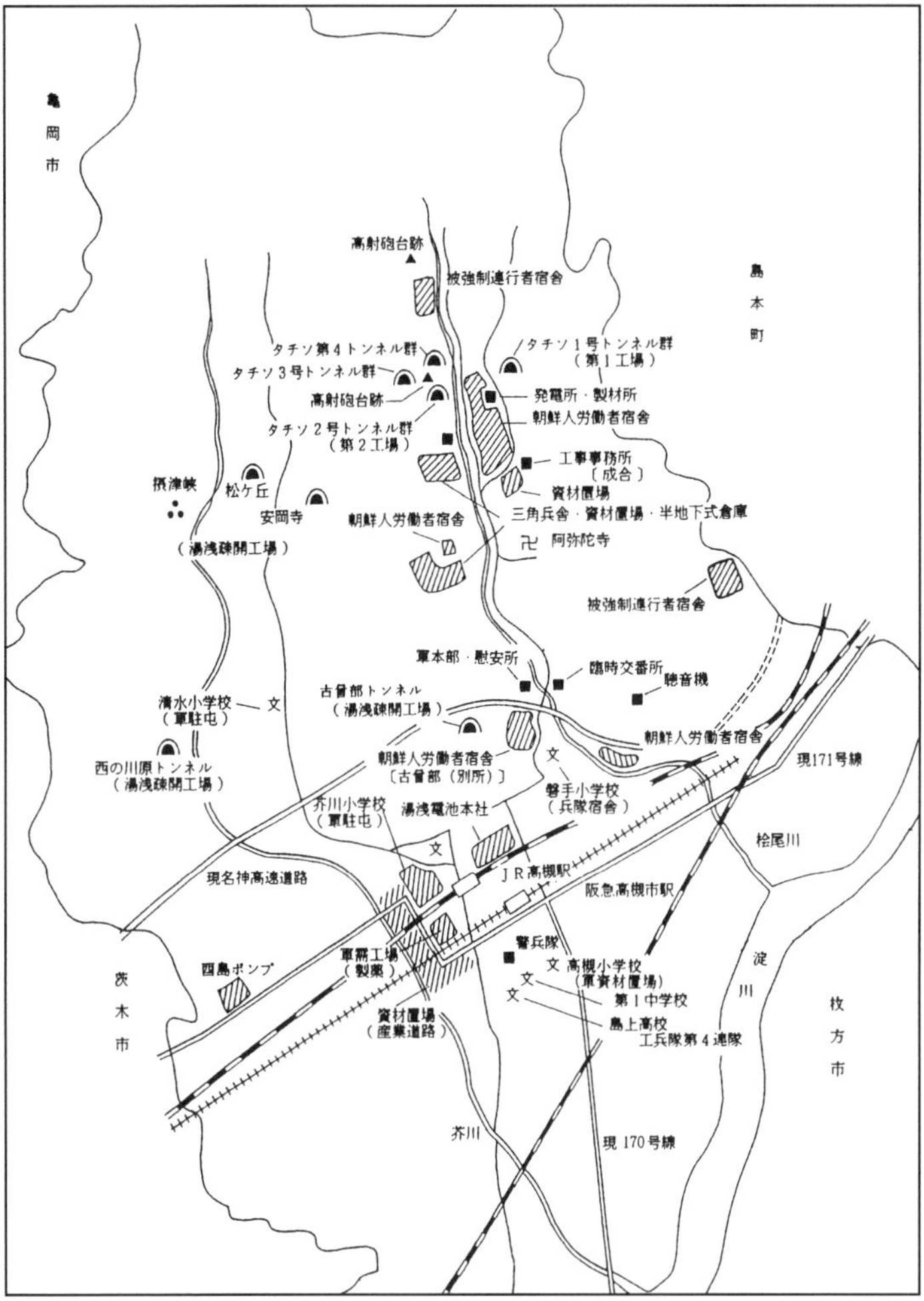

タチソ関連図

図中の「慰安所」は慰問のための各種公演などがおこなわれた広場を指す。地図は『朝鮮人強制連行・強制労働ガイドブック』（高槻「タチソ」戦跡保存の会）より転載。

6　馬の世話

タチソに配属され、しばらくたったころ、和子は管理棟のそばにある馬小屋に配置を変えられた。事務の手伝いをしながら、わからないことや納得できないことに「なんで?」「なんで?」と聞くので、うっとうしがられたようだ。管理棟は工事現場から離れていたので、上級将校は馬で移動していたからである。もう一人の生徒といっしょに、数頭の馬の世話係を命じられた。

和子は馬にさわるのは初めてだったが、動物好きの和子には、コーリャンを煮て餌を作って食べさせたり、ブラシをかけたりといった世話をするのは楽しかった。工事現場は軍事機密で、近づくことは許されなかった。タチソには、防空壕掘りや木材運搬作業などで旧制茨木中学校の生徒も動員されていた。

タチソのような軍直轄の、しかも危険な場所で働くことに、和子の父親は「娘を軍隊に入れた覚えはない」と学校に猛抗議し、ほかの保護者と相談して「長期欠席」させようとした。そのため、実際に「長期欠席」した生徒もいたが、和子は欠席しなかった。それは馬に愛着があったからだ。

一九四五年の六月ごろ、「歌う映画スター」として人気が高かった高田浩吉が、タチソに慰問公演に来たことがあった。そのころ和子は、子犬を拾って自宅で育てていたが、犬を飼うことは警察から禁止されていた。人間の食糧も満足にないなかでは、犬を飼うなどはぜいたくだという時代だった。困った和子は、犬を高田に預けることを思いつき、公演当日に会場[19]に隠して持ち込んだ。高田に渡すのなら、警官も文句を言わないだろうと考えたのだ。

公演が終わり、トラックに乗って立ち去る高田浩吉一行をみんなで見送るとき、和子は高田に駆け寄って子犬を渡した。高田は笑みを崩さず、「かわいいですね。大事にします」と言って受け取ってくれた。

夏が近づくにつれ、タチソもたびたび米軍の空襲を受けるようになった。日本人には秘密の工場であったが、米軍には知られていたのだ。馬の世話をしているとき、急降下してくる米軍機から機銃掃射を何度も受けた。操縦席の米兵の青い眼が見えるくらい戦闘機が接近し、九死に一生を得たこともあった。助かったのは、米兵が「子どもだ」と思って、わざと外したからではないかと和子は考えている。

管理棟の隊長からは、「おまえたちが先に死んだら、俺は腹を切らねばならない。だから、ぼんやりしていないですぐに逃げろ！」と言われた。タチソにおいて、女学生は大事な預かりものだったのだろう。防空壕のろうそくの光の下で、女学生どうしで虱《しらみ》の卵を潰し合うこともあった。

六月の大阪大空襲のときは、大阪市内が焼けるのが南側の小高い丘から見えた。昼間であったが空が真っ暗になり、黒いものが降ってきた。そのとき、大阪市内の自宅も燃えたが、和子は残念に思うより、むしろほっとしたという。田村家からは兵士を出しておらず、家くらい燃えてもしかたがないと思ったのだ。和子の心のなかに、しらずしらずのうちに周りへの負い目があったのかもしれない。

7　朝鮮人労働者へのリンチ

米軍の空襲が激しくなるにつれ、タチソの空気が変わってきた。みながイライラしだしたのだ。毎日夕方になると、一部の下士官が工事現場から十数人の朝鮮人作業員たちを軍本部前まで連れて来て、広場[20]に一列に並ばせて、リンチを繰り返すようになった。はじめは素手で殴ったり蹴ったりするだけだった。しかし、だんだん靴で殴り、棒で殴り、椅子で殴るようになった。椅子がバラバラになるまで殴ることもあった。将校たちも見ているだけで止めなかった。和子はわけがわからず、「なんで?」とたずねるが、誰も答えてくれない。繰り返し問うと、一人の将校が「だって、朝鮮人だから」と答えた。管理棟の隊長はその場にはいなかったそうだが、朝鮮人労働者へのリンチを知らなかったはずはなく、黙認していたと思われる。

朝鮮人を差別してはいけないと、親から教えられてきた和子であったが、目撃したのは最悪の差別・虐待の現場だった。このことは覚醒剤入りチョコレートとともに、長く和子の心に残り、のちに人々に伝えることになった。

下士官や将校はふだんは優しい人たちであったし、心温まる交流もあったという。それでも、このときに一部の下士官たちが見せたのは、人間のもっとも醜い姿ではなかったか。自分たちのイライラを一番立場の弱い者にぶつけ、うっぷん晴らしをする。敗色濃い戦況のなかで、弱い者いじめがいっそう残酷なかたちであらわれたのだ。

8　敗戦後は証拠書類の焼却作業

結局、日本は「ポツダム宣言」を受け入れ、タチソの工事も中止された。一九四五年八月一五日の朝、一同は管理棟に集められ、隊長から敗戦を告げられた。軍人たちは泣いていた。正午に「玉音放送」があるから、女学生たちは家で聞くように言われ、和子は自宅に帰った。

家では、すでにラジオの前に座布団が敷かれており、和子は家族とともに「玉音放送」を聞いた。何を言っているのか聞き取りにくかったが、これで空襲もなくなり、灯火管制の黒い布も外せると、家族といっしょに喜んだ。数日前に撒かれた米軍のビラでは、八月一五日の高槻空襲が予告されていた。「ぎりぎりセーフだったね」と、みなで胸をなでおろした。

こうして戦争は終わったが、和子たちが勤労奉仕から解放されたわけではなかった。書類を燃やすのを手伝ってくれと頼まれ、断りきれずにタチソに毎日通った。ほかの女学生といっしょに、管理棟と工事現場事務所のものすごい量の書類を、何日もかかってすべて焼却した。そのときは重要書類の証拠隠しとは知らず、ひたすら作業を手伝った。

八月末にすべての作業が終わったとき、「乗るか?」と言われ、馬に乗せてもらった。もはや、鞍もつけられていない裸馬だったが、馬はゆっくり歩いてくれた。乗せてくれた兵士は、「馬は乗り慣れない者を背中に乗せることはない。まして歩くなんて。よっぽどなついたんだなあ」と感心していたという。和子にとっては感動的な思い出だ。

敗戦後のタチソは、一種の無法地帯のようなものであった。腹をすかせた兵士たちは、残った工事用のダイナマイトを池に投げ込み、浮かんできた魚を捕らえて食べた。釣り竿で釣るならまだしも、魚をみな殺しにするようなやり方に和子が異を唱えると、腹をたてたからか、トラックの荷台に乗せられて、ダイナマイトを投げ込む現場を見せられたこともある。その道中でハチの巣に頭が引っかかり、一二〇カ所も刺され、二〜三日生死の境をさまよったこともある。また、一部の下士官たちが、倉庫に残された物資をトラックにいっぱい積み込んで逃げたという話も聞いた。

9　日本軍の下士官

こうしたことは、敗戦後の日本ではどこでも起こっていた。軍需物資の横流しなど、下士官の犯罪行為がたくさん報告されている。日本軍では将校よりも下士官のほうが、下級兵士や作業員、捕虜らに残酷だったという報告もたくさんある。なぜだろうか。

下士官は、士官（将校）と兵士（兵卒）のあいだに位置する軍隊の階級で、職業軍人である。将校（少尉以上）が旧制中学校以上の学歴を必要とするのに対して、下士官は義務教育さえ終了していればよい。二等兵・一等兵・上等兵を経て、伍長・軍曹・曹長へと昇進する。[21] いわゆる「たたき上げ」の中間管理職で、ほとんどがそれ以上の階級に昇進できなかった。[22] しかし、軍隊のなかでは兵士を統括し、実戦では先頭に立つため、任務は厳しく責任も重かった。軍隊は究極の階級社会・学歴社会であるうえに、一九四三年の学徒出陣以降は、自分たちよりも若い学徒兵が将校として配属されるようになり、軍隊も戦争も知らない将校の下につかねばならない下士官たちは、いっそうストレスを溜めたといわれている。

もちろん、高学歴者がすべて将校になれたわけではない。幹部候補生や特別操縦見習士官などとして、訓練を受けて認められた者しかなれなかった。戦後、『骨のうたう』などの詩で知られるようになった竹内浩三は、上等兵としてフィリピンで戦死している。

学生出身の将校たちにしてみれば、地位は上であっても、軍隊を知りつくした下士官たちに大きな態度は取りにくい。そのため、下士官の暴走を見て見ぬふりをする者も多かった。気に入らない将校には、下士官がシカトやサボタージュで嫌がらせをしたという話も残っている。

軍人は戦争がなければ無用の長物となり、出世も望めない。下士官たちの多くは土地や財産が譲られない次男や三男などで、就職先が軍隊であった。日本軍が敗北し解体の憂き目にあったとき、下士官たちは生き延びるために我先にと軍需物資を盗み、闇市に流してひと儲けしたのだろう。

和子は女学生という多感な時期にそれらを見聞きした。和子の反戦・平和への願いは、タチソでの体験を通じて、いっそう強くなったといえるだろう。

一九七〇年ごろ、タチソに技術将校として来ていた元学徒兵に和子は会った。将校たちが下士官の暴行を止めなかったことに疑問を持っていた和子が、「あなたにとってタチソとは何だったのか」と問うと、彼は「ぼくなりのタチソがある」「毎年八月にはタチソに行き、瞑想している」

と言った。と同時に、「あのときは手の出しようがなかった。止めると下士官がどうなるかわからなかった。民族・風習の違いによる偏見もあった」と答えたという。

10 敗戦後の校内糧秣廠

敗戦後、茨木高女内にあった陸軍糧秣廠はどうなったのだろうか。『藤蔭百年』には、次のように書かれている。

本校内の糧秣廠に貯蔵されていた物資は、敗戦で関係者の内輪で分けられた。本校職員と糧秣廠に動員されていた生徒にもお裾分けがあり、乾燥野菜と餅粉に加えて、当時では貴重な上等のサージの服地を生徒は一着分、教員は二着分もらった。生徒といっても、いくつもの工場に分散して働いていたので、その〝恩恵〟に与からなかった人々もいた。糧秣廠などに貯蔵されていた軍関係の物資は、衣食住すべてが不足した当時、誰もが喉から手が出るほどほしいものばかりだった。

分配されたもののなかに、覚醒剤入りチョコレートの話はない。和子の記憶では、包装され箱詰めにされるとすぐに搬出されていたようなので、校内にはなかったと思われる。

11　梅田和子の戦後

一九四五年の秋には茨木高女の授業が再開された。大手前高女に戻らないかという勧めもあったが、和子は戻らなかった。茨木高女は大手前高女ほど堅苦しくなく、のんびりしていた。茨木高女は戦前、スポーツが盛んな女学校として知られており、当時としては珍しく校内にプールもあった。また、文芸活動も盛んで、詩や文学が好きな和子は気に入っていたのだ。大手前高女では何かと姉と比較されたのも、戻りたくない理由のひとつだったという。

他方で、先輩や同級生の作品を見て、自分には文学の才能はないと思うようになり、理系の学校への進学を考えるようになった。新制高等学校の発足によって、茨木高女は一九四八年の四月には大阪府立春日丘高等学校になり、男女共学高校になった。和子はその直前に茨木高女を卒業し、同校では最後の卒業生となった。

和子は男女共学となった旧制三高への進学を希望した。すると茨木高女の教員たちからは、「良妻賢母を育成する学校を卒業しておきながら、男を追っかける気か」と非難された。しかし、母親は和子の希望について、学校に謝罪することはなかった。このときの母親の態度から、まちがったことをしていないのなら謝罪する必要はない、ということを和子は学んだ。

結局、和子は京都府立女子専門学校に入学したが、学校が途中で共学の京都府立大学になり、府立大の第一期生として同校を卒業した。その後、京都大学工学部大学院で触媒化学を専攻し、博士号を取得。同僚の梅田昭司と結婚し、一男一女の母となった。その後、昭司がアメリカのカリフォルニア大学の交換教授になり、二人の子どもと渡米した。

長男の洋一（一九六〇年生まれ）が三歳のときに、発育に違和感を覚え、家族で日本に戻った。そのころは自閉症という名称もまだなく、治療のできる病院を求めて奔走した。そんな和子は、著名な小児科の医師であった松田道雄らから「育て方の問題」「教育ママの弊害」と批判された。自閉症が先天的な脳の機能障害と診断されたのは、アメリカなどでは一九六〇年代の後半からである。しかし、日本では一九八〇年代まで後天的なものという説が根強かった。

日本に戻ってからは、偏見と闘いながら洋一の保護者として、しょうがい児教育運動に取り組み、地元の学校での教育保障運動を先駆的に切り開いた。洋一は通常学級で過ごし、周りの子どもたちとのかかわり合いのなかで成長した。また、周りの子どもたちも、洋一といっしょに過ごすなかで、親の和子よりも洋一のことをよく理解していたという。

和子は「ごちゃまぜが大事だ」と言う。「しょうがい」のあるなしで区別・分離するのではなく、「ごちゃまぜ」だからこそ、「エントロピー（変化）」が起こり、本人も周りも変わることができると和子は考えているのだ。真の「インクルーシブ（包摂）」社会とはそういうものだろう。

洋一が成長してからは、洋一とともに「うめだようといち　ほんのみせ」（研究会などへの本の出張販売）を経営。現在、その書店は閉めたが、自身の戦争体験を伝え、津久井やまゆり園事件を考える活動などをしている。

父親の田村堅三は、敗戦後、東京裁判でA級戦犯となった荒木貞夫陸軍大将[23]の弁護を依頼されたが断った。戦後は大阪弁護士会の会長も務めた。
和子の姉の佐々木静子は、関西初の女性弁護士で、八海《やかい》事件や徳島ラジオ商殺し事件など、冤罪事件の弁護士として活躍し、参議院議員も務めた。

注

1 堅三は経営側からの依頼であったことを残念がっていた。
2 昭和天皇と皇后の写真。
3 一九四一年から国民学校。
4 戦死した兵士の霊魂。この場合は骨壺が入った白木の箱を指す。
5 当時は高槻町。市制は一九四三年から。
6 本人の記憶によると、一月末か二月はじめということであるが、ここでは一月末にした。
7 現在の大阪府立春日丘高等学校。
8 一九四四年四月から大阪陸軍糧秣廠に接収されていた。
9 現在のJR茨木駅。
10 茨木カンツリー倶楽部のこと。
11 近くの旧制茨木中学校生と思われる。
12 和子の記憶では、正門から入って左奥にあり、教室より少し大きいくらいの建物。

13　大日本製薬が製造していた覚醒剤の商品名。
14　当時は茨木町。市制は一九四八年から。
15　強制連行者六〇〇名を含む。
16　軍司令部の建物。
17　現在のJR京都線。
18　現在の国道一七一号線。
19　和子の記憶では、今の高槻市立磐手小学校。
20　芸能人の慰問公演などがおこなわれた場所。当時は「慰安所」と呼ばれていたが、「慰安婦」がいたわけではない。
21　これは陸軍の場合。
22　特例で、「特攻」で戦死した場合は少尉に特進した。
23　皇道派のリーダー。東京裁判では終身刑。のちに釈放。

2章　学校と生徒を根こそぎ利用した日本軍

1　茨木カンツリー倶楽部に疎開してきた大阪陸軍糧秣廠

陸軍糧秣廠《りょうまつしょう》とは、日本陸軍が必要とした糧秣品（兵士の食糧や軍馬の飼料など）の調達・製造・貯蔵・補給などをおこなった機関のことである。本廠は東京にあり、大阪陸軍糧秣支廠は一九一一年に、大阪港のある天保山（築港）に作られた。一九四五年六月一日の第二次大阪大空襲でほとんどの建物が焼失したが、その前に茨木に疎開していた。

茨木カンツリー倶楽部（一九二三年創立）のホームページには、「一九四四年四月、陸軍の糧秣保管基地として接収さる」と書かれている。茨木カンツリー倶楽部に置かれた大阪陸軍糧秣支廠茨木分廠には、約六五〇平方メートルの事務所、二五〇〇平方メートルの工場、そして一万五〇〇〇平方メートルの兵舎、八〇〇平方メートルの倉庫などがあったという。

そこでは、学徒動員された国民学校高等科の生徒も勤労奉仕していた。茨木市にあった海軍安威《あ》地下トンネル[1]を調査した記録『故郷への轍《わだち》　大阪茨木市安威地下トンネルは語る』（故郷への轍冊子刊行委員会、一九九五年）には、大阪陸軍糧秣支廠茨木分廠に動員された井戸木一馬《かずま》（国民学校高等科一年生、一三歳）の証言がある。

当時、茨木カンツリー倶楽部の近所に住んでいた井戸木は、一九四五年四月から八月の敗戦まで、学徒勤労動員によって級友四〇人とともに倉庫番や倉庫の片付け、馬の世話、馬車の整備などをしたと証言している。

倉庫にはチョコレート、もち米の粉、大豆、乾パン、インスタント餅、醤油などの食糧や洋服の生地などがあった。昼食に食パンとジャムか、白いご飯と卵焼きが出るのがうれしかったそうだ。倉庫には自由に出入りできたので、乾パンやインスタント餅を盗み食いすることもできた。

井戸木の体験談には、チョコレートが倉庫にあったことは出てくるが、覚醒剤入りチョコレートの話はない。後者は特別な食品なので、厳重に管理されていたのではないだろうか。

『故郷への轍』には、海軍安威地下トンネル内にあった物資のひとつとして「チューブに入った麻薬入りのチョコレート」のことが出てくるが、「麻薬入りのチョコレート」とは覚醒剤入りのチョコレートのことと思われる。麻薬はケシの実を原料とするアヘンやモルヒネ、ヘロインを指し、効能も覚醒剤とは異なる。だが、覚醒剤も含めて禁止薬物をすべて「麻薬」と表現する人も多いので、同書では証言した人の言葉をそのまま掲載したのかもしれない。

最近、出版された『吹田の戦争遺跡をめぐる』（世代をこえて考える戦争と平和展実行委員会、二〇二〇年）では、茨木市の安威地下倉庫にあったのは、「特攻兵士が出撃前に食べるヒロポン（興奮剤）入りのチョコレート」と明確に書かれている。チューブに入っていたようなので、覚醒剤入りチョコレートもいろいろな形態があったのかもしれない。

陸軍糧秣廠では朝鮮人労働者[2]も働いていて、一組二〇人ほどで荷物の積み下ろしや道路の拡張工事、排水工事などに従事していた。彼らの作業中は、五〇メートル間隔で銃を持った兵士が立って見張りをしていた。井戸木の記憶では、糧秣廠内には朝鮮人用の宿舎はなく、トラックで毎日送り迎えしていたとのことである。

なかには日本語のできる朝鮮人もいたが、話をすると兵士からスパイだと怒られた。井戸木たちは、ときには盗んだ食料をわざと休憩中の朝鮮人労働者の横に落とし、それを兵士に見つからないように彼らが拾ってポケットに入れることもあった。子ども心にも、重労働をさせられている朝鮮人労働者を気の毒に思う気持ちがあったのだろう。

糧秣廠が米軍の空襲をたびたび受けたのは、タチソと同じである。急降下してきた戦闘機から機銃掃射を受けたのも同じで、井戸木もアメリカ兵の顔をはっきり見ている。そのうち糧秣廠も危なくなってきたので、井戸木たちは倉庫の品物を北東部にある海軍安威地下倉庫まで運んだ。そこでも朝鮮人労働者たちが働いていて、品物をトンネルの奥へと運んでいった。

2　アヘンの一大産地だった茨木市

井戸木はまた、茨木市の福井地区でケシの花を栽培していたとも証言している。日本は植民地の台湾で、専売品としてアヘンを大量に生産し、中国で売りさばいて大きな利益を上げていた。のちに、日本の国内や朝鮮、満州（中国東北部）、東南アジアでも栽培するようになり、国内では大阪府と和歌山県が一大産地だった。なかでも茨木市の福井地区は、「日本のアヘン土」と呼ばれた二反長《にたんちょう》音蔵《おとぞう》がケシ栽培の改良に成功し、地域の農家の裏作として奨励したため、アヘンの一大産地になっていた。『新修　茨木市史　史料集19　新聞にみる茨木の近代V』（茨木市史編さん室）には、アヘンの栽培をめぐるできごとを取り上げた当時の新聞記事がいくつも紹介されている。また、『高槻市史』には、高槻市の西面《さいめ》地区でもケシが栽培されていたと書かれている。

一九四〇年一一月におこなわれた紀元二六〇〇年祝賀行事の郷土展覧会では、「三島郡重要物産分布図」が展示されたが、そこにはアヘンが重要物産のひとつとして掲載されていた（『藤蔭百年』）。福井地区や西面地区などのケシ栽培は、当時は地域の誇りであり、地域の農家に富をもたらしてくれたのであった。

このような生産地の拡大は、戦争の激化とともに負傷者の医療用の鎮痛剤として使われるモルヒネが大量に必要になったこともある。だが、大量生産のほんとうの理由は、アヘンが日本軍の軍資金獲得に大きな利益をもたらしたからである。

3　中国人をむしばんだアヘン

アヘンが中国人をむしばんでいたことを証言しているのは、崎山ひろみである。崎山は父親の崎山信義が「五族協和」の理念に共鳴して、南満州鉄道株式会社（満鉄）が経営する撫順《ふじゅん》炭鉱に勤めたため、一九三〇年に撫順で生まれた。その後、父親が「満州国協和会」[3]に転職したのにともない、一九三六年に満州国の首都であった新京[4]に移り、旧制敷島高等女学校に進学した。一九四五年五月には満州でも学徒勤労動員令が出て、授業は打ち切りとなる。六月からは、関東軍の細菌戦に使われる風船爆弾の風船を作る勤労奉仕に従事した。﨑山は近所の親しかった中国人女性が、アヘン中毒者であったことを以下のように証言している。

　日本が満州国や中国での資金づくりに阿片《あへん》を生産・販売していたことは有名ですが、国が阿片を吸うことを法律として禁止しておきながら、闇では販売し、中国人だけでなく、日本人も中毒者が多くいたようです。

　私たちが新京で最後に住んだ家は官庁街に近く、そばには皇帝の宮廷府建設の飯場もありました。[5]今は吉林大学の地質学部の校舎になっています。その飯場で二〇人くらいの作業員を仕切っていたのが、李旦那《リジャングィ》と呼ばれていた大工の頭領でした。飯場の小屋で、妻の李太々《リタイタイ》[6]が二人のお手伝いの女の子といっしょに、作業員たちの食事の世話をしていました。李太々には子どもがいなかったので、私たち三人姉弟をとても可愛がってくれました。夫婦の本宅は新京の旧市街にあり、遊びに行った妹は立派な家でご馳走を食べさせてもらったと言っていました。

　李太々がいつから阿片を吸っていたのかはわからないのですが、吸うのを私が直接見たのは、一九四五年の八月一五日の少しあとです。ドアが少し開いていたので、長いキセルで吸うのが見え、独特の匂いがしました。李旦那が「今日は帰れ」というように手を振って合図をしたので帰りましたが、そのときはそれが阿片の吸引だとはわかりませんでした。知ったのは日本に引き揚げてからです。そういえば、機嫌が良いときと悪いときがあり、別れる際にはずいぶん顔色が悪く、やせていたのを覚えています。

一九四六年のはじめの寒い頃に、李太々は私と妹に「靴を作ってあげる」と、オンドル（床暖房）の上で足型を取ってくれました。木綿の布を何重にも重ねて麻糸で刺した底の布靴で、私のは黒い繻子《しゅす》に花模様の刺繡、妹のは赤い繻子に花模様の刺繡の靴でした。夏前にはかなりできていたのですが、八月に家族五人全員で日本に引き揚げる頃には体調が悪くなり、最後の縫い合せができていませんでした。

それでも、李太々は私たちが出発する日の朝早く、マントウや干し果物を持って来てくれ、手を握って帰って行きました。李太々はキツネ目の厳しい感じの女性でしたが、李旦那と同じく優しい人でした。昔のことですが、忘れられない思い出です。

大好きな李太々を、こんな目にあわせた当時の為政者は罪深いことをしたと思います。

戦前・戦後を通じて、満州をはじめとするアジアにおける麻薬中毒者の拡大に、日本は大きな責任を負っているのだ。

崎山と家族は満州を南下し、父親はずっと引揚者たちの世話をした。葫蘆《ころ》島を経て　父親の故郷である高知に家族全員が無事にたどり着いたのは一九四六年の九月である。崎山は、一〇月には旧制高知県立高知高等女学校に転入することができた。卒業後は会社員となり、結婚して二人の娘の母となった。退職後は「満州からの引揚者の集い」を結成し、今は「満州の歴史を語り継ぐ高知の会」の活動をしている。

4　軍需工場となった旧制女学校や中学校

『藤蔭百年』には、一九四四年の夏ごろには茨木高女の運動場でイカナゴ干しをしていた体験談がある。したがって、大阪陸軍糧秣支廠茨木分廠の支所が茨木高女に来たのは、同年の夏前のことと思われるが、日付ははっきりしない。

学校そのものに軍需工場が置かれたのは、一九四四年二月二五日に、「決戦非常措置要綱」が閣議決定されたことにもとづく。学徒勤労動員は、すでに一九四三年から始まっていたが、この閣議決定で、次のような「学徒動員体制の徹底」が打ちだされた。

①原則として中等学校程度の学生生徒[7]は、すべて今後一年、常時これを勤労その他、非常任務に出動せしめうる組織的態勢に置き、必要に応じ随時活発なる動員を実施す。

②理科系の者はその他専門に応じ、おおむねこれを軍関係工場、病院等の職場に配置して、勤労に従事せしむ。

③学校校舎は必要ある場合は、軍需工場化し、またはこれを軍用、非常倉庫用、非常病院用、避難住宅用、その他緊要の用途にこれを転用す。

茨木高女は③の学校校舎の「軍需工場化」として活用された。また、理系の学徒兵が技術将校としてタチソに来ていたのは、②の「専門に応じて軍関係工場に配置」されたことによると思われる。

大阪府立茨木高等学校の『百年史』によると、「決戦非常措置要綱」の③にもとづいて、一九四四年から旧制大阪府立茨木中学校も軍が使用するようになった。空襲後の不発弾の処理や道路補修などにあたる工兵隊が駐屯したため、かなりの教室を明け渡さなければならなかったという。また、校舎は米、大豆、松脂《まつやに》、作業衣、紙、カタン糸、皮革、ゴム、釘、琺瑯《ほうろう》鉄器、鋼索、[8] ベアリングなど、多様な軍需物資の一大倉庫としても活用された。

5 特攻基地で勤労奉仕をした少年・少女たち

笠野原基地で掩体壕を作った少女

鹿児島県大隅半島の海軍鹿屋《かのや》基地などでは、近隣の中学校や高等女学校の生徒たちが基地で勤労奉仕した。

一九三〇年生まれの藤井イクエは、一九四四年、旧制鹿児島県立高山《こうやま》高等女学校一年生の夏休みに、鹿屋基地の東側にある笠野原基地で、[9] 朝から夕方まで勤労奉仕をした。家から笠野原まで片道一〇キロの道のりを、毎日裸足《はだし》で歩いて通った。通常、学校には下駄で通っていたが、往復二〇キロを下駄で通うとマメができるうえに、下駄がもたなかったので、誰もが裸足で通ったの

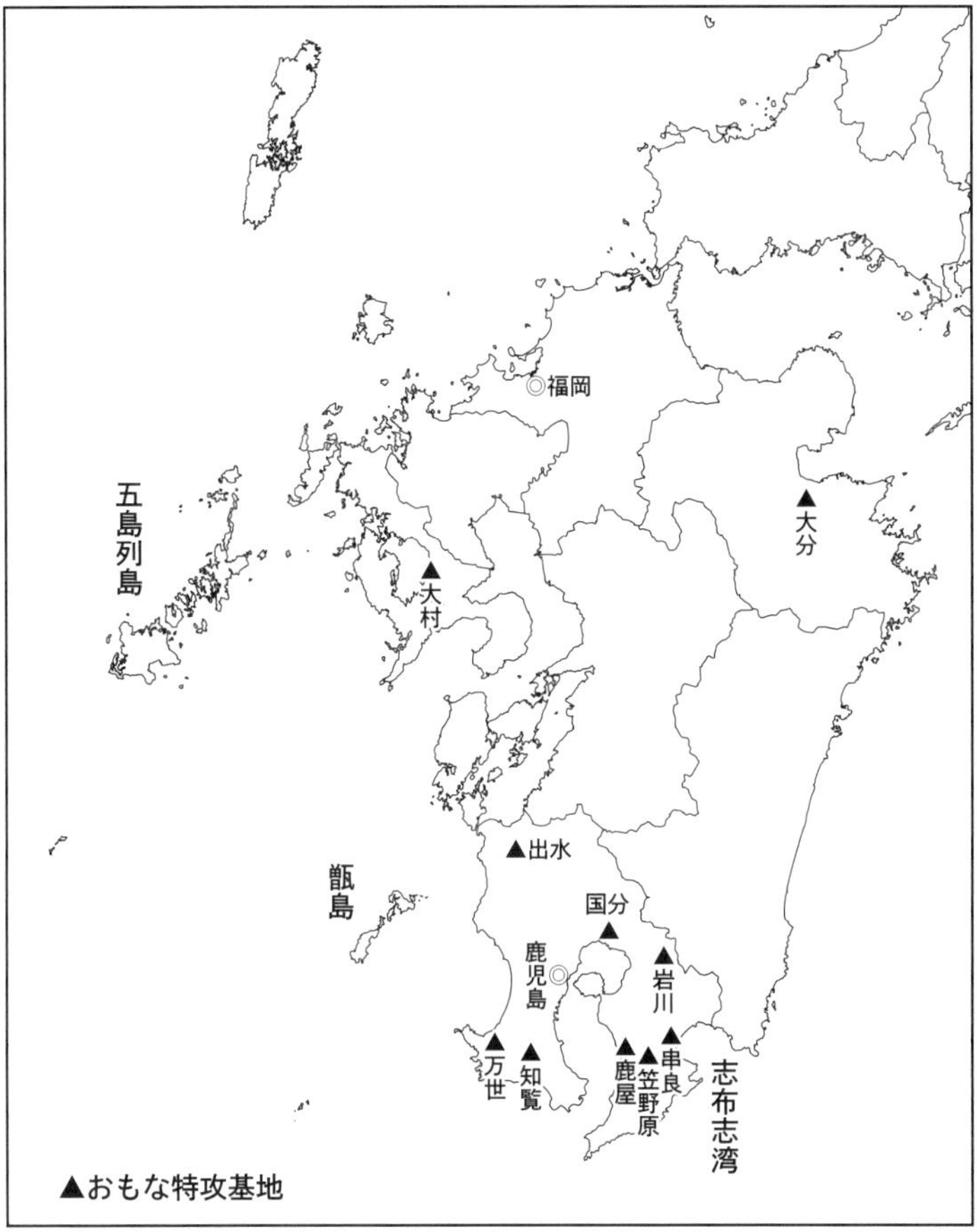

本書に出てくる九州のおもな特攻基地

だ。靴などはぜいたくな時代だった。弁当は家から持っていった蒸かしたサツマイモだった。火山噴出物からなるシラス台地のこの地方では、サツマイモだけはたくさんあったのである。

仕事は、戦闘機などの掩体壕《えんたいごう》作りだった。掩体壕は機体を隠すための防空壕であるが、藤井たちが作ったのは、コの字型に二メートルほどの高さに土を積み上げただけの簡単なもので、屋根もなく米軍機からは丸見えだった。コンクリートで屋根を作る余力が、もはや当時の日本軍にはなかったのである。それでも作ったのは、周りを土で囲むことによって、近くに落とされた爆弾の破片から少しでも機体の損傷を避けるためだった。藤井たち女学生は二人一組になって、竹で編んだモッコに近くの畑の土を載せて、ひたすら運んだ。土を積み上げるのは大人の男性の仕事であった。

藤井は航空基地で勤労奉仕をしたが、特攻については何も知らず、串良《くしら》に航空隊の基地があることも知らなかったという。小学生のときに、鉄砲に見立てた一・二メートルの棒を担いでおこなう行進や手旗信号・モールス信号の練習、わら人形を竹槍で突く訓練など、軍国主義教育をひととおり体験していた。しかし、軍事機密ということなのか、周辺の航空基地のことや、そこでおこなわれていることについては、何も教えられていなかったのである。

一九四五年の三月一八日、鹿屋基地が初めて米軍の空襲を受けたあとは、笠野原も連日の空襲にみまわれ、近所の人が三人死んだ。藤井の家では三人の兄が兵隊にとられていた。長男は戦後、硫黄島《いおう》から帰ってきたが、次男はフィリピンで戦死した。遺骨はなかった。三男は輸送船がなく、佐世保で待機しているうちに敗戦となって戻ってきた。

戦後、藤井は保健室の養護教諭になった。虱《しらみ》をわかした子どもたちの頭にＤＤＴをふりかけたり、検便の際に顕微鏡で回虫の数を調べて報告するのが、敗戦後の仕事だった。教員を退職後は自分の戦争体験を語り、「戦争は二度としてはならない」と平和の大切さを伝える語り部の活動をしている。

鹿屋基地でゼロ戦の解体作業をした少年

一九二九年生まれの立元《たちもと》良三は、一九四二年に旧制鹿児島県立鹿屋中学校に入学した。二人の兄は陸軍士官学校に行っており、立元は自分も軍人になろうと考えていた。立元によると、このころは軍人になるのがあたりまえで、男子はみな軍人をめざしていたそうだ。海軍兵学校は成績も体格もよくないと入れない一番むずかしい学校だった。他方、陸軍士官学校は普通の体格でも入ることができ、そのうえ、学費や衣食住もすべてが無料で給料も出た。立元の家は、立元が五歳のときに父親が亡くなっており、家計を助ける意味で陸軍士官学校をめざしたのである。

太平洋戦争が激しくなるなかで、少年航空兵の募集が盛んにおこなわれるようになった。そのため、立元は中学二年のときに陸軍少年飛行兵の試験を受けたが、体格で落とされた。三年生になると同級生のほとんどが鹿児島の海軍予科練習生（予科練）の試験を受けた。だが、一割ぐらいしか合格せず、立元もだめだった。

鹿屋中学校には配属将校がいて、軍事教練がおこなわれていた。立元は訓練をつらいと思ったことはなかった。二人の兄も教えていた配属将校は、弟の立元をかわいがってくれた。軍事教練のひとつに、三八式《さんはちしき》歩兵銃（三八銃）の分解・組み立てがあった。三八銃は日露戦争で使われた古い銃で、学校には一学年の生徒の人数分がそろっていた。一年生で持ち方が教えられ、二～三年生は銃の先に剣をつける銃剣術を教えられた。また、三年生には重い三八銃を担いで八キロを歩く遠足もあった。四年生になると、もはや学校での授業はなく、もっぱら勤労奉仕に駆り出された。

鹿屋中学校では、一年生からさまざまな勤労動員があった。六月の田植えの時期には、一〇日間ほど田植えの手伝いをした。昼には白米の握り飯を腹いっぱい食べられた。おかずはタクアンしかなかったが、食べ盛りの中学生にとってはうれしいことだった。

中学一年の夏休みは、近隣の道路拡張工事に駆り出された。みな裸足だったのは、藤井たちと同じである。昼の弁当がサツマイモだったのも同じだった。道路拡張工事は勤労奉仕ではなく、アルバイトのようなものだった。朝鮮人がたくさん働いていたが、日本人との賃金差が大きかった。立元たち中学生でも一日に一円二〇銭をもらったが、倍以上の労働をしている大人の朝鮮人の賃金が一円だった。立元はその格差に驚いたが、当時は日本人のほうが偉いと思っていたので、取りたてて疑問に思うことはなかったという。

二年生になると、夏休みは食糧作りのための開墾作業に駆り出された。このときが一番つらかったが、賃金はもはやなかった。三年生になると、鹿屋基地の掩体壕作りが始まり、授業は半年間しかなかった。歴史の授業は「神代」の時代で終わりだった。県外からも中学生が来ており、屋根のないコの字型の掩体壕を二〇〇以上は作った。高射砲の台座作りもおこない、その合間には開墾作業や下肥の桶を担いで芋畑に運ぶこともあった。

陸軍と海軍が共用していた鹿屋基地は、一九四五年三月一八日に米軍の大規模な空襲を受けた。そのため、住民は陸軍が山中に掘った横穴の防空壕で生活するようになった。立元の自宅は陸軍の兵舎として接収されてしまい、防空壕生活は敗戦後の九月まで続いた。

三月一八日の最初の鹿屋空襲のことを、立元はよく覚えている。米軍のグラマン戦闘機が来襲し、零式艦上戦闘機（ゼロ戦）が基地から飛び立った。壮絶な空中戦になり、まもなく機体がばらばらになって落ちてきた。立元たちは、ゼロ戦がグラマンを撃ち落としたと喜んだが、落ちてきたのはゼロ戦ばかりだった。あくる日からは、グラマンが来てもゼロ戦が飛び立つことはなかった。

四年生になると授業はなくなった。一九四五年の四月からは、学徒動員によって、海軍鹿屋航空基地に併設されていた海軍航空廠で働くことになった。海軍航空廠は軍用機の修理や部品の製造などをおこなう工場で、約一万五〇〇〇人が働いていた。国民学校高等科の一三歳以上の少年・少女や、中学生・女学生が多く、ほとんどが二〇歳以下の若者ばかりだった。工場は五〇くらいの部門に分かれていた。立元は機体の解体班に所属し、米軍の空襲でやられたゼロ戦の解体作業をおこなった。

解体された部品はほかの班によってすぐ組み立てられ、組み立てられた機体はまた出撃していった。壊れたゼロ戦の使えそうな部品を集めて、熟練工でもない若者たちが組み立てた特攻機であった。すぐ油漏れを起こし、飛行の途中でエンジントラブルを起こした。

私は旧岩川基地（現鹿児島県曽於市）を取材したとき、壊れた機体の部品を見た。本来なら溶接ないしネジなどによって接合されなければならない部品が、針金によって接合されていた。近代の工業技術の粋を集めて造られるべき航空機の部品が、こんな針金一本でつながれて組み立てられていたことに、大きなショックを受けた。末期の航空機のボロさ加減にかんする証言は数多く聞いていたものの、実物を見るとあらためて悲惨な実態を痛感した。若者たちは指示されるままに、一生懸命に機体を組み立てただろうが、こんなポンコツ機が実戦で使われていたのである。

解体班は、しばしば周辺の航空基地に部品を集めに行った。笠野原基地や志布志基地は、トラックの荷台に乗って日帰りで行けた。帰りには部品をどっさり積み、その上に乗って帰った。あるときは、第一国分基地まで泊りがけで行った。寝るところは防空壕だったが、三角兵舎まで食事を取りに行き、「海軍さん」と同じ麦飯と味噌汁を食べさせてもらえたのがうれしかったという。

一九四五年七月には、長崎県の大村航空基地まで出かけた。県外に行くのは初めてで、立元にとっては修学旅行に行くようなものだった。はじめは飛行機で行く予定であったが、空襲にあうかもしれないということで、一〇人ほどの班員といっしょに汽車で行くことになった。県外に行くのに裸足ではまずいと考えた立元は、亡くなった父親の編み上げ靴を履いて出かけた。ところが、素足に革靴を履いたものだから、すぐに靴擦れでマメができ、結局、裸足になるしかなかった。立元は、革靴には靴下が必要だということを知らなかったのである。靴下など見たこともなかったそうだ。途中、空襲警報で汽車が止まることもあったが、夜は嬉野《うれしの》温泉の旅館に泊まった。

ご飯におかずがついた旅館の食事はおいしくて、まさしく楽しい修学旅行だった。大村基地では壊れた機体の分解作業をし、また汽車で戻った。

その後は、もはや集める部品もなかったのか、危なくて行けなかったのか、部品集めに出かけることはなかった。朝、空襲警報が鳴ると汽車が止まってしまう。しかし、休むことはできず、命がけで歩いて基地まで通った。

基地の周辺の崖には防空壕が掘られており、特攻兵用の三角兵舎もあった。仕事がなく、特攻兵も出撃できないとき、中学生たちは三角兵舎に遊びに出かけた。特攻兵たちは立元たちより二〜三歳年上の若者で、白マフラーがカッコよかった。みんなほがらかで、深刻な雰囲気は感じられなかったそうだ。特攻兵は中学生たちに「吸え」と、恩賜の煙草をくれたりもした。

そのころの立元には、戦争はかっこいいものだった。立元が初めて戦争を怖いと思ったのは、空襲で近所の子どもが足を撃たれて死んだのを見たときだったという。

鹿屋には、人間爆弾「桜花」をつるして出撃する「神雷部隊」がいた。立元は「一式陸上攻撃機（一式陸攻）」に何度か乗せてもらったことがある。一式陸攻は八人乗りで、なかは子どもが走り回れるほど広かったそうだ。頭部に一二〇〇キロの爆弾を搭載した「桜花」は、滑走路の端に並べられていて、出撃直前に一式陸攻に取り付けられた。立元は一式陸攻が夕方六時過ぎに、鈍い音を出して寂しそうに出ていくのを見送ったこともある。

総重量が二トンもある「桜花」をつるした一式陸攻のスピードは遅く、兵士がたくさん乗っているため、グラマンの集中攻撃を受けると、犠牲者が格段に多かった。「桜花」が初めて鹿屋基地から出撃した三月二一日は、大隅半島沖合でグラマンの集中攻撃を受け、一度に一六〇人もの戦死者を出した。米軍は「桜花」を「Baka Bomb（バカ爆弾）」と呼んでいた。鹿屋基地からは、日本でもっとも多い九〇八名の特攻隊員が出撃して死んだ。

敗戦後、軍人たちは鹿屋基地から飛行機やトラックで真っ先に逃げた。「日本は必ず勝つ」「神風が吹く」と信じていた立元にとっては、それはショックなできごとだった。兵士たちは上層部から解散命令を受け、それぞれの故郷に帰ったのであろう。だが、米軍の上陸に怯えていた住民にしてみれば、頼りにしていた軍に見捨てられた気持ちになったのは当然だろう。戦時中は自分たちの生活を犠牲にして、軍のために奉仕してきた住民たちであったから、なおさら反発したのだろう。

一九四五年九月四日には、鹿屋基地の近くの金浜《かねはま》海岸に、アメリカ海兵隊二五〇〇人が上陸してきた。敗戦後、米軍が最初に本土上陸した場所だった。九月には学校が再開されたが、生徒たちは教師に不信感を持ち、反抗的な態度を取った。煙草を吸い、テストではカンニングが横行した。

戦後、立元は小学校の教員になった。管理職の道は選ばず、「教え子を戦場に送るな！」の誓いを大切にして教職員組合の役員を務め、退職後は自分の戦争体験を語る活動をしてきた。

鹿児島県にあった多くの特攻基地は、敗戦後は民有地となり、のどかな田園が広がっている。しかし、鹿屋は戦後も海上自衛隊の航空基地として存続した。今ではアメリカ海兵隊の空中給油機が配備され、さらに無人の偵察機も配備されて、日米共用基地になりつつある。

立元は九〇歳を超えたが、鹿屋が再び戦争の最前線基地になり、標的になるのではないかと、私たちに警告を発している。

注

1　海軍安威地下倉庫のこと。
2　朝鮮で徴兵された兵士が作業に従事させられていた。
3　大政翼賛会のモデルといわれた団体。
4　現在の長春。
5　日本の傀儡《かいらい》国家であった満州国の皇帝・溥儀《ふぎ》の新しい皇居が建設中だった。
6　「太々」とは夫人のこと。
7　国民学校高等科の生徒も含む。
8　ワイヤーロープのこと。
9　笠野原は、笠之原や笠ノ原など別の漢字も使われるが、ここでは笠野原で統一した。
10　一式陸攻につるされた一人乗りの小型機。自力で飛ぶことはできない。目標の敵艦船に近づくと、操縦士が一式陸攻から乗り移り、切り離された「桜花」が敵艦に体当たりをする。

3章　覚醒剤入りチョコレートはなぜ作られたのか

1　航空兵用の機能性食品として開発されたヒロポン入りチョコレート

梅田和子の体験によると、覚醒剤入りチョコレートは、特攻兵に最後に食べさせる食品であったが、もともとはそうではなかった。

覚醒剤入りチョコレートを日本で最初に開発したのは、岩垂荘二《いわだれしょうじ》である。岩垂は太平洋戦争中、陸軍航空技術研究所の研究員として勤務し、航空兵のための「航空糧食」「航空栄養」の研究・開発に従事した。今日では、航空機内は気圧も気温も一定であるが、当時は高度三〇〇〇メートルという上空の低気圧・低温によって搭乗者に負荷がかかり、頭痛・めまい・吐き気などの航空病にかかる者が多かった。訓練によってある程度は体を慣らすことはできたが、長時間の飛行に耐えることはむずかしかった。そこで、研究が急がれたのが「航空糧食」や「航空栄養」だったのである。

航空兵たちに特に人気だったのは、羊羹《ようかん》やチョコレートなどの菓子と酒だった。これらはもはや一般国民の口には入らない貴重品だったが、航空兵たちには優先的に提供された。岩垂は、彼らが好む食品に航空病に効く成分を入れて、製品を作ろうとしたのである。覚醒剤入りチョコレートもそのひとつであった。

岩垂は戦時中の研究を基に、戦後、今日でいう機能性食品を製造する萬有《ばんゆう》栄養株式会社を設立し、多様な食品を開発した。一九九二年に出版された岩垂の著書『50年前日本空軍が創った機能性食品 その規格と資料（抜粋）』（光琳）には、岩垂が戦時中に開発した「航空糧食」の数々が紹介されている。ヒロポン入りチョコレートもそのひとつであった。以下、同書から当該の部分を引用する。

昭和18年頃だったと思う。ドイツ空軍がヒロポン入りのチョコレートを航空勤務者用として製造して飛行士に食べさせ、効果が大いにあがっているという報告が飛び込んで来た。川島大佐[1]は鬼の首でもとったような顔をして私のところへこの情報をもってきて、「おい、岩垂、直ぐにつくって、航空糧食として補給したい」と命令していったのを覚えている。

早速私は日本の製菓会社を調査したところ大日本製菓（株）（マルピー）が製造できるのを見付け、試験品ができたのでチョコレートの中にヒロポンを入れ、特別に棒状のヒロポン入りチョコレートを航空糧食として補給した。今考えると、とんでもない、おそろしい機能性食品である。

軍というところは「上官の命令は天皇の命令」。私の上官、川島大佐の命令なので如何ともしがたかった。

面白い事件が起こった。或る日、5〜6人の少年航空兵が私のところへやってきた。まっさおな顔で泣きながら、直立不動のままこういった。

「悪いことを致しました。倉庫に入って航空チョコレートを盗みました。ここ2晩一睡もできず、寝れず、バチがあたりました。どうぞ私達を罰してください」

と頭をペコペコ下げていた。ヒロポン入りチョコレートを一人で3〜4本食べたからたまらない。当時の陸軍というのは、薬事法も、食品衛生法も、全然無視。何でもできたのだ。戦争中の軍の力は絶大であった。

ヒロポン入りチョコレートは確かに空中戦をするときにはよいであろう。

少年航空兵がチョコレート欲しさに盗み出し、うまい、うまいと3〜4本棒状ヒロポン入りチョコレートを食べたから、幾晩も寝れず、興奮しっぱなしだったにちがいない。

私は今でも、あのしょげ返った彼らの姿を目のあたりにはっきり思い出す。

ドイツの空軍らしい発想のヒロポン入りのチョコレートを、そのままつくった日本の空軍も戦争という異状な状態のなせるわざであろうか。

川島大佐がこの情報を得たときの嬉しそうな顔、得意になって私のところへ来て、すぐにつくれと命令していった姿、これも戦争という残酷な状況のなせるわざであろう。

これを読んだだけでも、覚醒剤入りチョコレートの興奮作用の大きさがよくわかる。一本食べただけでも疲れ知らず、眠気知らずで、何時間も飛行できたのではないか。そのうえ、怖いもの知らずで、万能感に満ち、危険な作戦でも平気で戦えたのではないだろうか。

そもそも、チョコレート自体がタンパク質、ミネラル、食物繊維などを豊富に含み栄養価の高い食品である。少量でもカロリーが高いうえに、リラックス効果も興奮作用もある。そのため、岩垂はさまざまなビタミン類を添加した航空チョコレートを開発してもいる。ヒロポン入りでなくとも、糧秣廠にはたくさんのチョコレートがあったゆえんである。

岩垂の文章からは、ヒロポン入りチョコレートを作ったことへの後悔の念が見て取れるが、太平洋戦争末期の特攻作戦に使われたことへの言及はない。川島四郎大佐はのちに少将に昇進し、戦後は栄養学者として知られた。彼らはヒロポン入りチョコレートとともに散った若者たちのことを、どう思っていたのであろうか。

2　ヒロポン入りチョコレートはどこで製造されたか

岩垂は著書のなかで、「大日本製菓（株）」に試験品を作らせた、と書いている。岩垂が勤務していた陸軍航空技術研究所は、東京都立川市にあった。よって、試験品の依頼はおそらく、都内か近隣の県の工場になされただろう。「大日本製菓（株）」を調べると今は存在していないが、日本橋にある「ワタトー」というきな粉菓子製造の会社が、戦前、「大日本製菓（株）」という別会社を経営し、ビスケット菓子を製造していたことがわかった。「ワタトー」に問い合わせても、チョコレート菓子を作っていたかはわからなかった。しかし、「大日本製菓（株）」という名の会社が数多くあったとは考えられないので、最初にヒロポン入りチョコレートを作ったのが同社であることは、ほぼまちがいないと思われる。

しかし、試験品を作ったあとも、この「大日本製菓（株）」がヒロポン入りチョコレートを作り続けたかどうかはわからない。チョコレートとヒロポンと製造法のマニュアルさえあれば、どこでも作れたのではないか。とはいえ、当時は、チョコレートの原料であるカカオを入手すること自体が簡単ではなかったから、やはり作ることのできた会社は限られていたのではないか。

当時の大阪府北部近くにあった大きな菓子工場といえば、森永製菓の塚口工場であった。[2]『森永製菓社史』によれば、森永は戦時中に台湾でカカオを栽培し、インドネシアのスラバヤにはチョコレート工場もあった。

また、『森永製菓社史』には「航空糧食などの軍需品を陸軍に納入した」とか、「鶴見、塚口、福岡などの主力工場の菓子製造ラインはほとんど軍需用生産に切り替えられ」と書かれている。したがって、塚口工場ではチョコレート菓子を作り、陸軍に納入していた可能性がある。だが、ヒロポン入りチョコレートも作っていたかどうかまではわからない。

他方、ヒロポンの製造者は特定できる。当時、ヒロポンの中毒性はほとんど認識されておらず、「大日本製薬」[3]が、覚醒剤メタンフェタミン塩酸塩をヒロポンという商品名で、一九四一年から市販していた。岩垂はそのヒロポンを、航空兵たちの大好きなチョコレートに入れたのである。

「大日本製薬」のロゴは、○のなかにPの文字があり、会社の通称が「マルピー」であった。岩垂の著書には「大日本製菓（株）（マルピー）」と書かれているので、「大日本製菓（株）」と「大

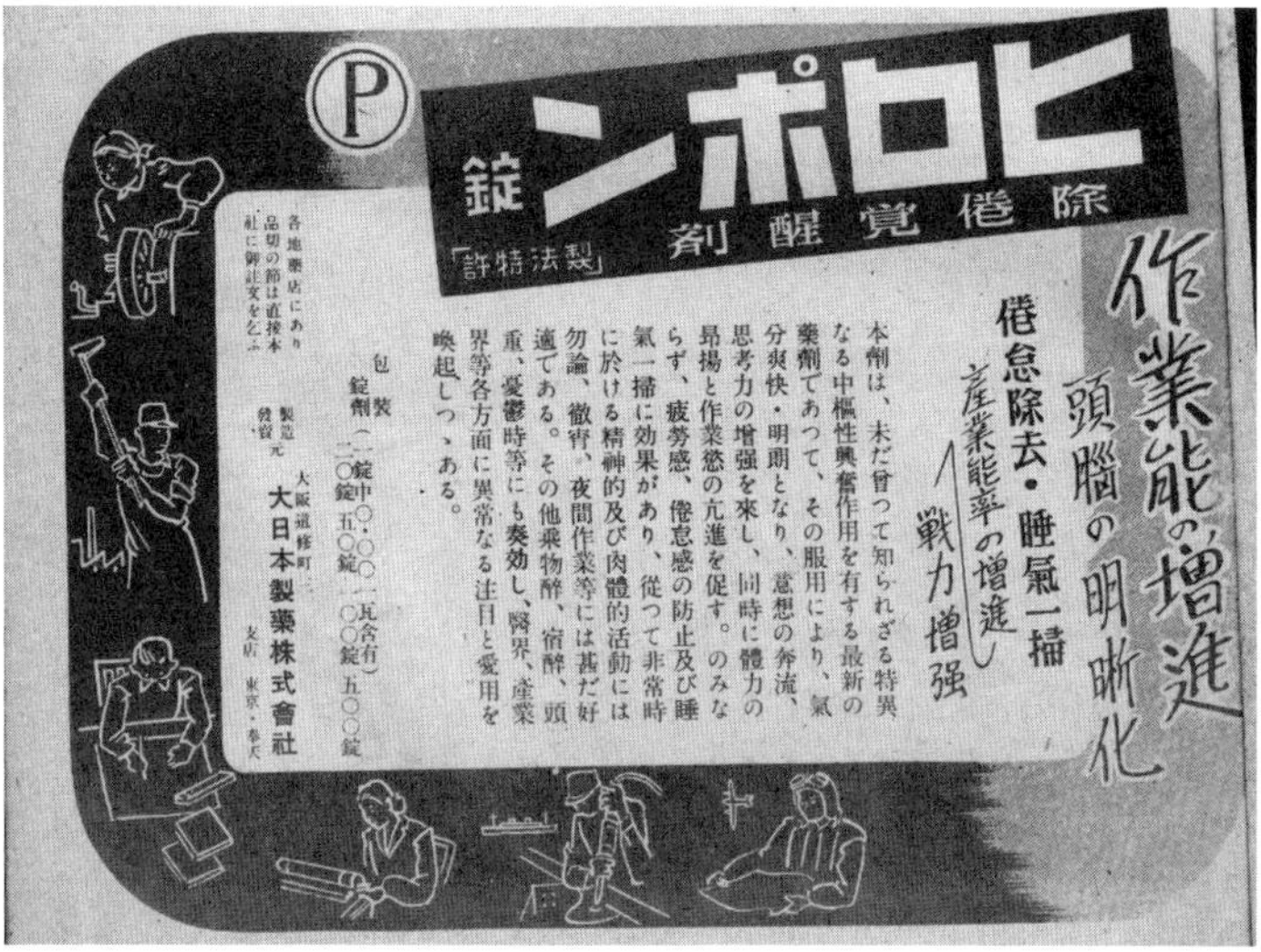

戦前のヒロポンの広告（「科学朝日」1943年12月号掲載）

日本製薬」の通称をいっしょにして書いたのかもしれない。萬有栄養に問い合わせたが、岩垂はすでに亡くなっていて、わからないとのことだった。

3 ヒロポンとは

ヒロポンは、一九四一年に大日本製薬が売り出したメタンフェタミン（覚醒剤）である。メタンフェタミンは、一八八八年に薬学者の長井長義が麻黄《まおう》から抽出したエフェドリンから合成し、その後、一九一九年に緒方章が結晶化に成功した。同様の覚醒剤にはアンフェタミンもあり、武田薬品が発売したゼドリンが知られている。メタンフェタミンおよびアンフェタミンは、戦前、実に二三種類もの製品が発売されていたようだ。しかし、覚醒剤としては、圧倒的にシェアの大きい大日本製薬のヒロポンが有名で、覚醒剤の代名詞のようになっていた。したがって、特攻兵に提供された覚醒剤が、すべてヒロポンそのものであったかどうかはわからないが、多くがヒロポンであったことはまちがいないと思われる。

『大日本製薬社史』のヒロポンにかんする記述は、以下のとおりである。

覚せい剤（神経興奮剤）のヒロポンは、原料の麻黄からエフェドリンを生産するときに生ずる異性体から合成された。「仕事を好む」という意味のギリシャ語から採った製品名で、覚せい時間を延長させる作用とともに、精神的・肉体的活動力を著しく高め、判断力・思考力を強め、作業能力を向上させる効能をもつことから、徹夜作業の際に用いるとよい、とされた。

ヒロポンは強い覚醒作用と興奮作用を持つため、「国家総動員体制」下の日本では航空兵のみならず、徹夜作業の労働者たちにも積極的に提供された。こうして、ヒロポンは国民に広く普及していったのだ。

当時は、まだ覚醒剤の強い中毒作用はそれほど認識されておらず、もっぱら「大和魂」の発揮に利用されたのだろう。大日本製薬のヒロポンの広告では、「産業能率の増進」とともに「戦力増強」が強調されており、「図面を広げる航空兵」のイラストもある。これはヒロポンが航空兵にも与えられていたことを示している。また、ヒロポン錠の商品名の左上には、Ⓟ（マルピー）のロゴも見られる。

広告の左下を見ると、大日本製薬の本店は大阪市の道修町《どしょうまち》にあり、支店は東京と満州の奉天《ほうてん》にあったことがわかる。奉天は、今の中国では瀋陽《しんよう》と呼ばれ、当時は満州国の重要都市だった。近くに撫順《ぶじゅん》炭鉱があり、一九三一年の満州事変（柳条湖事件）が起こったのも奉天の近郊である。大日本製薬は、この奉天を拠点にして、中国でもヒロポンを広く販売していたのである。

マラリア治療薬に次いで、ヒロポンという大ヒット商品を売り出した大日本製薬は、生産ラインを拡大していった。一九四〇年一〇月には大阪府吹田市垂水[4]に二万坪を超す土地を購入し、一九四三年から新工場を稼働させた。一九四五年三月ごろには、従業員の多くが徴兵や徴用によっていなくなったため、大日本製薬は働き手を薬学の専門学校生や中学生、女学生ら、勤労動員学生に頼らざるをえなくなっていったという。

4　日本軍によるヒロポンの活用

薬物中毒の研究者・内藤裕史の著書『薬物乱用・中毒百科　覚醒剤から咳止めまで』（丸善出版、二〇一一年）によると、覚醒剤が最初に戦争で使われたのはスペイン内乱（一九三六〜三九年）で、夜間の戦闘や警備に使われたとのことだ。

ドイツ軍が覚醒剤を使って効果をあげているのを知り、日本軍は太平洋戦争の開始前に製薬会社に覚醒剤を製造させた。メタンフェタミンには、ヒロポン（大日本製薬）、ホスピタン（参天製薬）、ネオアゴチン（富山化学）、ネオパンプロン（小野薬品）などがあり、アンフェタミンにはゼドリン（武田薬品）、アゴチン（富山化学）、パーテン（塩野義製薬）、ザンドルマン（同仁製薬）などがあった。

大学の医学部では、覚醒剤の効用についての臨床実験がおこなわれた。一九四〇年には大阪大学でメタンフェタミンが、一九四一年には新潟医科大学や京都大学でアンフェタミンか、医師や学生などに投与され、各種のデータが報告された。多くは覚醒剤の効用について報告しているが、大阪大学の実験では「精神分裂病患者に投与すると幻覚症状が増加することがある」と、少数ではあるが副作用についても報告されていた。

串良《くしら》基地で特攻兵にヒロポン注射をした軍医の蒲原宏《かんばらひろし》は、復員後に、新潟医科大学の後輩から次のような話を聞いた。新潟医科大学では、生化学教室の教授が学生の有志を募って臨床実験をおこなったが、被験者になった学生のうち一名は中毒症状が出て、卒業後も苦しんだ。中毒に苦しんだ学生は蒲原の一年後輩で、俳句の仲間でもあったそうだ。新潟医科大学は、のちに新潟大学医学部になったが、覚醒剤の臨床実験については、大学の『50年史』にも『75年史』にも、また『百年史』にも書かれてはいないという。蒲原によれば、確実な文書資料が残っておらず、正史には載せられなかったとのことである。

ドイツでは一九四一年の段階で、覚醒剤の習慣性や統合失調症への移行が問題となり、「危険薬」に指定された。しかし、日本ではこれらのマイナスの効用に注目することはなく、太平洋戦争開始後、日本軍はさまざまなかたちで覚醒剤を使用した。前述の内藤は、諸論文を参考にしつつ、日本軍の覚醒剤利用について、次のようにまとめている。

日本軍はメタンフェタミン（ヒロポン®）を長距離洋上飛行の戦闘機パイロットに眠気覚ましに注射したり、緑茶の粉末と混合したものを「猫の目錠」として軍需工場の夜間勤務者に、あるいは「突撃錠」として軍隊で使った。軍隊では1アンプル3㎎の注射剤も使われた。

「出撃の前夜など、隊員とて生身の人間、故郷の父母を思い友を思う念に変わりはなく、眠れぬ夜を転々として酒を飲む。飲んで体を酔わせることはできても心のなかまで酔わせることはできず、翌朝は重い頭で出撃する。そのとき軍医は覚醒剤を注射してフラフラする頭を立ち直らせて出撃させる。戦争が厳しくなってくると、夜間攻撃、薄暮攻撃と、出撃する航空機搭乗員に皮下注射をして送り出すということも頻繁に行われるようになった」。

戦争中の1942（昭和17）年から1944年にかけては、陸軍造兵廠、航空機製造工場、軍需工場などで数百人規模の臨床実験が行われた。また、学生・生徒41人に投与して肉体的作業能や精神神経機能をみた臨床実験の結果も報告されている。

諸橋芳夫は、一九四三年に海軍軍医中尉としてトラック島[5]に赴任したときの体験を書いている。

4〜5時間の海の上空の飛行は単調で、何としても眠くなってしまう。うっかり眠ってしまい、目を覚ますと先導の海軍機、僚機を見失って目的地に着かない者が或る時続出した。飛行長から私に「何とか貴重な飛行機を安全に確実に目的地につける方法はないものか」と相談があった。そこで「覚醒剤としてのヒロポンを使うことだ」と返事をし、それならばということで飛行前に搭乗員にヒロポンを服用させた。その結果、無事全飛行機が目的地に着いたと感謝された。先導の海軍飛行機搭乗員に「こんなに目がさえて、航路のよく見えたことはなかった」と言われた。（「太平洋戦争記余話」『全自病協雑誌』一九八九年八月号）

覚醒剤を兵士に与えていたのは日本軍だけではない。ナチス・ドイツは「危険薬」との認識があったにもかかわらず、戦時中は兵士に与えていたし、ヒトラー自身が常用者であった。さらに連合国側の米軍・英軍も使用していたといわれている。英国空軍は、アンフェタミンの錠剤〝Wakey-Wakey〟（「起きろ！」）を爆撃機のパイロットに服用させていたそうだ。

戦争という命の奪い合いを兵士にさせるとき、国家権力は残酷なことをするということがよくわかる。麻薬も含めた米軍の薬物使用は、戦後のベトナム戦争でもアフガン戦争でも変わらなかった。

5　戦後のヒロポン禍と覚醒剤取締法

戦時中、まがりなりにも覚醒剤は軍によって管理されていた。しかし戦後は、日本軍が解体されるなかで、軍関係者が持ち出し売りさばいていた。また、戦時中に増産した覚醒剤を製薬会社が大々的に売り出したことによって、覚醒剤は市中に出回っていった。製薬会社の製品だけでなく密造品も出回り、その結果、大量の中毒者が出て、大きな社会問題にもなった。有名作家や芸能人のヒロポン中毒の話がいくつも残っている。
日高恒太朗著『不時着』（新人物往来社、二〇〇四年）には、漫才師として有名なミヤコ蝶々のすさまじい体験談が、新聞連載を引用するかたちで載っている。

戦争中、軍隊ではヒロポンを特攻隊の人に打っていました。あれを打つと怖いものなしになるから、なんでも来い…という気になる。特攻隊の人たちは、あれを打たれて出撃させられたそうですね。それが戦争終わったら、いらんようになって、余ったのが薬屋さんにおろされて、「ヒロウ回復にはヒロポンを」てな広告だして売られたんです。後になってあんまりいろいろ被害が出て来たから、警察が取り締まるようになったけど、初めはおおっぴらでしたよ。ま、軍隊というか国の都合の方が先で、国民はええように振りまわされてました。ひどい話ですよね。

私もそのヒロポンに取り付かれました。最初の夫との別れの痛手から逃れるのに、ヒロポンの力を借りたのです。罪悪感はありませんよね。公然と売られていて、作家や芸能人がどんどん買って、どんどん打つ。太宰治さんや織田作之助さんがヒロポン中毒になりはったのも、その頃です。漫才のミス・ワカナさんもヒロポンがもとで亡くなりました。芸人が見せしめのために、腰縄つけて連れていかれたりしたのは、ずっと後のことです。私も骨が弱くなって、いまだにガタガタです。

ひどい時は、一日に三、四十本も打ちました。そうなると、完全な中毒です。舌はもつれて、なにをいうてるのか分からん。コンビとはけんかをする。舞台はむちゃくちゃになって、仕事もホサれてしまいました。その内に、毎日てんかんみたいな発作を起こすようになって、どこでひっくり返るか分かりません。あの時、雄さん（注 南都雄二）が傍らについていてくれなかったら、どうなったことか。（「蝶々つづればなし」毎日新聞、一九八五年六月一二日付）

一日に何十本も打てるものかと思うが、私はみみずばれになった中毒者の腕を写真で見たことがある。最悪の状態になるとそこまでいくのだろう。このような症例が続出し、さらに中毒者が受験生などの青少年にまで広がり、ヒロポンを製造していた大日本製薬には厳しい批判の目が向けられるようになった。そのため、大日本製薬は一九五〇年一一月にヒロポンの生産を中止し、残った製品を廃棄処分せざるをえなくなった。

政府の対応が早急に求められるなか、一九五一年二月一五日の参議院厚生委員会で覚醒剤について審議がおこなわれた。

〈豊島順吉参考人（大日本製薬東京支店長）〉

覚醒剤を、私のところはヒロポンでございますが、売り出しましたのは昭和十六年でございまして、…図らずもその頃には太平洋戦争が起こりまして、精神興奮剤の方が非常に重大視されて、戦争中はほとんど軍部に全部取られまして、いろいろなお菓子に入れたり、いろいろなことで使われましたのであります。戦後になりましては、あまり市場には出なかったのでありますが、戦後になりまして民間に出るようになりましてから中毒の声を聞くようになりました。（『参議院厚生委員会議事録』）

このときの国会審議では、ヒロポンが戦後、再び労働者に提供されている危険性が指摘されている。

〈藤原道子議員〉
あのヒロポンは戦争中に軍需工場等で、労働者にフルに労働強化をやるために使われた。あるいは特攻隊に使われた。いろいろ聞いております。それが今民間にこういうふうになってきております。また今の時代に中山先生からお話になったように、予備隊[6]の常備薬の中にこれは入っておる。あるいは聞くところによると、某、何といいますか、電源開発工事に働いておる人たちのところで、労働者がこれをすでに使われておる。最近になりましては、これは許可がないようでございますけれども、競馬馬にヒロポンを使っている。勝利を得ようというようなことさえ策動されておるやに聞いておる。…もしヒロポンがあるならば、軍需産業あるいは特需景気というようなところですでに私はヒロポンが使われているように聞くのでありまして、まことに労働者の立場から考えまして、私は大いに考えさせられておるわけでございまして……。（同前）

国会でのこれらのやり取りをみると、朝鮮戦争の特需景気のなかで、増産につぐ増産に合わせて、ヒロポンが相も変わらず労働者に提供されたことがわかる。また、警察予備隊にも常備されていた。警察予備隊が覚醒剤を常備するのはなぜなのか。警察予備隊は設立当時、警察を補佐するのが役割とされていたが、じつは米軍の補佐部隊であり、本質は軍隊だったからだ。

これらの議論を経て、一九五一年六月、ついに覚醒剤取締法が制定された。その後、覚醒剤はうつ病などの医療用として、医師の厳密な管理のもとでしか使用できなくなり、中毒も下火になっていった。しかし、今もたびたび報道されるように、覚醒剤は密輸・密売され、社会問題のひとつであることに変わりはない。

ちなみに、ヒロポンとゼドリンは今でも製造され、医療用に使用されている。また、自衛隊法一一五条の三第一項で、今も自衛隊は「麻薬、覚醒剤原料を所持できる」とされている。

注

1 川島四郎陸軍主計大佐。
2 塚口は尼崎市にあり、正確には兵庫県に属するが、大阪府に隣接している。
3 のちに社名を「大日本住友製薬」に変更。現在は「住友ファーマ」。
4 現在の吹田市江の木町。
5 ミクロネシアに所属するチューク諸島のこと。当時は日本の委任統治領だった。
6 一九五〇年の朝鮮戦争の勃発にともなって設立された警察予備隊のこと。のちの自衛隊。

4章　ヒロポンと特攻

1　ヒロポン入りチョコレート

覚醒剤入りチョコレートは、特攻兵にどのように提供されたのであろうか。残念ながら私が調べた限りでは、覚醒剤入りチョコレートを食べて出撃したとの体験談はなかった。

しかし、製造されていたのはまちがいない。新井喜美夫著『「名将」「愚将」大逆転の太平洋戦史』（PHP文庫、二〇一〇年）の「第四章　特攻隊員の後を追った猛将――大西滝治郎」には、次のような「軍に納められていたヒロポン」の話がある。

かつて筆者は某製菓会社の重役から聞いたことがある。そこではヒロポンが大量に供給され、回りをチョコレートでくるみ、菊の紋章を刻印したものを、定期的に軍に納めていたという。

これから先は、夢想に近い想像である。特攻隊本部に「明朝、××機の特攻隊を××方面に派遣してもらいたい」という命令が届いたとする。本部は特攻隊員にこのチョコレートを与え、「これは天皇家からとくに諸君へお下しおかれたものである。ありがたく頂戴するように」という訓示を垂れたのではなかろうか。

数時間後、ヒロポンの効果が表れ始めた頃を見計らって、再び特攻隊員を集め　こういうのだ。

「たった今、わが特攻隊に出撃要請があった。生きて帰ることが困難な任務にこちらから指名するつもりはない。われと思わん者があるならば、一歩前に進み、姓名を告げてもらいたい」

興奮に目をギラつかせた若き隊員たちは、われ先に前に進み出て、たちまちにして必要な人数が揃ったに違いない。


後半部分は新井の想像なので、このとおりだったかは不明だ。いずれにせよ、「菊の紋章」入りのチョコレートを見た特攻兵たちは、天皇の自分たちへの期待を感じ取ったであろうし、覚醒剤効果によって恐怖心はかなり軽減されていたのではないか。

ここに出てくる「某製菓会社」がどの会社を指すのかは不明である。だが、製造していた当の会社の重役が証言しているのだから、ヒロポン入りチョコレートが作られ、特攻兵に提供されたことは明白だろう。結局、私が調べた限りでは、覚醒剤入りチョコレートを実際に食べたのは梅田和子と、岩垂が作ったヒロポン入りチョコレートを食べて眠れなくなった少年航空兵だけだった。

しかし、ヒロポン入りチョコレートは、特攻兵にだけ提供されていたのではない。吉田裕著

『日本軍兵士―アジア・太平洋戦争の現実』（中公新書、二〇一七年）には、二七会編『陸軍薬剤将校追想録　続』からの引用として、薬剤将校だった宗像小一郎の戦後の証言が出てくる。

「また今問題の覚せい剤も陸軍の所産であり、ヒロポンを航空兵、又は第一線兵士の戦力増強剤として、チョコレートなどに加えていたことも事実」だとしている。

覚醒剤入りチョコレートにかんする証言は少ないが、岩垂の当初の目的どおり、広く航空兵に提供されていたのである。

2　ヒロポン入りの元気酒

大貫健一郎・渡辺考著『特攻隊振武寮　帰還兵は地獄を見た』（朝日文庫、二〇一八年）には、学徒兵だった大貫健一郎少尉[1]（当時二三歳）が、一九四五年四月三日に陸軍知覧基地から沖縄特攻に出撃するときの話が出てくる。

そうこうするうちに昼飯時となりました。滑走路のわきにいる我々のところに当番二等兵が一尺角ほどの立派な紙箱を持ってきたのですが、中を開けるとそれは見たこともない立派な品々が並んでいます。菊の御紋が入ったタバコ、沢の鶴の二合瓶、素焼きの盃、寿屋のウィスキー角瓶、そして幕の内のごちそうの数々。とても食べきれる量ではない。長距離飛行の途中で眠くならないようにとヒロポン入りの酒まで用意されており、「元気酒」と名づけられていました。

それまでも我々の食事は肉が中心の特別食で贅沢だったけど、この日のごちそうはどこで集めてきたのか、鯛の尾頭つき、魚の煮つけ、鶏の唐揚げ、さらにはビフテキまで入っていました。だけどちっとも食欲がわかず、酒だけは受け取って、残りはまったく手をつけずに当番兵にあげてしまいました。当番兵はずっと麦飯に味噌汁だけの食事が続いて骨と皮になっていましたから、泣いて喜びました。

大貫たちの出撃は、知覧から出る沖縄特攻の初期にあたる出撃だったので、特別に豪華な食事だったようだ。しかし、この日、大貫は搭乗機が不調で出撃できなかった。

3 ヒロポン注射

①ヒロポン注射を打たれた特攻兵

沓名坂男《くつなさかお》著『特攻とは　元徳島海軍練習航空隊白菊特別攻撃隊一等飛行兵曹沓名坂男（旧姓鈴木）の体験手記』の「いざ!!　出陣　第一陣第一次出撃隊」には、次のように書かれている。

「只今より沖縄へ向け出撃する。各員全技倆《ぎりょう》を傾注して事に当れ、一機一艦を目標とせよ、成功を祈る。」

その後隊長よりの飛行コース、其の他の細かい注意点など説明の後、軍医官の指示により、腕をまくる。何事だろうといぶかる我々の前で、眠気防止だとか云って一人々々に注射を打って廻る。（戦後四、五年経った頃ヒロポン禍がマスコミ等により報道され、あの時の注射がヒロポンであった事を知る。）全員注射をし終わって、テーブルをとり囲み、皆の前の素焼きの盃に清水が注いで廻られた。

この一九四五年五月二四日に、鹿児島県海軍串良基地から夜間に出撃した白菊特攻隊の第一陣の一部は、引き返したり不時着した者もいたが、最終的に一八名は生還しなかった。沓名兵曹（当時二二歳）は第二陣であったため、このときはヒロポン注射をされなかった。だが、五月二七日に出撃するときは注射をされた。同書では、そのときのヒロポンの効果が明確に証言されている。

定刻になって出撃隊整列、訓示の後注意事項説明、第一次と同じように腕をまくり注射、今まで酒でふらついていた身体が見る見る立ち直ってくる。その内にシャキーッと酔などどこへやら、神経は昂《たかぶ》り身内から闘志が湧いてくるのを感じる。そして水盃をいっきに呑み干し、その盃を地面に叩きつけ、勇躍機上の人となる。

ところが、沖縄上空の天候の悪化によって、この日の出撃は中止となり、沓名兵曹は翌二八日に出撃することになる。そのときに再び注射をされた。一九時二二分、出撃。しかし、二時間ほど飛んだところで急に激しい雨にみまわれ、視界を失った沓名はやむなく引き返した。

沓名の乗った特攻機の「白菊」はそもそも練習機であり、実戦に使う機体ではなかった。だが、戦争末期にはまともに使える実戦機はほとんどなく、機上作業練習機の「白菊」や、通称「赤とんぼ」と呼ばれた九三式中間練習機[2]までが、「特攻」では実戦用に使われていた。日本軍は「白菊」の両翼に二五〇キロ爆弾（計五〇〇キロ）を積んで出撃させていた。そのため、通信機も搭載せず、極限まで機体を軽くしても時速は一八〇キロと低速で、グラマンに見つかればひとたまりもないような特攻機であった。

「白菊」には、通常は通信機が装備されていた。しかし、特攻では通信機が無駄になるとの上層部の判断により、取り外された機体も多かった。出撃後の天候悪化により作戦中止となった場合、通信機がある「白菊」は引き返すことができたが、取り外された「白菊」は連絡を受け取ることができず、特攻死を強いられた。

この「白菊」で特攻に出なければならなかった沓名兵曹は、同じ串良基地から出撃する通常攻撃用の「天山」をうらやましく思っていた。

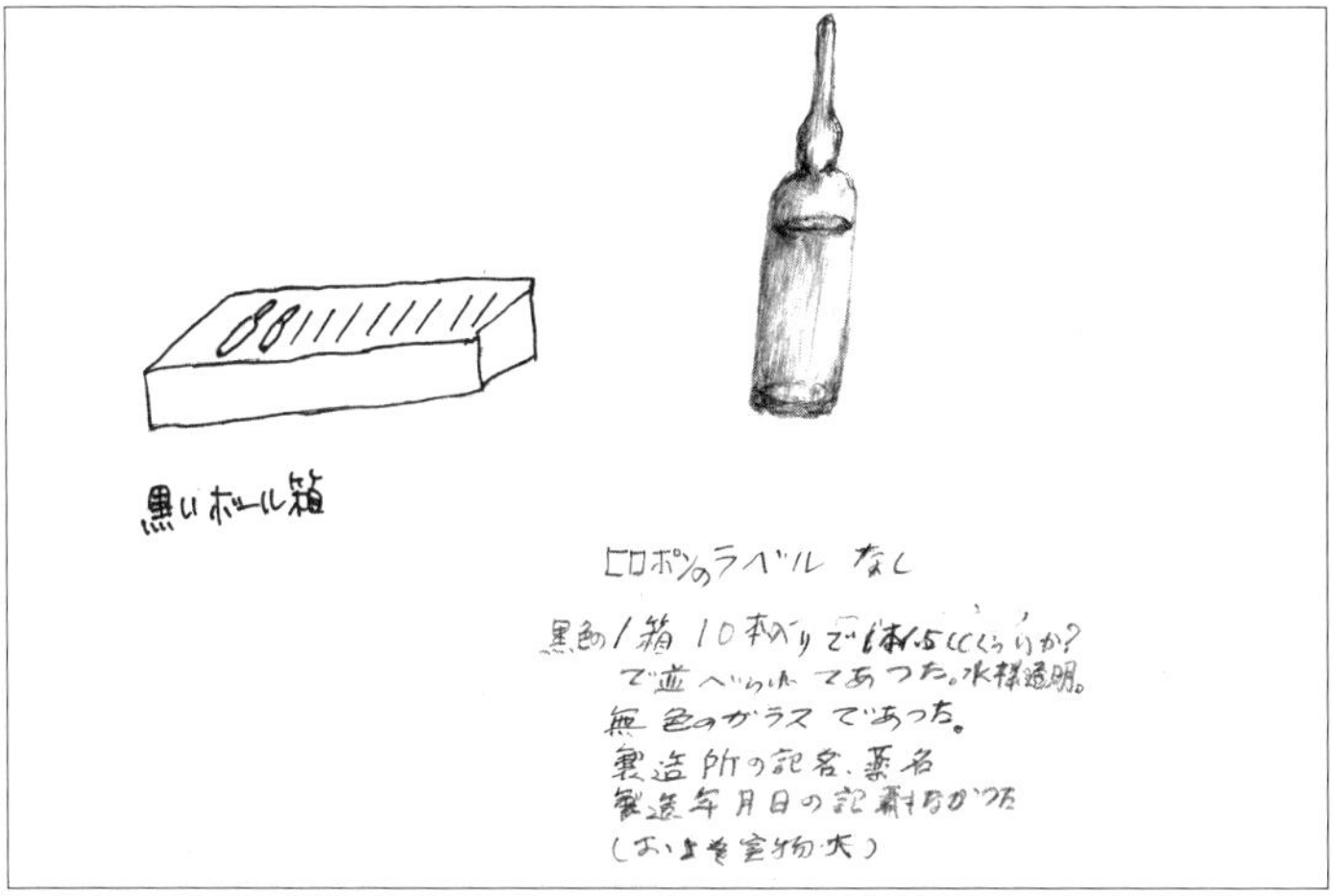

ヒロポンのアンプルと箱（蒲原宏 画）

少し離れた列線の天山艦攻（艦上攻撃機）が魚雷を取り付けて試運転に入っているが、それに搭乗する彼らは皆明るい顔をしている。それもそのはず彼等は実戦機だ、我々のように片道飛行ではない、往復に充分な燃料を搭載している。攻撃に成功して帰還出来る望みのあるものは心強いものである。

その後も沓名兵曹は出撃準備をするものの、梅雨による天候不良のため出撃できず、六月はじめにいったん原隊の徳島練習航空隊に戻された。六月一九日に再び串良に進出したが、またもや天候不順で出撃できず、六月末に再度徳島に戻された。沖縄における地上戦が六月二三日に終了し、いよいよ本土決戦が日程にのぼるなかでの配置換えだった。

七月に入ると徳島基地そのものがグラマン戦闘機やロッキード爆撃機に襲われるようになった。

地上からの応戦は何の効果もなかった。このとき、沓名兵曹は「日本軍の劣勢」を身をもって感じたが、上層部からは「玉砕の至上命令」が出されていた。その後、徳島では滑走路だけの秘密基地作りがおこなわれ、沓名らもその工事に駆り出された。そして、八月の広島・長崎への原爆投下を経て、八月一五日の「玉音放送」を徳島で聞くことになった。

沓名はこうして生き残ったが、五月～六月の串良で、沓名の部隊よりも一足早く出撃した白菊部隊の特攻兵たちの多くは死亡している。上層部は全員を出撃させて、「軍神」として宣伝しようとしていた。そんななかで沓名が生き延びることができたのは、紙一重の幸運だった。沓名は戦後に体験記を書き、私たちに特攻兵へのヒロポン注射のことを伝えてくれた。

②ヒロポン注射を打った軍医

この沓名兵曹にヒロポン注射をしたのが、若き海軍軍医の蒲原宏《かんばらひろし》（当時二一歳）だった。白菊部隊は夜間の出撃で、沖縄までは約三時間の飛行だった。途中、何もない洋上や雲のなかを飛んでいると眠くなる。そのため、海軍航空隊上層部は特攻兵の出撃一時間くらい前に、軍医にヒロポン注射を打たせた。蒲原は「当初はそれがヒロポンだとは知らなかった」と証言している。軍医学校でもまったく教えられておらず、戦後、元の上官だった軍医少佐から「あれはヒロポンだよ」と教えられ、覚醒剤だと知るまでは、「軍の秘薬」「眠気防止の新薬」だと思っていたのである。

ヒロポンは無色透明の液体で、一・五～二・〇ミリリットルくらいの無色の小さなアンプルに入っていた。ラベルは貼ってなかった。一〇アンプルずつ、黒くて平たい箱に入っていたが、製造所や成分についての記載はなかった。

蒲原が一九四五年一月、最初に赴任した鹿児島県海軍国分基地では、特攻兵にヒロポン注射はしていなかった。蒲原がヒロポン注射を特攻兵に打つようになったのは、二月になって串良基地に移ってからである。沖縄戦が始まり、全国各地から続々と特攻兵が串良に集結するようになった。蒲原は串良で三月中ごろから約二〇〇名の特攻兵の上腕部に、ヒロポンの皮下注射や筋肉注射を打って送りだした。上司の軍医長は夜間の出撃に行きたがらず、集合した特攻兵のところに打ちにいかされたのは、もっとも若い軍医の蒲原だったのだ。

ヒロポン注射を打たれた特攻兵のなかに、前述の沓名兵曹もいた。蒲原は恒例の「帽振れ」で特攻兵を見送りながら、見るからに頼りなさそうに飛び立っていく「白菊」に、「日本ももうだめか」との思いを強くした。同時に、特攻兵には「かわいそうな気の毒なことだった」と述懐している。出撃後に戻ってきた兵士のなかには、「腕が痛い」と訴えていた兵士もいたそうである。

③俳優・西村晃の証言

映画監督の井筒和幸は、撮影の合間に西村晃《こう》から聞いたことを、次のように紹介している。

西村晃さんが水戸黄門役の休み期間中の、我が映画『犬死にせしもの』（一九八六年）に出ていただいた時、晃さんは撮影所の喫茶室で「私は予科練上がりの特攻隊だろ。先輩をたくさん見送ったんだよ。悲しかったな。でもさ、あのポン打って出てったのはほんとだよ。あと操縦かんと股の間に日本酒の小瓶もしまって出ていったんだ。ニュース映画で見る別れの杯を一杯なんて広報用の演出だよ。一杯ぐらいじゃ特攻は無理だよ」と。そして「井筒くん、君らの世代がそれを描く番だ。私ら戦争世代が語れなかったことをやってほしいな」と言われたのを思い出す。西村晃は反戦の演劇人として生きた名優だった。我らは戦争の何事もまだ語れていないままだ。(「日刊ゲンダイ」二〇二二年八月二七日付、コラム「怒怒哀楽」より)

西村晃は一九四三年の学徒出陣で兵役につき、海軍飛行予備学生となり、徳島練習航空隊で特攻兵になった。沓名坂男や茶道家の千玄室《せんげんしつ》とは徳島の白菊特攻隊の同期で、「白菊特別攻撃隊」の歌を作曲したりもした。当時二二歳だった西村は、出撃したものの機体不良で引き返し、その後は乗る飛行機もなく敗戦を迎えた。戦後は俳優として演劇・映画・ドラマで活躍し、晩年はテレビの水戸黄門役で広く知られた。

私は西村晃が主演した特攻兵を取り上げたドラマを、リアルタイムで見たことがある。衝撃的なドラマだった。あらすじを断片的に覚えていただけだったが、井筒監督のコラムをきっかけにあらためて調べてみると、テレビ朝日系列で放送されていた土曜ワイド劇場の『田舎刑事 まぼろしの特攻隊』(一九七九年七月七日)だった。主演が渥美清、高峰三枝子、西村晃で、脚本が早坂暁、監督が森崎東《あずま》という豪華な顔ぶれだった。戦争末期に女学生が特攻兵に身体を捧げていたという話が発端のドラマだった。当時は今ほど特攻美化の風潮はなかったとはいえ、あの内容をドラマにするには相当な覚悟が必要だっただろう。特攻兵と整備兵との微妙な関係という、むずかしい問題にも斬りこんでいた。ドラマ・映画『夢千代日記』やドラマ『花へんろ』で、戦争と庶民の哀歓を描いた早坂暁の脚本だったからかと納得できた。

④ヒロポン注射の後遺症

渡辺洋二著『重い飛行機雲　太平洋戦争日本空軍秘話』（文春文庫、一九九九年）には、横須賀海軍航空隊の夜間戦闘機の操縦士だった倉本十三上飛曹と、偵察員だった黒鳥四朗少尉のペアが、ヒロポン注射と知らずに何度も注射を打たれた話が出てくる。二人は特攻ではなく、首都圏を夜間に空襲する米軍のB29爆撃機を撃ち落とすのが任務であった。

同書によれば、一九四五年の四月下旬、黒鳥少尉は軍医長に呼ばれた。

「夜よく目が見えるようになる、ドイツから輸入の暗視ホルモンをうってあげるから」

黒鳥少尉にとって初めて聞く薬品名だったが、それ以上の説明はなく、ここで一回目の注射を受けた。

当時、医務科の衛生下士官・兵たちのあいだで、この薬は除倦覚醒剤と呼ばれ、「ヒロウ（疲労）がポンと回復する」との効用によって、ヒロポンの名があることが知られていた。正確にはヒロポンは、覚醒剤・塩酸メタンフェタミンの商品名である。

倉本上飛曹は別の機会に、「暗視ホルモンは牛の脳下垂体からの抽出物」との説明を受けた。

何やらスケソウダラの目玉を丸薬にした、といわれた陸軍の夜間視力向上用の「み号」剤を連想させる。

岩垂の『50年前日本空軍が創った機能性食品』には、朝鮮から取り寄せたタラの目の粉末で「夜間視力増強食」を作ったという記述がある。倉本上飛曹のいう「み号」剤とは、おそらくその増強食のことだと思われるが、「み号」剤に直接ヒロポンが加えられていたわけではない。

〝暗視ホルモン〟注射は夜戦搭乗員に主用する判断がなされたらしい。そして選ばれたのが黒鳥少尉と倉本上飛曹のペアで、ほかには少なくとも複数回うたれた者はいないようだ。技量と実績の両面から、薬効を見るのに彼らがちょうど適したレベルと判断されたとも考えられる。注射はそれほどひんぱんではなく、B29夜間襲来の可能性を示す情報が入った時が主だった。第七飛行隊の指揮所で待機していると、軍医官が車でやってきて別々にうつ。おもに脇義寛軍医少尉が担当し、黒鳥ペアのほうから医務科へ出向くこともあった。

夜目の効きを養うためサングラスを使用。ときには「夜の指揮所から飛行場がどのくらいまで見えるか」などの質問が軍医官から黒鳥少尉に出された。

「たいして変わらんような気もしますが」

倉本上飛曹の返事には少尉も同感だった。それよりも、眠気をもよおさず、妙に頭が冴えわたり、帰投後は強い睡眠薬を定量よりも多く服用して無理に横になるときもあった。また、食欲の減退もはっきりあらわれてきた。

黒鳥―倉本ペアが夜間戦闘機「月光」に乗って夜間出撃するときは、いつも「暗視ホルモン」が打たれた。このペアは特に、五月二五日の出撃で五機撃墜、一機撃破という超人的な戦功をあげた。ところが、すでに東京を焼き尽くしたB29は、その後、夜間は首都圏に飛来しなくなり、二人が〝暗視ホルモン〟注射を打たれることもなくなった。一方、「食欲の減退」といった軽い中毒症状はすでに出始めていた。

問題は戦後だった。運輸省の技官として勤務していた黒鳥は、通勤の満員電車のなかで奇妙な感覚にとらわれるようになった。

「押し合いながら乗っている周りの人々の手や鼻が、自分の目に飛びこんでくる感じ」、「指や鼻さき、食事のさいの箸など、尖ったものに対する奇妙な感覚」に悩まされ、「微熱と目眩《めまい》」も出てきて体調を崩した。そのため病院で診察を受けたところ、「航空神経症」と診断され、ビタミン注射と飲み薬の服用を続けた。だが、「異常感覚や体調」は快方へは向かわなかった。ペアだった倉本も症状は違うものの、「捕らえどころのない違和感につきまとわれている」とのことだった。黒鳥は〝暗視ホルモン〟の影響を疑ったものの、たしかめる手立てもないまま症状に悩まされた。そして、日常生活にほとんど支障がなくなるまで回復するのに四〇年もかかったのである。

黒鳥が真相を伝えられたのは、症状が消えてさらに数年がたったころだった。かつて黒鳥―倉本ペアに〝暗視ホルモン〟を注射した脇軍医から、〝暗視ホルモン〟の正体はヒロポンだったと告げられ、謝罪されたのである。黒鳥―倉本ペアは、覚醒剤が航空兵に及ぼす影響の実験台にされていたのだった。「夜目への効き目」を調べるのも覚醒剤を打ったひとつの目的だったかもしれないが、ヒロポンを打たれて戦果をあげる黒鳥―倉本ペアにいっそうの戦果を求め　何度も打ち続けたのではないか。黒鳥が四〇年間にわたって症状に悩まされ、転職も余儀なくされたことを思えば、軍隊の残酷さが浮き彫りになる。

4　ヒロポン錠剤

特攻兵とヒロポン錠剤の関係については、一九四五年五月四日に鹿児島県の海軍串良基地から、明け方の五時に「九七式艦攻」（九七式艦上攻撃機）で出撃した桑原敬一兵曹の体験として、日高恒太朗著『不時着』で次のように紹介されている。

司令の訓示が始まった。スルメと冷や酒の『別杯』の儀式。ほかに丸薬があった。メタンフェタミンを主成分とする興奮剤であったことは、戦争が終わってから人づてに知った。そういえば薬物の効き目だったかどうか、腰の軍刀を振り回しながら、離陸していく士官もいた…。

同書の著者である日高恒太朗は、桑原の証言にもとづいてヒロポン錠剤のことを書いたと思われる。一方、桑原自身が書いた『語られざる特攻基地・串良　生還した「特攻」隊員の告白』（文春文庫、二〇〇六年）では、同じ五月四日の出撃の場面に、ヒロポン錠剤のことは書かれていない。この違いについて、桑原と日高に直接たしかめようとしたが、どちらもすでに故人となっていて確認できなかった。

この時期に海軍串良基地の軍医として、出撃する特攻兵にヒロポン注射を打っていた蒲原宏によれば、串良基地にはヒロポン入りの錠剤もチョコレートもなかったとのことである。ヒロポン入りの錠剤やチョコレートはおもに陸軍が使用したのではないか、海軍の串良基地では、もっぱら注射のみだったと蒲原は証言している。

これらのことから、『不時着』に書かれている「丸薬」とは、先にも書いた「み号」剤のことではないだろうか。「み号」剤には覚醒剤は入っていない。特攻兵がヒロポンを使用していたことが、戦後、世間に広く知られるようになったことは、ミヤコ蝶々の証言からも明らかである。だが、特攻兵が覚醒剤の錠剤を服用して出撃したという明確な証言は、今のところ見つかっていない。

はっきりしているのは、覚醒剤の錠剤が航空兵一般に与えられただけでなく、市販もされ、軍需工場の夜間勤務者に広く与えられていたということだ。夜間勤務者には勤労奉仕する女学生もいた。吉野興一著『風船爆弾　純国産兵器「ふ号」の記録』（朝日新聞社、二〇〇〇年）には、一九四四年の暮れから、九州の小倉にあった陸軍造兵廠で勤労奉仕した旧制山口県立山口高等女学校に在学中の田中哲子の手記が紹介されている。女学生たちは和紙を使った風船（気球）づくりに従事した。当時の様子がうかがえる部分を同書から引用する。

　小倉では寮生活をしながら造兵廠に通いました。日勤のときは朝六時から夕方六時まで働きづめでした。蒸気乾燥器を一人で二台受け持ちました。和紙とこんにゃく糊を交互に重ねる作業ですが、乾き過ぎるとパリッと剝がれて不合格品になるので、反復横跳びをして蒸気乾燥機を回転させながら原紙をつくりました。夜勤のときは十二時に夜食のおにぎり二個とビタミン剤二錠を渡されました。あとで聞くとビタミン剤ではなくて覚醒剤だったということです。いつも眠くてお腹が空いていました。衛生状態も悪く生理の止まった人も何人もいたようです。でも敵を倒すためだと必死で働きました。短い間でしたが、当時はとても名誉なことをしていると信じていました。

また、西川伸一著『覚せい剤取締法の政治学　覚せい剤が合法的だった時代があった』（ロゴス、二〇一八年）には、東京の昭和飛行機工場で勤労奉仕した旧制都立武蔵高等女学校生の体験が紹介されている。

　戦局酷《きび》しく徹夜勤務が始った　夜半過ぎると決まって襲う眠気　ハンドルを動かす単調な作業　はっと気が付くと圧力計が上がっている　誰がいい出すともなく飲み出したヒロポン　あの小さな気味の悪い黄色の錠剤　でも駄目相棒と相談して歌を唄う（都立武蔵高女青梅寮生の会

編『飛行機工場の少女たち　女学生勤労動員の記録』、一九七四年）

空腹と疲労と単調な作業の繰り返しのなかでは、覚醒剤とはいえ、錠剤程度では眠気を吹き飛ばすことはできなかったようである。錠剤は注射よりも効き目が緩やかだったためか、これらの女学生に中毒症状が出たという証言は今のところない。

5　ヒロポン使用証言の少なさ

それにしても、沖縄特攻では実に多くの特攻兵が何らかのかたちでヒロポンを摂取して（摂取させられて）、出撃したのではないかと思われる。なのに、そのことを語っている人物が実に少ないことに驚く。

高木俊朗著『特攻基地　知覧』（角川文庫、一九九五年）では、特攻兵の行動・心情がリアルに描写されているが、ここにはヒロポンの話はない。戦時中、高木は陸軍の映画報道班員であり、当事者ではなかったから知らなかったのだろうか。しかし、前出の大貫健一郎の体験によると、知覧では出撃する特攻兵にヒロポン入りの元気酒が提供されていた。なぜ、高木はヒロポンについて書かなかったのだろうか。

そもそもの話として、兵士らがヒロポンを摂取しても、そのことを当人は知らされていない。みな戦後に「あれはヒロポンだった」と知らされている。ヒロポンを特攻兵に注射していた軍医の蒲原ですら、元上司から知らされたのは戦後だった。したがって、高木が当時は知らなかったとしても不思議ではない。だが、事後的には知りえたのだから、書かなかったのはなぜかという疑問が残る。軍によるヒロポンの使用があまりにもあたりまえすぎて、取り立てて話題にするほどでもなかったのか。それとも、戦後のヒロポン禍ともいえる覚醒剤のまん延とイメージダウンによって、ヒロポンについて触れるのがためらわれたのか。本人が鬼籍に入った今となっては、わからない。

ただ、岩垂がヒロポン入りチョコレートを作ったことを書いた『50年前日本空軍が創った機能性食品』が刊行されたのが一九九二年で、このとき岩垂は七九歳になっていた。岩垂に作ることを命じた川島四郎は、すでに亡くなっていた。また、横須賀基地で出撃のたびにヒロポン注射をされていた前出の黒鳥四朗が、『重い飛行機雲』を書いた渡辺洋二に、自分の戦争体験を最初に話してからヒロポンのことを書くことを許可するまでには、一四年以上もかかった。その点を見ても、やはり関係者が生きているあいだは、ヒロポンについて社会的にあきらかにすることへのためらいがあったのではないかと思う。

その結果、日本軍と覚醒剤、なかでも特攻と覚醒剤のことは一部で語られるだけで、大きく取り上げられることはなかった。また、戦後まとまったかたちで研究されることもほとんどなかったのではないだろうか。そして、戦争を正当化し特攻を美化する論調が広がるなかで、「ヒロポン」「覚醒剤」は〝不都合な真実〟として闇に隠されてしまったのではないかと思う。

注

1　ミュージシャンの大貫妙子の父。

2　日本海軍で練習機として使われた複葉機。主翼は木製の骨組みに羽布《はふ》張り。機体がオレンジ色に塗られていたので、通称「赤とんぼ」と呼ばれていた。

5章　特攻とは

1　生還を前提にしない作戦

岩垂荘二《いわだれしょうじ》の証言からもわかるように、覚醒剤入りチョコレートは、もともと航空兵が長時間の飛行に耐えられるように開発されたものであり、特攻兵用に特別に作られたものではない。したがって、航空兵全般に提供されていたと考えられる。また、女学生や黒鳥四朗の証言からは、覚醒剤の錠剤や注射が、特攻兵だけに与えられていたわけではないこともわかる。

しかし、戦争末期には、特攻兵がひるまずに敵艦に体当たりできるための手段として、覚醒剤が活用されたのはあきらかだ。なぜなら戦争末期には、もはや航空機を載せる空母も戦って生還できる優秀な機体も航空兵もほとんどなく、未熟な航空兵がポンコツの戦闘機や爆撃機に、爆弾と片道だけの燃料を積んで体当たりする特攻作戦が、おもに実行されたからである。実際には、体当たりさえできずに撃ち落とされたり、そもそも目的地に着く前に墜落したり、故障のため不時着せざるをえなかった場合がほとんどだったが。

特攻には、航空特攻（爆弾を積んだ戦闘機や爆撃機による特攻、人間爆弾「桜花」など）、水中特攻

（人間魚雷「回天」、人間機雷「伏龍」など）、水上特攻（爆弾を積んだベニヤ板のモーターボート「震洋」「マルレ」など）があったが、いずれも生還を前提にせず、敵艦への体当たりを主とする特別攻撃だった。

現在、よく知られている航空特攻作戦は、日本の敗色が濃くなった一九四四年一〇月から開始された。もう少し前から構想されていたようであるが、現実に進めたのは大西瀧治郎海軍中将で、海軍航空隊のなかに「神風特別攻撃隊」を組織した。

本来、ゼロ戦などの戦闘機は、空中で機銃掃射によって敵の戦闘機を撃ち落とすのが任務である。一方、この戦闘機に二五〇キロの爆弾を搭載し、爆弾ごと敵艦に体当たりするのが特攻作戦である。航空特攻は戦闘機のほかに爆撃機、しまいには練習機まで使われた。搭載した爆弾も二五〇キロ爆弾から八〇〇キロ爆弾までさまざまで、機体から切り離して落とすことができないようにされたものから、不時着などに備えて切り離せるようにされていたものまでいろいろだった。いずれにせよ、爆弾ごと敵艦に体当たりするという点では同じであった。「生還」を前提にしないので、機体がボロくても、操縦士が未熟であっても、できる作戦として大西が進めたのが特攻であった。

一九四四年一〇月二五日に、フィリピン沖での初の体当たりによって、米軍の空母などに一定の損害を与えた。これを大本営が大々的に報じ、航空戦はもっぱら特攻に依存するようになっていった。陸軍航空隊もこれに続き、特攻隊が編成され、一一月から出撃した。

しかし、海軍特攻と陸軍特攻のいずれも初期には一定の戦果をあげたものの、米軍の圧倒的な兵力の前になすすべもなく、いたずらに犠牲者を増やすだけであった。米軍は真珠湾攻撃のときから、すでに日本軍の暗号を解読し、レーダーでゼロ戦を捉えていた。そして、太平洋戦争の過程でいっそう技術を向上させ、日本軍の動きは逐一把握されていたのである。

一九四四年一〇月に始まり、一九四五年八月まで、約一〇カ月間おこなわれた航空特攻による死者はどれくらいか。「特攻隊戦没者慰霊顕彰会」によると、海軍が二五三一人、陸軍が一四一七人、合わせて三九四八人で、約四〇〇〇人となる。水上・水中特攻も含めると、約六四〇〇人が特攻で戦死している[1]。

アジア・太平洋戦争[2]全体で、日本軍兵士の死者は約二三〇万人といわれているので、特攻での死者は約〇・二八%ほどになる。総数からするとわずかに思えるが、特攻はその衝撃的な実態によって、日本の戦争史だけでなく、世界の戦争史においても特異な作戦として知られることになった。

2　特攻は志願だったのか

ここでは、特攻の実態を知ってもらうために、実際に特攻にかかわった人々やその家族について記す。

①最初の神風特攻隊隊長・関行男大尉

特攻は兵士自らの志願によるものとされていたが、実態はそうではなかった。戦後、特攻を命じた側の人物たちの多くは、特攻を美化し正当化した。

森史朗著『敷島隊の五人　海軍大尉関行男の生涯』（上下巻、文春文庫、二〇〇三年）には、特攻作戦を提唱し推進した大西瀧治郎中将の意を受けて、一九四四年一〇月一九日に、フィリピンで特攻隊の志願者を募った玉井浅一中佐の言葉として、同書の下巻では次のような話が紹介されている。

（甲飛十期生たちに）集合を命じて、戦局と長官[3]の決意を説明したところ、喜びの感激に興奮して、全員双手を挙げての賛成である。彼等は若い。彼等はその心の総てを私の前では云い得なかった様子であるが、小さなランプ一つの薄暗い従兵室で、キラキラと眼を光らして立派な決意を示していた顔付は、今でも私の眼底に残って忘れられない。

ところが、志願を求められた甲飛十期生の側は違った。

甲飛十期生たちも言葉を失ったままでいた。浜崎一飛曹も棒立ちになっている。すでに空戦歴の数多いこの搭乗員は、とっさに、後に仲間同士で話し合ったように、体当たり攻撃をやるくらいなら米空母ぎりぎりの位置にまで近づき、爆弾を命中させて帰ってくればいいではないか、と考えていた。それに何よりも、体当たりという異常な戦法がいままさに実施されようとしている気配に、「皆シュンとなっていた」のである。すると玉井中佐が十期生たちを叱りつけるように大声でいった。

「行くのか、行かんのか！」

その大喝に、全員が反射的に手を上げた。それは、「全員双手を上げて賛成した」というのではなく、不承不承手を上げたという恰好であった――と、浜崎一飛曹が証言している。（同前）

そもそも、最初の「神風特別攻撃隊」の隊長であり、死後は「軍神」と持ちあげられた関行男大尉からして、もともと戦闘機のパイロットではなく、爆撃機のパイロットであった。優秀な技術を持っている自分が、無理に戦闘機のゼロ戦に爆弾を括りつけて、体当たりするという単純愚劣な攻撃をさせられ、生還できないことに非常に不満を持っていた。

しかし、命ずる側の大西らは、日本軍最初の特攻を何が何でも成功させるために、特に優秀な飛行兵にやらせようとした。なかでも、隊長は海軍兵学校出身者でなければならないと考え、教官だった関行男大尉に白羽の矢を立てた。日本海軍のエリートである兵学校出身者が先頭に立ち、部下の予科練出身の優秀な飛行兵ですら特攻をするのだから、今はこれしかないと周りを納得させようとした。それが大西の最初の特攻作戦だった。

同書の下巻には、何度も出撃しては敵機を見つけられず、追いつめられていった関行男隊長が、親しかった海軍報道班員に心情を吐露した場面が出てくる。

報道班員、日本もおしまいだよ。ぼくのような優秀なパイロットを殺すなんて。ぼくなら体当たりせずとも敵母艦の飛行甲板に50番[4]を命中させる自信がある。

ぼくは天皇陛下とか、日本帝国のためとかで行くんじゃない。最愛のＫＡ（筆者注：海軍用語で妻のこと）のために行くんだ。命令とあらば止むをえない。ぼくは彼女を護るために死ぬんだ。最愛の者のために死ぬ。どうだすばらしいだろう！

このとき、関行男は、「胸のポケットにしまいこんである新妻満里子の写真をみせ、その美しさを賞《ほ》めると、茶目っ気たっぷりにキスしてみせたりした」という。

当時、米軍が上陸してくれば、日本女性はみなアメリカ兵に強姦されると信じている日本人が多かった。関行男もその一人だったのだろう。結婚したばかりの二三歳の関は、「妻を守る」ことにしか特攻の意義を見いだすことができなかった。当時、天皇や日本帝国のために死ぬのではないなどと口にすることは、とうてい許されない。とはいえ、それを隊長自らが口にしてしまうほど、特攻作戦に納得していない特攻兵たちが多かったのである。

戦後、当時の上官たちの回想録には、「特攻隊員から長男と一人息子を除いた」という話が出てくるが、最初の「神風特攻隊」の「敷島隊」の隊員であった谷暢夫、永峰肇、大黒繁男の三人は長男であり、隊長の関行男は一人息子であった。

また関は「敷島隊」の四人の部下のことにも触れ、「ぼくは短い生涯だったが、とにかく幸福だった。しかし列機の若い搭乗員はエスプレイ（芸者遊び）もしなければ、女も知らないで死んでいく。インチ（恋人）もいるだろうに……」と部下のことも思いやったという。若い男性の幸福を女性とのつき合いで考えるというのは、いかにも当時らしい。予科練出身の四人のうち一人は二〇歳で、あとの三人は一九歳だった。二〇歳になるかならないかの若者が、生きては戻れぬ体当たりをさせられる残酷さを、関は痛感していたのだろう。

一九二一年八月、愛媛県に生まれた関の家庭は複雑だった。骨董商の父親は愛媛と大阪を行き来していて、大阪にも家庭を持っていた。父親がようやく関を入籍したのは四歳のときであり、母親が正式の妻となったのは、関が中学校に入った年だった。母親は息子を立派に育てたいと、幼いころから上等の服を着せ、厳しくしつけてもいた。負けず嫌いの関は、期待に応えて勉強もスポーツもできる優等生になった。

関の希望は旧制一高への進学で、旧制高校の自由な気風に憧れていた。しかし、当時は旧制中学校に進学させるだけでもかなりの学費がかかった。そのうえ、一高に行かせるとなると、学費以外に仕送りもしなければならず、父親は学費も生活費も要らない高等師範学校への進学を勧めた。だが、教員になりたくなかった関は、当時、一高と同じくらいむずかしいといわれた海軍兵学校に進んだ。海軍兵学校も学費、生活費ともに親の負担はなかったからである。父親の死後、母親は収入がなくなり、草餅を作ってほそぼそと行商をして暮らした。関は母一人、子一人となった。

関はロマンチストでもあった。好きな少女への想いを日記に書いていたが、それを兵学校の上級生にとがめられ、厳しい制裁を受けた。関はだんだん自分の殻に閉じこもるようになり、やがて下級生に厳しい制裁をおこなう上級生になった。卒業後は軍艦に乗ってミッドウェー海戦にも参加した。その後は航空兵を志し、やがて霞ケ浦航空隊の教官となった。

妻との出会いは慰問袋がきっかけだった。慰問袋をもらった関は、休日にわざわざ礼を言いに、鎌倉の少女の自宅を訪ねたのである。実業家の一家は関を歓待し、温かい家庭の団欒《だんらん》を知らなかった関は、たびたび一家を訪ねるようになった。慰問袋をもらっただけで、その家を訪ねるなどあまり想像できないが、当時はけっこうあったそうだ。二年ののち、少女の姉と関は結婚することになった。妻との結婚は幸せなひとときだった。しかし、士官官舎での新婚生活はわずか三カ月で終わり、関はフィリピンの航空基地に配属され、最初の特攻出撃を命じられたのであった。

愛媛で一人暮らしていた母親は、息子の死を映画館で知った。母親の唯一の楽しみは映画を見ることだったが、ラジオのニュースを聞いた親戚が、急いで映画館まで知らせに来てくれたのだ。地元では「軍神」として大騒ぎになり、母親は気丈に振る舞っていたが、一人になるとぼんやりとしていることが多かったという。戦後は嫁に再婚を勧め、母親は一人暮らしを続けた。関は「特攻死」によって二階級特進し、母親には高額な一時金が支給されたが、それも戦後のインフレで役には立たなくなった。あるとき、地元で「関行男は生きていて、山のなかに潜んで、ときどき母親と会っている」という噂が流れた。関によく似た親戚の青年が、叔母を心配して来てくれていたのだが、それがまちがえられたのである。こんな心ない噂にも母親は苦しめられた。

しかし、母親のあまりの生活の困窮と、世間の冷たさを気の毒に思った小学校の校長らが、母親を小学校の用務員として雇い、職員住宅に住めるように計らってくれた。母親は子どもたちにも慕われ、ようやく穏やかな生活を送ることができた。母親は一九五三年に五五歳で亡くなった。

②抵抗する特攻兵と特別扱い

高木俊朗の『特攻基地　知覧』には、行きたくないのに行かされる特攻兵たちが抵抗したり、無理に自分を納得させて出撃していく様子が、リアルに描かれている。

鹿児島県の陸軍知覧基地の、第五一振武隊に属する川崎渉少尉は、特攻兵には珍しい三〇歳の年長者で、元教員だった。地元の隼人町出身であり、元同僚で妻となった経子《つねこ》を両親に紹介し入籍するために、知覧に呼び寄せていた。しかし、両親はよそ者の経子を嫁とは認めず、川崎少尉はそのことに苦悩していた。出撃しても搭乗機の〝不調〟を理由に何度も戻ってきたため、上官からは「女に未練を残して死ねないでいる卑怯者。死んでしまえ」と罵られた。

その結果、とうとう川崎少尉は精神に変調をきたし、一九四五年五月三〇日、実家の畑の上を旋回したあと、日豊本線の脇の土手に自ら激突して死んだ。そのとき、畑にいた近所の二人の女性を跳ね飛ばし、死なせてしまった。川崎少尉の死は、「戦死」でも「病死」でもなく、特攻隊員の「名誉の戦死」に対する恩典である二階級特進もなく、「不慮死」として扱われた。

もちろん、特攻をみずから志願した兵士がいなかったわけではない。しかし、大部分の兵士は拒否できないように追い込まれて〝志願〟した。喜んで死んでいくかのような遺書にも、検閲があるため本音は書けない。自身の名誉のためにも、また残された家族に累が及ぶことへの心配もあって、精一杯無理をして書かれたものがほとんどである。それは生き残った特攻体験者や、実態を知りえた人たちの証言によってもあきらかである。

他方で、志願しても上層部の判断で出撃名簿から外される「特別扱い」はあった。日高恒太朗『不時着』には、そのような「特別扱い」のケースが出てくる。

茶道家の千宗室（現千玄室）が著作のなかで興味深いエピソードを披瀝している。学徒出陣で徳島海軍航空隊に配属され、その地で志願して特攻隊員になったことを、戦後に新聞紙上（日経新聞「私の履歴書」）で明かした。同じ隊にいた西村晃（のちに俳優）には出撃命令が出たが、自分にはなく、そのうち転属命令が出たのでそのことを不思議に思っていたというようなことを書いたら、当時の上官から手紙が届いた。その手紙を読んだ千は、

《上官が日本の茶道のために（意図的に外したと知って）、初めて岩崎大尉に命を助けていただいたという事実が判明したのである。（略）感謝の気持ちと共に、改めてなき戦友のことを思い、複雑な感情のざわめきを覚えるものである》

と書いている。

千利休から続く茶道裏千家の家元の息子は、本人が望んだことではなかったが、上官の特別な「配慮」によって助かったのだった。

注

1　資料によって死者数には違いがある。
2　日中戦争と太平洋戦争を合わせた呼称。
3　大西瀧治郎中将のこと。
4　500kg爆弾のこと。

6章　軍医・蒲原宏が見た特攻兵と特攻基地

1　軍医になった蒲原宏

出撃前の特攻兵たちにヒロポン注射をした蒲原宏《かんばらひろし》は、一九二三年九月一八日に新潟市の浄土真宗本願寺派の寺の長男に生まれた。寺を継ぐのが当然だと考えていた蒲原は、文学を愛し、文科系の大学に進学しようと考えていた。そんな蒲原に一九四〇年の秋、父親の蒲原霊英が次のように言った。

支那事変がうまく行かず、アメリカと戦争になるかも知れない。お前は僧侶の子だが体格もよい。兵役の義務を果たすために何れ徴兵検査を受け兵隊になるだろう。そうなると坊主の子が人殺しをする事になる。それは仏教の不殺生戒に反する。医者になって軍医として勤務すれば赤十字精神で敵味方怨親平等で傷病兵も住民も治療してやることもできる。憲法に定められた兵役の義務も果たすことができる。幸い地元の新潟医科大学に医学専門部ができた。軍医が不足のためらしい。是非受験してみてくれないか。（蒲原ひろし　第14句集『愚戦の傷痕』あとが

き）

蒲原の父親は軍人が嫌いで、県仏教会の会長でありながら、戦争協力の西本願寺とは正反対のことばかり言った。地方の大学教授や政界との交流があり、世界情勢にも詳しかった。当局からすれば不穏当な言動をする人物であり、憲兵隊の取り調べを受け、戦中の日記を没収されたこともある。他方で、檀家の一人である建川美次《たてかわよしつぐ》陸軍中将とは交流があった。父は「常に第三者の眼を持て。宗教家は政治家の上に立ち、言行一致を貫け」と蒲原に説いた。

リベラルな思想を持ち、戦争には反対であるが、高級軍人とのつき合いもあるという点で、蒲原の父親は梅田和子の父親と似ている。警察からはにらまれているが、警察もうかつには手を出せない地方の名士だった。日本国中が戦争に熱狂しているように見えていたが、彼らのような合理的な思考をする冷静なインテリが一定数いたのだ。蒲原宏や梅田和子が子どものころに軍国少年・少女にならなかったのは、こうした父親の影響が多分にあったからだと思う。

軍医になれば、「赤十字精神」で敵味方を平等に治療できる？　日本軍がそんなことをするはずがないことを、父親は百も承知だっただろうが、息子に人殺しをさせたくなかったのではないか。軍医不足を補うために、新潟医科大学に新たにできた医学専門部への進学を勧めた。蒲原は悩んだものの、父の言葉に納得し、一九四一年の春に医学の道に進んだ。就学期間はもともと四年の予定だったが、三年三カ月で授業は打ち切られ、蒲原は二一歳で医師免許を与えられた。

一九四四年六月からは、海軍軍医学校で六カ月の兵科と軍陣医学の訓練を受けた。その後、一九四五年一月に海軍軍医少尉に任官し、第五航空艦隊戦闘七〇一航空隊附の軍医として、鹿児島県国分基地で勤務することになった。

蒲原は国分基地では、特攻兵にヒロポン注射を打っていない。最初に赴任した国分基地での仕事は、診療室での健康診断や隊内での暴力損傷（リンチ的指導）の監視などであった。空襲が激しくなると森のなかの兵舎に移転した。兵舎は一部では民家を借り上げたりもしていた。

七〇一航空隊司令の木田達彦大佐と飛行長は、第五航空艦隊司令の宇垣纏《まとめ》中将とはそりが合わず、二人は七月末ごろに更迭されたと蒲原は聞いた。

蒲原は二月からは九州海軍航空隊串良《くしら》基地隊に配属され、八月の敗戦まで勤務し、多くの特攻兵にヒロポン注射をして見送った。

軍医少尉に任官した蒲原宏
（1945 年 1 月）

鹿屋市文化財センター編『特攻基地　串良の記憶　戦争を忘れない』によると、串良は艦上攻撃機が中心の基地で、一九四四年には整備を中心とする航空隊教育基地であったが、戦況の悪化によって一九四五年からは鹿屋とともに、おもに特攻基地として使用されていた。同年四月六日に始まった沖縄戦の菊水一号作戦からは、九七式艦上攻撃機とその後継機である「天山」が出撃し、五月二四日から始まった菊水七号作戦からは、練習機「白菊」が出撃した。

串良から出撃した航空機の多くは特攻で、特攻隊員が三六三名、一般攻撃隊員が二一〇人、計五七三人が戦死した。七月ごろには、内之浦から特攻出撃する人間魚雷「回天」の隊員の宿舎にもなったという。

串良基地では本土決戦に備えて、陸軍と合同で陸戦隊訓練がおこなわれたこともあったが、そのうち発疹チフスが南九州を襲った。隣接の施設隊では軍医が防疫中に死亡し、蒲原たちは虱《しらみ》駆除の防疫にも相当のエネルギーを取られた。

2　出撃前の特攻兵

基地では、兵学校卒と大学・高等学校・中学校卒で部屋が分かれており、特務士官には、さらに別の部屋が与えられていた。蒲原は士官と二人一室の部屋だった。一般兵と整備兵は、搭乗員とは別の大部屋での雑居だった。蒲原たち士官は、士官食堂で十分な食事をとることができた。

旧制新潟県立新潟中学校の一年先輩だった小山康衛少尉が、特攻の「彗星」攻撃隊員として国分基地に配属されてきた。小山は長岡高等工業出身で、陸上競技のチャンピオンだった。小山は新任の士官で、昼夜を分かたず訓練を受けていたため、蒲原は数回しか会う機会がなかったが、そのときの思い出を次のように語っている。

「良寛和尚の頃は良い時代だったね。あの頃生まれていればね。好きな歌も詠めたし」

と言って、小山少尉が嘆息しました。2人で良寛の話をし、中学時代に国語を習った阿部利三郎先生から、良寛と和歌の講義で同じことを聞いたのを話しました。彼は毎日のように急降下爆撃の訓練を受けていて、疲労が甚だしかったので、遊びに行くこともなく読書をしていました。小山少尉はまもなく、台湾沖の海戦で「特攻」死しました。

小山少尉らの遺品整理と郷里への送付に立ち会った時、新潟県高田市の県立高田師範学校出身の堀井正司少尉に会いました。彼は

「戦争が終わったら、郷里の村の小学校に遺してきた生徒に会いたい」[3]

と話していました。その彼も沖縄戦で「特攻」に出撃し戦死しました。郷里へ送ったのは白木の箱に入れた、彼が最後に食べた茶碗1個でした。堀井少尉は歌が好きで、「なつかしき故郷」という歌をいっしょに歌ったきりの別れでした。

串良基地時代の蒲原宏
（1945年3月）

また、蒲原は出撃前夜の特攻兵たちの様子を、次のように語っている。

国分基地でも串良基地でも、特攻出撃氏名が士官食堂に張り出されると、深い沈黙が部屋中に広がりました。顔

を見ることさえ気の毒で話しかけることはできませんでした。皆、黙って自分の部屋へ三々五々帰ってゆくのです。兵学校出身者は部屋に籠り、予備学生士官も同じですが、一部の人、特に私大系の、強いて陽気なふりを装おうとした人たちは、集まって放歌、論談している人が多かったように思います。

下士官、兵はあまり接していないのでよくわかりませんが、一度だけ深夜、腹痛の患者を見に行った時には、出撃前の異様なというか、鬼気迫る雰囲気に圧倒されました。夜遅くなっても円陣を作り、つきつめたギラギラした眼で、訪れた私たちをじいっと見つめている人が多く、とてもその部屋に長く居ることはできませんでした。生きている時間を惜しむ心の動揺を無理に押さえつけているような表情、不気味な目つきを今でも思い出します。

士官のなかには静かに本を読んでいる人もいました。あるいは酒を飲んで騒いでいても、やがて深海のような異様な静けさになり、ちょっと形容のしようのない「沈黙の海」のごとしでした。

串良で同室だった京大出身の高橋少尉から

「軍医さんはいいね」

と言われた時は、返事の仕様がありませんでした。

蒲原が串良で見たような特攻兵の様子は、フィリピン特攻でも見られた。碇義朗著『紫電改の六機　若き撃墜王と列機の生涯』（光人社、一九八七年）の「第十章　特攻無残」では、直掩《ちょくえん》[4]機の操縦士であった角田和男少尉が、フィリピンの基地で目撃した出撃前夜の特攻兵らの様子が描写されている。一九四四年一〇月三〇日の夜、角田少尉は翌日出撃する特攻兵たちの部屋でいっしょに寝ようと、仲間の士官を誘って搭乗員室を訪れた。

搭乗員室とは名ばかりで道端に椰子の葉で葺《ふ》いた掘立小屋、土間には板を並べただけのものであった。……そこには電灯もなく、缶詰の空缶に廃油を灯したのが三、四個おかれた薄暗い部屋の正面に、ポツンポツンと十人ばかりが飛行服のままあぐらをかいている。そして、じろっとこちらを見つめた眼がぎらぎらと異様に輝いている。左隅には、十数人が一団となってひそひそと何か話している。ああ、ここにも私たちの寝床はない、と直感して扉を締めた。

「これはどうしているのだ」

倉田兵曹に聞いたところ、彼の説明では、

「正面にあぐらをかいているのは特攻隊員で、隅にかたまっているのはその他の搭乗員です」

という。私は口早に質問した。

「どうしたんだ。今日、俺たちと一緒に行った搭乗員たちは、みんな明るく喜び勇んでいたように見えたんだがなあ」

「そうなんです。だが、彼らも昨夜はやはりこうしていました。眼をつむるのが恐いんだそうです。色々と雑念が出て来て、それでほんとうに眠くなるまであぁして起きているのです。毎晩十二時ごろには寝るのですが、他の搭乗員も遠慮して、彼らが寝るまではあぁしてみんな起きて待っているのです。しかし、こんな姿は士官には見せたくない。とくに飛行長には、絶対にみんな喜んで死んで行くと、信じていてもらいたいのです。だから朝起きて飛行場に行くときは、みんな明るく朗らかになります。今日の特攻隊員たちと少しも変わらなくなりますよ」

私は驚いた。今日のあの悠々たる態度、喜々とした笑顔、あれが作られたものであったとすれば、彼らはいかなる名優にも劣らない。しかし、また昼の顔も、夜の顔も、どちらも本心であったかもしれぬ。何でこのようにしてまで飛行長に義理立てするのか。

割り切れない気持ちを残して、私たちはまたトボトボと坂道を明るい士官室へと引き返して行った。

「飛行長への義理立て」。上官に恥をかかせてはならない。たしかにそれはあっただろう。しかし、それ以上にみっともない姿だけは見せたくないという本人のプライドと意地があったのではないか。同じ特攻作戦で出撃しても、特攻機に乗る者と直掩機に乗る者とでは、天と地ほどの差があった。直掩機であっても、敵のグラマンに狙われることに変わりはなく、多くの兵士が死んだ。だが、戻ることが前提の者には生き残る可能性があり、希望があった。

他方で、特攻兵は技量が高くてもアメリカの艦船に体当たりすることを強制されており、「十死零生」を強いられた。角田少尉が昼間見ていた勇ましげな特攻兵の笑顔の底には、絶望があったのである。二〇歳前後で人生をあきらめなければならなかった彼らに思いをはせること抜きに、太平洋戦争のことを考えることはできない。
蒲原はまた、戻ってきた特攻兵や整備兵についても語っている。

戻って来た特攻兵と整備員が、機体整備について喧嘩しているのはよく見かけました。串良では戻って来た特攻兵はそれほど多くはなかったと思います。中には高隅山山中に墜落する特攻兵もいました。その時は捜索発見、遺体収容、検死の上、荼毘《だび》に付しました。私は1機3名しか体験していませんが、遺骨は遺族に送り届けました。荼毘前に浄土真宗の「重誓偈《じゅうせいげ》」という短いお経をあげたこともありました。

特攻兵たちが搭乗させられた特攻機は、ゼロ戦にしろ、艦上爆撃機にしろ、古いタイプの機種が多く、そのうえ、部品の補充もおぼつかなかった。そのため、実戦用ではない練習機まで使用されたことは前述のとおりである。出撃してもエンジンの不調や燃料漏れなどで途中の奄美群島に不時着したり、やむをえず基地に引き返す特攻兵もいた。そんなときに整備をめぐって、特攻兵と整備兵とでしばしば口論になった。特攻兵は整備不良を主張し、整備兵はちゃんと整備したと主張した。整備兵たちのなかには「本当は死にたくないから引き返したのではないか」と疑っている者もいて、感情的な対立はけっこうあったようだ。

特攻兵も整備兵も若かった。十分な訓練を受け、高い技術を身につける前に、実戦に投入されたという点では立場は同じであった。しかし、死ぬことが運命づけられた特攻兵と、とりあえず死からまぬがれている整備兵とでは、食住も含めて待遇はまるで違っていた。彼らのあいだには深い友情があったという話もあるが、感情的なしこりもあったのである。

機体の不調などで基地に戻ってきても、全員が無事着陸できたわけではない。時間帯によっては滑走路を見つけられず、山腹に激突してしまうこともあった。そんなとき、僧侶の息子である蒲原が、臨時の僧としてお経を唱えて弔ったのである。

3 特攻兵と性

特攻兵に限らず兵士たちは、休日にはよく遊びに出かけた。遊郭や旅館のような女性のいる店に行くこともあった。蒲原によると、国分基地には軍隊向けの遊郭はなく、近くの日当山《ひなたやま》温泉の旅館で働く女性が兵士の相手をしていたらしい。串良基地には一カ所、遊郭らしいところがあり、天草《あまくさ》の女性と朝鮮人の女性がいた。女性のいる店に、たびたび遊びに行った同僚の軍医中尉は、一回の性交渉にかかる金が五円～一〇円《う》だと言っていた。

鹿児島湾周辺には多くの航空基地があり、近くの温泉の女性たちは物不足のなかで、軍隊の物資（煙草、脱脂綿、缶詰、石鹼など）の一個と引き換えに、兵士の相手をしたという。そのため、基地の酒保（軍隊内の売店）の物品が兵士によく盗まれた。蒲原は酒も煙草もたしなまないので、支給品を兵士にあげた。彼らはそれを持って、喜んで女性の元に通った。

「毛ジラミがあるときに女のところに行くと、毛ジラミが女のほうに移動してしまうので、遊びにいくのも治療ですよ」とうそぶく古参の兵曹長もいた。串良の特攻兵のなかには、淋病にかかって尿道炎と副睾丸炎（精巣上体炎）になり、プロペラの回転の振動にも痛みを感じて搭乗できず、そのため特攻免除になって生き延びた者もいたそうだ。

兵士の性病検査は基地内でおこなわれたが、女性の検診は遊郭の近くに設けられた臨時の検査場に、基地から軍医と衛生兵が出かけておこなった。蒲原も二回ほど女性を検診したことがある。軍医中尉によると、女性たちの罹患率はさほど高くなかったとのことである。

蒲原は朝鮮人の女性から「コルコル言うて何時コルノ。タマニハ精神キメテ一本やってけ！」と啖呵《たんか》を切られたこともあったという。

『不時着』には、串良で特攻兵らが遊びに行った場所が、具体的に書かれている。

落ち着く先は軍が認定した御用達の食堂や旅館だった。「迫田《さこた》旅館」「国見屋」「一心館」「日の丸食堂」「松阪屋」……ほかに住み込みの娼妓を置いた「料理屋」が三軒あった。

首筋を白く塗った娼婦たちだが、海軍用語にいう「Sプレイ」（芸者遊び）目的に「料理屋」に足繁く通いつめる隊員も当然いた。性に関わる隠語もいくつかあって、素人女性と同衾《どうきん》することを「ホワイトプレイ」、玄人女性とのそれを「ブラックプレイ」などと呼んでいた。

一般に特攻隊員たちの女性関係は開放的で華々しかった。つまり彼らはモテた。

もうすぐ死ぬことが運命づけられている特攻兵は、女性にとっては強い同情の対象であり、神秘化されていたのではないか。平時に出会っていれば、また違っていたのではないだろうか。『不時着』には、地元の女性が見た特攻兵たちの印象として、次のような話もある。

予科練出身の特攻隊員の人たちは少年のままというか、文字通りの少年航空兵で、まだ幼かった。町に出てきても食い気の方が先だったように思う。

予科練出身の少年兵でも早熟な者はいただろうが、純情な少年が多かったという話はたくさん残っている。

また、次のような話もある。まだ特攻兵などいなかったころの話であるが、基地周辺では兵士が近隣の女性を襲う事件がたびたび起きたらしい。そのため、軍の上層部は軍用の「慰安所」を業者に作らせた。串良の西にある鹿屋基地で、そのような施設を作ったことを自ら語っている人物がいる。当時、鹿児島県警察部長だった坂信弥《のぶよし》である。鹿屋基地は一九三六年四月に開設されており、坂が鹿児島県の警察本部長になったのが二・二六事件（一九三六年二月二六日）後であるから、鹿屋基地ができて間もないころのことと思われる。

鹿屋という町に海軍航空隊があった。後年真珠湾攻撃をやったあの航空隊である。同隊には少年航空兵がたくさんいたが、海軍の中でここの少年航空兵がいちばん早熟だったらしい。いつ死ぬかわからない境遇だから、死ぬ前に〝男〟になりたいという気持ちも強かったのだろう。

ところが適当な遊び場所がないものだから、町の娘たちに被害が及ぶ。娘の親たちは怒って航空隊に苦情を持ちこむ。隊長の石井静大佐もこれには弱って私のところへやってきた。

「こういうことを頼むのはあなたで三代目の警察部長だが、なんとか遊び場所をつくってくれないだろうか」

要するに、〝赤線〟をつくってくれというのだ。当時、内務省は人身売買をうるさく取り締まっていたので、新しく遊郭を設置するなんてとてもむずかしいことだった。

私はこの申し出には弱ったが、私も同じ男である。まして少年航空兵はお国のためにあすを知れない命だ。そこで「よろしい、なんとかしましょう」と言って一計を案じた。それは郊外の町有地約五万平方メートルにダンスホールをつくる計画だ。各ダンスホールのダンサーは客である少年航空兵と意気投合の結果、別室にご案内する。つまり、今しきりにその方面に利用されている〝恋愛関係の成立〟という形式をとることにした。「特殊飲食店」というのはこの時初めてつけた名前である。（『私の履歴書　第18集』日本経済新聞社）

坂は敗戦直後の東久邇《ひがしくに》内閣のときに警視総監となり、占領軍向けの「RAA（特殊慰安施設協会）」の設立にもかかわった。鹿屋での「ダンスホール」の設立も「RAA」の設立も、一般の日本女性を守るために「性の防波堤」となる女性を集め、売買春を恋愛関係の成立と言い換えて正当化した。男性、なかでも兵士による「性暴力」をしかたのないこととととらえ、それを抑えるためには一部の女性を犠牲にするのもやむをえないという差別意識が根底にあった。しかし、男性だけがそうだったわけではない。一般女性の多くも、自らを守られるべき女性の側に置き、犠牲になる女性のことは、見て見ぬふりをしていたのである。

4　敗戦と串良基地

一九四五年八月一五日の敗戦を、蒲原は串良基地で迎えた。

玉音放送を聞いたのは士官室でした。何を言っているのかよく聞き取れませんでしたが、基地参謀の柳中佐の

「敗けた。戦争は終わった」

との言葉で私はがっくりし、どかりと椅子に腰を下ろしました。司令の中村大佐からは

「海軍軍令部から指示があるまでは現職を全うするように」

との指示がありました。私自身は「ホッとした」という感じだけでした。

病気入室中の兵隊をどうするかを協議し、その日は就寝しました。翌日、目を覚ましたら、病室はモヌケの空。みな各部署に帰ってしまい、患者はゼロでした。

司令より機密書類[6]の焼却命令があり、衛生兵と共に処理しました。ヒロポンのアンプルは20〜30本残っていましたが、処理せずそのまま放置しました。

3日ほどおいて自由解散帰郷命令が出て、その月の手当150円の給与支給があり、部隊ご

とに各自由に帰郷する事になりました。まさに放任、解散でした。主計科の貯蔵品の中に牛タンの薫製があり、2～3本分けてもらいました。牛タンは帰郷途中の糧食になりました。基地に貯蔵されていた衣類や食料などは、われわれがいなくなってから、ヒロポンも含めて串良住民が掠奪して家に持ち帰ったと聞きました。

私は自動車科の貨物自動車に乗り、都城、吉松、八代、熊本を経由して田原坂から門司、下関へ行き、そこからは山陽本線で大阪へ、さらに北陸線に乗り継ぎ、8月24日に新潟に帰着しました。まさに混乱状態の中での帰郷でした。私は護身用のピストルと軍刀を持っていたのですが、ピストルは途中、球磨川に捨てました。列車には無賃で乗れました。兵隊の正規の服装であれば、無賃乗車ができたのです。

一時帰郷はしたものの、蒲原はじきに帰隊を命ぜられ、石川県の山中温泉にあった海軍病院に転属になった。さらに、その一カ月後には青森県の津軽海峡で機雷掃海をする海防艦の乗組軍医となった。蒲原が軍務から完全に解放されたのは、一九四六年一月である。蒲原は母校である新潟医科大学の整形外科教室に入り、整形外科医としての第一歩を踏み出して、勤務と研究にいそしんだ。

また、同年五月には、かねてから結婚したいと思っていた従妹の乃夫子と結婚した。二二歳と一九歳の若い夫婦だった。二〇二二年九月に「白寿（九九歳）」を迎えた蒲原だが、夫婦ともに健在で、「家内とはけんか・口論を一回もしたことがない。私には過ぎた関西女を嫁さんにした」

と言っている。

5　蒲原宏の戦後——整形外科医と俳人の二足のわらじ

蒲原は一九四九年に医学博士の学位を取り、整形外科医として病院に勤務した。新しい医学を積極的に取り入れ、股関節に人工関節を入れる手術も早くから手がけた。脊椎の結核（脊椎カリエス）の直達手術を新潟県内で最初におこなったのは蒲原である。県立新潟病院（現県立がんセンター新潟病院）の整形外科部長、県立がんセンター新潟病院副院長などを歴任した。

蒲原は日本の整形医学史の研究者としても知られている。三五年間の研究の成果をまとめた『整骨・整形外科典籍大系』（オリエント出版社、一九八三年）は全一三巻の大作である。蒲原は日本医史学会の理事長を長く務め、「医学を反省し進歩を導き出すために、医学史の研究は不可欠だ」と言っている。

医学界で多方面に活躍した蒲原だが、「俳人」としての顔も持っている。蒲原は旧制の新潟中学校時代から俳句を作り、新聞俳壇に投句していた。新潟医科大学は戦前から俳句の盛んな大学で、教官の中田瑞穂（俳号・みずほ）や高野素十《すじゅう》は「ホトトギス」派の俳人として知られていた。「新潟医大で俳句をやらないのは、ミュンヘンでビールを飲まないのと同じだ」と言われ、もともと俳句に親しんでいた蒲原は俳句会に入った。中田や高野からは「純客観的に自然を見つめよ」と教えられた。蒲原は医師として活躍するかたわら、俳誌「雪」を主宰し、自ら俳句を詠み句集を出版するとともに、選者としても俳句史の研究者としても活躍した。

6 句集『愚戦の傷痕』

二〇二二年八月一五日に、蒲原は第一四句集『愚戦の傷痕』を出した。一九四一年の太平洋戦争開戦から戦後の二〇二二年の夏まで、戦争にかかわって折々に詠んだ百数十の俳句が掲載されている。蒲原は海軍医学校でも、海軍航空隊でも俳句を作っていた。在学中のものは当時のノートに残っていたが、前線部隊勤務時代の句は敗戦の混乱のなかで日記を失ったため、記憶をたどって収録したという。句には「添え書き」があり、その句を作ったときの心情がよくわかる。

そのなかで、昭和天皇が亡くなった翌年の一九九〇年の夏に、蒲原が読んだ四つの句をまず紹介したい。

〈1990年〉

8月15日　敗戦忌

昭和時代に戦争の連続、日本史上の歴代の天皇で昭和天皇ほど国民を多く死なせた天皇は存在しない。公称戦没者310万人余とあるが、実数は全アジアで1500万人余と推定されている。まさに愚帝であった。輔弼《ほひつ》の愚臣を退け遅くとも1945年7月26日のポツダム宣言を受諾すべきであった。唯一の善行は敗戦の詔書を出して戦争をやめた事である。
天皇に　責任はあり　敗戦忌
裕仁は　萬世の愚帝　敗戦忌
我もまた　責任のあり　敗戦忌
南溟《なんめい》に　眠る学友　敗戦忌

私はこれらの句に衝撃を受けた。蒲原は昭和天皇を「愚帝」と呼び、天皇には戦争「責任」があると言い切っている。一九九〇年の夏は、一月に本島長崎市長が右翼に襲撃されたことによって、「天皇の戦争責任」を追及することに多くの人々が恐怖を感じている時期だった。そんななかで、このような句を詠んだ俳人がいたことを私は知らなかった。

また蒲原は、昭和天皇に向けた厳しいまなざしを自らにも向け、自分にも戦争「責任」があると言い切っている。何らかのかたちで戦争を担った者が、このように主体的に反省する姿勢こそが真の反省であり、これからの戦争を阻止する力につながるのだと思う。

同句集には、この四句以外にも折々に詠んだ戦争批判の句、死んでいった若者たちへの慟哭と追悼の句がたくさん収録されている。

また、蒲原が海軍軍医学校時代に詠んだ句には、軍隊の実相が垣間見える。

〈1944年〉

7月31日　島筒軍医大尉の鉄拳制裁。水兵あわれ。
　炎天に　打ちのめされし　兵二人
8月3日　兵食貧弱となる。
　兵食に　甘藷《かんしょ》の蔓《つる》と　葉の浸し
12月　任官後の人事の発表あり。同級生の保利医務局長の子息、宇垣纒中将第五航空艦隊司令長官長男という海軍高官の子弟達は全て海軍病院付に発令されること判明。一時分隊内騒然として不公平人事の声あがる。分隊監事松原高賢軍医少佐（熊本医大出身）より「大らかにして小事にこだわらることなき様自重あるべし。海軍軍人のスマートさを忘るべからず」の訓示あり。
　晦日そば　軍生活も　はや六月

保利や宇垣のような海軍高官の息子が、より安全な「海軍病院付」に任官されたことに、多くの士官らが不信感を持ったのはあたりまえだろう。彼らの気持ちを汲み取ってか、上官が「小さなことにこだわるな。海軍軍人らしくスマートに振る舞え」となだめている。「スマート」であるべきトップの宇垣の息子が「特別扱い」を受けているのであるから、この上官も不公平人事には割り切れぬ気持ちだったのかもしれない。だが、軍隊の中間管理職である彼にしてみれば、上官に物申すことはできず、部下の若い士官たちをなだめるだけで精一杯だったのではないだろうか。

さらに、軍医として基地に配属されてからの句もある。

〈1945年〉

鹿児島・国分基地に赴任。戦闘第701航空隊付、ついで串良基地に移る。毎夜特攻機の出撃にさいし隊員に覚醒と亢奮性を高めるためにヒロポンの注射を命令で施行する。その頃の日記敗戦の混乱で亡失、句も亡失。

冬帽を　振って送りし　特攻機

蒲原は「あとがき」のなかで、この句集をまとめた心情を次のように語っている。

愚かな戦争にかり出され、前途有為の青少年達が天皇制下の愚かな軍国主義の指導者の権力の下で不幸にも非情、無残な死を遂げたことに万斛《ばんこく》の涙を禁じ得ない。また、老生自身は負戦に生き残ってしまった後ろめたさに内心忸怩《じくじ》たるものがつきまとっている。言論の自由が無かった時代の心の傷痕は消えていない。

医療の現役時代には診療と研究が繁忙であるということを楯にその忸怩たる思いを吐露することからは自ら強いて遠ざかっていたように思う。

仏教徒の一人としては、守るべき五戒の第一が不殺生戒である。愚かなる戦争を青年時代に実体験している一人として、俳句を通してのわが心の遍歴の中での戦争という傷痕を残し伝えたいとの思いがある。人生の最晩年であるが、意識のたしかなうちにと思いこの小句集をまとめてみた次第である。

時あたかも、第二のスターリンであり、21世紀のヒットラーとも言えるロシア連邦の権力主義者のプーチン大統領の主導によるウクライナ侵攻の悲惨なニュースが毎日流れている。東アジアでも中国、北朝鮮、ミャンマーという独裁権力の非民主主義国のきな臭い、血なまぐさい動きが顕著である。21世紀の愚戦が始まっている。連日無辜《むこ》の血が日々流され始めている。第三次世界大戦の兆でなければよいがと憂いつつ第14句集の筆を擱《お》く次第である。

蒲原は句集『愚戦の傷痕』で、一九四五年八月一五日を一貫して「敗戦忌」と呼んでいる。この言葉には蒲原の強いこだわりがあるようだ。主宰誌「雪」に投稿された俳句の「終戦日」という表現に対して、「終戦日というのは日本的あいまいさでゴマカシ言葉です。敗戦忌とすべきでしょう」と、添削している。

私は蒲原に全面的に同意する。私もあえて「敗戦」と表現するようにしている。「終戦」という言葉は、何となく戦争がフェードアウトしたような印象を与える。しかし、あのアジア・太平洋戦争は日本が勝とうとして強引に始め、多くの犠牲者を出して惨めに負けた戦争だった。政府もメディアも「終戦」と表現するが、本質をあいまいにするような言葉ではなく、はっきり「敗戦」と言うべきだろう。

同句集は、「白寿」を迎えた蒲原が私たちに遺した遺言である。蒲原は今も母校の新潟大学医学部の学生たちに講義をしている。入院中であってもオンラインで、医学史倫理について二時間の講義をしているのだ。学生にはたいへん好評だそうである。その体力・精神力ともに驚嘆する。蒲原に、ヒロポン注射をして特攻兵を送り出したことを、今どう思っているのか、戦争をしないためには何がもっとも大切だと考えるかを、あらためて聞いてみた。蒲原は講義のなかで学生たちに語っていることを紹介してくれた。

戦中とはいうものの、命令、薬の内容についての知識があるなしにせよ、人間として、医師として、為してはならぬ軍事に手を染めたことは、医の倫理というより、人間として恥ずかしいことでした。死地に赴く人に対して何とむごいことをしたかと、反省とともに仏教徒の一人として、その犠牲になった人の冥福を祈るのみです。

大学の医学史倫理の講義では、この事実を自白し、国家と医師との関係、非常のときの行動を如何にすべきかを学生に考えてもらっています。言論、行動の自由が権力によって独占され（抑圧され）、暴力、生命の危険がある中では如何に難しいかを。

二つの憲法を生きた体験から、何れが正しかったのかを語り、国際間の平和のあり方について考える人間、行動できる人間になってほしいと、後進に託しているつもりです。ますます複雑になる国際関係に誠実に、賢く行動できる政治力を持った国づくりをして、世界の平和を維持してほしい。戦争という悲劇を無くす努力をする国を作りあげてほしいです。そのためには日中戦争、太平洋戦争の始まりについての正確な歴史観を身につけ、国家の方向を誤らないようにしなければなりません。

もっとも大切なのは思想、言論の自由です。日本国憲法第二一条の「集会、結社及び言論、出版その他一切の表現の自由は、これを保障する。検閲はこれをしてはならない。通信の秘密はこれを侵してはならない」を、第九条以上に大切にすべきであると考えています。老耄《ろうもう》の一国民の願いです。

まさしく、そのとおりである。「表現の自由」は民主主義の根幹であり、最後の砦でもある。もちろん、「表現の自由」の名のもとに、昨今のようにSNSなどで人を傷つけることが許されるわけではない。それは「表現の自由」に名を借りた人権侵害であり犯罪だ。「表現の自由」にはおのずから倫理的節度が求められ、人権侵害には罰則も適用される。このことは「表現の自由」を論じるうえでの大前提である。

しかし、日本国憲法に保障された「集会、結社及び言論、出版その他一切の表現の自由」が奪われれば、つまり、批判者、抵抗者を抑圧できれば権力者は何でもできる。もの言えぬ社会では、権力者は戦争でも何でも好き放題にできるようになる。大日本帝国憲法の時代に生まれ、戦争に駆り出され、ヒロポンを特攻兵に打って送り出し、自分は生き残ったことに苦しんできた蒲原の言葉は重い。蒲原の講義が学生に好評なのは、蒲原の人柄にもよるだろうが、やはり戦争と平和の二つの時代を生きた人物が語るからこそだろう。蒲原からのバトンを、若い人たちがしっかりと受け取ってくれていることを期待したい。

注

1　現、新潟大学医学部。

2　下士官から特別に士官に昇進した者。海軍特有の制度。

3　現在の上越市。

4　編隊に寄り添い、敵機の攻撃を防ぐ護衛戦闘機のこと。

5　現在の貨幣に換算すると、五〇〇〇円～一万円ぐらいか。

6　主として毒ガス関係の機密書類。串良では毒ガス戦となったときを想定しての訓練があったが、串良基地に毒ガスがあったということではない。

7章　生きていてはならなかった特攻兵

1　振武寮に閉じ込められた特攻兵——大貫健一郎少尉

機体の故障や燃料漏れによって、やむをえず基地に戻ってきた陸軍の特攻兵は、「なぜ死ななかったのか」と叱責された。福岡市にある振武寮に収容されて、「反省」の日々を送らされた者もいた。もはや「戦果」よりも「玉砕」すること自体が目的となり、大本営が特攻兵の「英雄的な死」を称えることによって、国民の厭戦気分を払拭し、戦争を鼓舞する手段として利用されたのである。特攻兵たちは出撃した日が「命日」とされ、虚偽の戦果が報道されて「軍神」に祭り上げられた。彼らは生きていてはならない兵士だったのである。

前出の大貫健一郎・渡辺考著『特攻隊振武寮』には、戻ってきたことをなじられる特攻兵の悔しさが、余すところなく証言されている。

学徒出身の陸軍少尉だった大貫健一郎（一九二一年生まれ）は、一九四五年四月五日に知覧から沖縄に向かって飛び立った。しかし、待ちかまえていた米軍のグラマンに迎撃され、徳之島に不時着した。その後、喜界《きかい》島に渡り、再度の特攻に出るために五月二八日に福岡に行った。代わりの特攻機を受け取りに行ったのであったが、大貫ら生き残った二八名の特攻隊員たちは、振武寮に軟禁されてしまった。振武寮とは、出撃したものの、戻ってきた特攻兵を隔離する陸軍の収容施設だった。大貫はそこでの一六日間の幽閉生活を、次のように語っている。

「貴様ら、逃げ帰ってくるのは修養が足りないからだ」
「軍人のクズがよく飯を食えるな。おまえたち、命が惜しくて帰ってきたんだろう。そんなに死ぬのが嫌か」
「卑怯者。死んだ連中に申し訳ないと思わないか」「おまえら人間のクズだ。軍人のクズ以上に人間のクズだ」

こんな屈辱的な言葉を、酒臭い息をプンプンさせた参謀[1]から連日投げかけられるのです。「不忠者！」と怒鳴られながら竹刀でめった打ちされる、なんていうことも日常茶飯事でした。こんな侮辱って、ありますか。

我々特攻帰還者は、生きていてはならない存在なのだ——。

幽閉生活を過ごすなかで、私はそう確信しました。華々しく戦死したはずの特攻隊員が生き残っていては、軍上層部としては困るのです。

出撃前には「軍神」と呼ばれ、生き神様として扱われた我々特攻隊員でしたが、生き残るや一転、国賊扱いとなったのでした。

振武寮に収容されて一週間ほどが過ぎたころでしょうか。ひょんなことから出撃名簿を見る機会を得たのですが、私は強い衝撃を受けました。

我々第二二振武隊一二人のうち五名は帰還したにもかかわらず、沖縄作戦で飛び立った日付で戦死公報が作成され、軍籍から抹消されていました。つまり、我々は飛び立った瞬間に戦死したことになっているわけで、軍司令部にしてみれば、いまさら生きて帰ってこられても扱いに困るということですね。倉澤参謀が我々に与える仕打ちの理由が、書類上からも明確になりました。

私、大貫健一郎は戸籍上、名誉の戦死を遂げていたのでした。

その後、大貫らは本土決戦用の特攻兵として、三重県の明野基地に送られ、師団長から「貴官らを迎えるのは非常に遺憾である。おまえたちはすでに戦死扱いの者たちである。本土決戦となればいちばんに突入してもらう」と言い渡された。だが結局、乗る特攻機はもはやなく、敗戦を迎えたのであった。

こうして生き残った大貫であったが、戦後は「特攻崩れ」と言われ、東京の新橋界隈で浮浪者のような生活をすることになった。家族は台湾にいたため、会いに行くこともできず、進駐軍相手のポン引きまがいの仕事をしたり、新橋の闇市を仕切るやくざの用心棒をしたりして食いつないだ。

家族が台湾から引き揚げてきて、ようやく母親にも会え、山口県の宇部で工場勤務の職を得た。しかし、それも半年ほどで首になった。理由は「学歴詐称」だった。大貫は大卒だったが、宇部興産の採用条件は「小学校卒」だった。当時は、労働争議のリーダーに高学歴者が多かったことから、大卒を警戒してのことと思われる。そのため、大貫は大卒の学歴を隠して就職したわけだが、それがばれて首になったのだ。やむをえず、再び東京に出て、自動車部品の販売の仕事を得ることができ、結婚することにもなった。

ところが、戸籍が抹消されているため、婚姻届けを出すことができなかった。陸軍に所属していたことを元の部隊長に証明してもらわないと、戸籍を復活することができないのだ。部隊長が青森県にいることを探し当てて証明書を書いてもらい、ようやく大貫が戸籍を復活できたのは一九四七年六月のことだった。

2　特攻死を拒否した特攻兵——佐々木友次伍長

鴻上尚史著『不死身の特攻兵　軍神はなぜ上官に反抗したか』（講談社現代新書、二〇一七年）には、特攻兵でありながら、九回出撃して九回生還した佐々木友次《ともじ》伍長のことが詳しく書かれている。

佐々木は、一九二三年に北海道の開拓農家の六男として生まれた。幼いころから飛行機乗りに憧れ、仙台にあった逓信省の航空機乗員養成所を卒業した。このころ、日本軍は大量の航空兵を必要としていた。そのため、佐々木は軍に組み入れられ、茨城県の鉾田陸軍飛行学校で訓練を受けることになった。鉾田では「跳飛爆撃」[2]の名手として知られた岩本益臣《ますみ》大尉の指導のもとで、操縦の腕を上げた。

一九四四年一〇月、佐々木は陸軍の最初の特攻隊である「万朶隊《ばんだたい》」の一員として、フィリピンの基地に配属された。与えられた戦闘機は、先端から三メートルもの三本のツノが出た奇妙なかたちの「九九双軽（九九式双発軽爆撃機）」だった。ツノの先には起爆管が付いていて、敵艦のどこかに当たれば搭載した八〇〇キロの爆弾が破裂する仕掛けの特攻機である。「万朶隊」には隊長の岩本大尉をはじめ、佐々木伍長など優秀な航空兵が多かった。陸軍上層部はあえて優秀な岩本隊長たちを特攻に投入し、「玉砕」させることによって、今は特攻しかないと航空兵たちを納得させようとしたのであった。

岩本隊長はつねづね隊員たちに、「命を大切にせよ」「無駄死にするな」と言い聞かせていた。岩本隊長は陸軍航空隊内の特攻批判派であった。手塩にかけて育てた部下たちを、たった一回の出撃で死なせてしまうことが許せず、切り離せないように括りつけられた爆弾を、整備兵と謀って切り離せるようにもしていた。「すべての責任は自分が取る」という覚悟で。

しかし、当の岩本隊長は愚かな陸軍上層部のせいで、特攻に出る前に「無駄死に」させられた。一九四四年一一月五日、冨永恭次中将が岩本隊長をはじめとする「万朶隊」の将校五名を、マニラに呼び寄せた。儀式好きで知られた冨永長官は、陸軍初めての特攻隊を自ら激励するための宴会を準備し、彼らに参加すべく声をかけたのである。同日の朝、マニラに向けて「九九双軽」で出発した五名の将校は、途中、グラマンの機銃掃射を受け全員死亡した。残されたのは「万朶隊」一〇名のうち、ルソン島のリパ飛行場で待機していた佐々木ら五名の下士官だけだった。

その冨永長官が一一月一〇日に、佐々木らに訓示した。

とくに注意しておきたいのは、早まって犬死をしてくれるな、ということである。目標が見つかるまでは、何度でも引き返してきてさしつかえない。

最後に言っておきたいことがある。それは、諸子だけを体当たりさせて死なせるのではないということである。諸子のあとからは、第四航空軍の飛行機が全部続く。そして、最後の一機には、この冨永が乗って体当たりをする決心である。安んじて大任をはたしていただきたい。

この訓示に佐々木伍長は感激した。岩本隊長の死の原因を作った冨永に反発しつつも、冨永の言葉に「温情と勇気」を感じたのである。そのため、佐々木は九度出撃して九度戻ってきた。戦果をあげたときもあり、兵士たちは歓迎してくれた。だが、冨永長官の部下の猿渡篤孝参謀長は違った。三度目の出撃のときには、佐々木を叱りつけるように言った。

佐々木はすでに、二階級特進の手続きをした。その上、天皇陛下にも体当たりを申し上げてある。軍人としてはこれにすぐる名誉はない。今日こそは必ず体当たりをしてこい。必ず帰ってきてはならんぞ。

「必ず死んでこい」と命じても、何度でも戻ってくるので、猿渡参謀長は佐々木の〝暗殺命令〟

すら出していた。さすがに、それは実行されなかったが、部隊がフィリピンを放棄して台湾に引き上げても、佐々木はルソン島に取り残された。佐々木はすでに「戦死」したことになっているから、搭乗証明を出せないと言われたのだ。そのうち、米軍が上陸してきて、ほかの残存兵とともにジャングルに逃げ込み、飢えに苦しんだ。結局、佐々木は米軍の捕虜になって生き延びたのであった。

しかし、戻った故郷の人たちの視線は冷たかった。戦時中は「軍神」と持ち上げ、地元の英雄としてもてはやしたが、本人が生きて帰ったことによって、〝だまされた〟かのような感覚になっていたのだろう。それもこれも、軍上層部とマスコミの特攻賛美に煽られた結果だったが、地獄のような体験をくぐり抜けた特攻兵に対する戦後の民衆のまなざしは、かくも冷たいものだったのである。

亡くなる前の佐々木を取材して制作されたドキュメント映画『ラストメッセージ　〝不死身の特攻兵〟佐々木友次伍長』（上松道夫監督）のなかで、佐々木は「特攻は志願なんかではなく命令だった」とはっきり証言している。また、フィリピンでの逃避行のときに、日本軍兵士がフィリピンの女性二人を連れていたこと、それをかわいそうに思って逃がしてやったとも証言している。食べる物もないような戦場で、それでも「慰安婦」を確保しようとしたのが日本軍であった。

佐々木は二〇一六年に九二歳で亡くなった。故郷の北海道当別町の墓碑には、次の文字が刻まれている。

哀調の切々たる望郷の念と
片道切符を携え散っていった
特攻という名の戦友たち
帰還兵である私は今日まで
命の尊さを噛みしめ
亡き精霊と共に悲惨なまでの
戦争を語りつぐ
平和よ永遠なれ

鉾田陸軍教導飛行団特別攻撃隊
佐々木友次

3　生きているとひそかに伝えられた特攻兵――礒川質男一飛曹

梅田和子が覚醒剤入りチョコレートの包装作業に従事した、茨木高女のすぐ近くにも特攻兵はいた。最初の「神風特別攻撃隊」である「朝日隊」の一員だった礒川《いそかわ》質《もと》男《お》海軍航空隊一飛曹である。礒川は「特攻死」したと報道され、フィリピンで佐々木友次伍長とよく似た経過をたどった。だが、佐々木のように敗戦後まで生き延びることはできず、鹿児島県鹿屋上空でグラマンと交戦して戦死した。特攻兵ではなく、通常の航空兵としての戦死であった。

礒川の実家は今も阪急茨木市駅前の商店街にある。今は営んでいないが、「宝寿司・宝食堂」の看板が残っている。礒川については森史朗著『特攻とは何か』（文春新書、二〇〇六年）に詳しい。

礒川は、一九二五年四月に茨木市で宝寿司を営む礒川家の五男二女の五男に生まれた。末っ子だった。店はもともと寿司屋だったが、のちには麵類も出す寿司屋兼食堂になった。太平洋戦争の開戦時、礒川は近くの浪華商業（現大阪体育大学浪商高等学校）の四年生だった。長男と次男は陸軍兵として中国に出征し、三男は国内の陸軍基地で訓練を受けていた。四男は幼くして病死しており、家に残っていた息子は五男の礒川だけだった。そのため、両親は質男には店を継いでもらいたいと願っていた。しかし、本人は予科練を強く希望した。礒川は小柄だったが、体が丈夫で運動神経もよく、そのうえ努力家でもあったので、学校に来ていた配属将校から、軍人を志願するように強く勧められたのだ。

このころ、日本軍は航空兵の早急な育成を必要としていたが、そのあたりの事情が『特攻とは何か』では、次のように説明されている。

昭和十六年十二月八日、開戦劈頭《へきとう》の真珠湾攻撃、さらにマレー沖海戦での英国戦艦二隻撃沈という輝かしい勝利は、全国の若い中学生たちの海軍航空熱を一段とあおる結果となった。

海軍兵学校は難関だが、甲種飛行予科練習生という制度は航空士官の中堅幹部養成が主で、中学校三年修了の資格があればだれでも受験できる。

このため、同年末の甲飛試験には全国の中学生が殺到した。募集人員も搭乗員の急速養成のためはじめて千名を突破し、翌年四月一日、土浦海軍航空隊で行われた入隊式には一〇九七名の熱気にあふれた中学生たちが顔をそろえた。

彼らは二年もたたないうちに戦場に立ち、その多くは神風特別攻撃隊の体当たり攻撃要員として若い生命を閉じた。戦死者七七七名、戦没者率七〇・八パーセントの甲飛十期生――その一人に、礒川質男の姿がある。

戦死率「七〇・八パーセント」という数字が、甲飛一〇期生が置かれた状況の厳しさを物語っている。特攻といえば学徒兵たちのことが多く語られがちだが、実際には下士官たちによって主要に担われたことがよくわかる。

予科練から神風特攻隊へ

礒川は予科練の試験に合格し、一九四二年の春に茨城県の土浦にあった予科練に入学した。八月の夏休みには水兵服で一度実家に戻ったが、一一月には憧れの桜に碇の「七つボタン」の制服に変わったという便りがあった。一九四三年の一一月には戦闘機搭乗員として徳島基地に行き、赤とんぼで初歩教程を学び、さらにゼロ戦の訓練を受けた。普通は四カ月かかる訓練期間を一カ月に短縮されるという過酷なスケジュールだった。一二月には鹿児島県の笠野原基地で「狼部隊」所属となり、年があけた一九四四年一月には台湾で猛訓練し、五月にはサイパンに進出するという慌ただしさだった。その後、礒川たちはフィリピンのルソン島に進出した。

一九四四年一〇月一九日、ルソン島のマバラカット飛行場で、礒川たち甲飛十期生は玉井中佐から特攻への志願を求められ、全員が応じた。海軍最初の「神風特攻隊」は、当初四隊で編成され、本居宣長の和歌「敷島の　大和ごころを　人とわば　朝日ににおう　山桜かな」にちなんで、「敷島隊」「大和隊」「朝日隊」「山桜隊」と命名された。技量抜群だった礒川は「朝日隊」の一員に選ばれた。関行男は全体の隊長であり、「敷島隊」の指揮官でもあった。「神風特攻隊」は特攻隊員が一三名、直掩隊員が一〇名、合計二三名で構成された。このとき、礒川は一九歳だった。

翌一〇月二〇日は天候が悪くて出発できなかった。二一日に出撃したものの、途中で天候不良となり、レガスピ飛行場に不時着した。二二日にマバラカットに戻り、二三日に「朝日隊」はミンダナオ島第一ダバオ基地に移動した。このとき、「神風特攻隊」は「葉桜隊」「菊水隊」「若桜隊」を加えて七隊に増えていた。

一〇月二五日、「朝日隊」はダバオから出撃した。上野敬一一飛曹（特攻）、礒川質男一飛曹（特攻）、箕浦信光飛行兵長（直掩）の三人構成だった。この日、「敷島隊」は戦果をあげ、大々的に報道されることになったが、「朝日隊」の三人の行方はわからなかった。「朝日隊」は敵を見つけられなかったら、マバラカットに戻るように指示されていたが、何日たっても戻らなかった。そのため、玉井中佐ら上層部は死んだと判断した。戦果は明確ではなかったが、三名とも二階級特進の「特攻死」として公表され、「軍神・神鷲」として大々的に報道された。ところが、上野敬一は戦死したものの、礒川と箕浦は生きていた。それぞれ苦労しながら、一カ月近くかかってマバラカットに戻ってきた。これが礒川の悲劇の始まりだった。

礒川の報告によれば、米空母を目指して基地を飛び立ったが、悪天候のため目標が見つからなかった。途中でグラマン戦闘機の攻撃をうけ、三機バラバラになってしまった。礒川はルソン島南端のレガスピー基地に不時着しようとしたが、燃料切れで、ようやく滑走路一本の名も知れない飛行場に着陸した。

不時着用の基地らしく、滑走路もひどいデコボコ状態で、あっという間に機体の脚が折れてしまった。通信設備がないため、本部に連絡することもできない。仕方なく、徒歩で基地に帰ることにした。途中、陸軍のトラックに便乗したり、日中はゲリラが出没するので身を隠して夜を選んで歩いたりで、一カ月ぶりにようやく本部にもどってくることができた……。(『特攻とは何か』)

生きたまま「軍神」となる

こうして礒川は生きていたが、地元では大騒ぎになっていた。「敷島隊」の突入が発表されたあとに「神風特攻隊」の氏名が公表され、一九四四年一一月一四日の新聞に載った。一一月一六日付の「朝日新聞」には、特攻兵の家族を取材した「活かせ・神鷲の意志」と題する記事が出ている。「葉桜隊」の大川一飛曹がもっとも大きく取り上げられていて、立派な祭壇の前で息子が作った模型飛行機を持ってうつむく母親の写真がある。その横には「朝日隊」の上野、礒川、箕浦の写真と紹介記事もある。『新修　茨木市史　史料集19　新聞にみる茨木の近代V』には、同日の磯川にかんする記事が採録されている。

神鷲こゝに生まる／生家を訪問／匂ふ「朝日」「葉桜」「山桜」／磯川質男一飛曹

朝日隊の磯川質男一飛曹は大阪府三島郡茨木町元町一四八六ノ二出身で、二十数年来寿司屋を営む父三治郎氏（六六）母満枝さん（五七）の五男、最初陸士志望だつたが、一昨年大阪浪華商業四年から予科練を志願して合格、土浦海軍航空隊を皮切りに荒鷲としての第一歩を踏み出した

同家は「軍人精神の家」として夙に有名で、父三治郎氏は日露役に従軍、功七旭八[3]を賜はつてゐる老勇士、軍隊式の家庭教育を受けただけに揃つて立派な兄弟のうちでも末弟の質男一飛曹は特に寡黙実行、人と争はず剣道をよくした典型的模範青年だつた。

実際の磯川はひょうきんで、人を笑わせることが大好きな若者だったが、記事では「寡黙」な軍国青年として紹介されている。磯川の家では息子四人がすべて出征していたため、模範的な家庭として、よけいに美化されたのだろう。

一二月二〇日には、磯川家の前で地域の人たちが「増産の誓い」をしたという記事が同紙に掲載された。

神鷲の生家弔問／誓ふ増産体当り

十九日午後神風手拭の鉢巻をしめた生産戦士の一団が神風特攻隊朝日隊礒川質男一飛曹の生家（茨木町元町）前に整列、厳父三治郎氏の捧持する英霊の写真に「われらも増産に体当りします」と勝ちぬく決意をのべた、これは井上帯革の工員、学徒、女挺隊員の代表九十名で「増産の誓」を携へ弔問に訪れたのだつた。

「神風手拭」の鉢巻をしめ、礒川の〝遺影〟に向かって「増産に体当り」を誓う……。今から考えると異様な光景である。だが、当時は特攻で死んだ兵士の家には「軍神の家」という張り紙がされ、通行人はみな敬意をこめて頭を下げた。小学生の一団などの子どもも含めて弔問客がひっきりなしに訪れ、見舞い品もたくさん贈られた。「特攻隊の遺族を護れ」という声もあり、弔慰金も集められた。日本全国どこでも、地域をあげての大騒ぎだったのである。北海道の佐々木友次の家では、雪のなかで両親が佐々木の〝遺影〟を持ってたたずみ、押し寄せる弔問の人々を迎えていた。

礒川の家の前にも「軍神　礒川質男一等兵曹の家」と張り紙がされ、青年団や浪華商業の生徒たちなどから見舞い品や弔慰金がたくさん届いた。礒川の実家の店は、駅から茨木神社に向かってまっすぐに延びる商店街の、本筋と交差するいくつもの小さな商店街の一角にあった。狭い道に九〇人が押し寄せたら、通行人は通れなかったのではないかと想像する。しかし、文句を言うような住民はいなかっただろう。「地域の英雄」として、誰もが誇りに思っていたのではないだろうか。

こうして茨木の実家では大騒ぎが続いていたが、指示どおりマバラカット基地に戻ってきた礒川に対しては、つらい仕打ちが待っていた。礒川は死んだことにされており、「特攻隊員として出撃待機しておれ」と命令されたのである。通常なら、一度「戦死」と公表されても、まちがいであれば後日訂正された。だが、礒川の場合はすでに「特攻死」として公表され、大々的に報道もされていた。早とちりした上層部の責任が問われるため、今さら「生きてました」と訂正するわけにはいかなかったのだろう。そのため、再度の特攻に出し、戦果があろうがなかろうが、死なせてしまうことによって、つじつまを合わせようとしたのである。

そのうち、フィリピンでは米軍の反転攻勢が激しくなり、海軍は本土決戦に備えて、優秀な搭乗員を内地に引き揚げさせることにした。しかし、礒川はそのメンバーに入れてもらうことはできなかった。『特攻とは何か』では、「狼部隊」時代からの仲間だった佐藤精一郎の証言にもとづいて、一二月一〇日の別れの様子が描写されている。


佐藤は事情を知っていながらも、滑走路端にくると立ちどまり見送りの位置につく礒川質男の姿を見て、思わず声をかけた。

「何で乗らんのか」

「いや、おれはもう戦死したことになっているから、もう一回特攻に出てもらわんといかん、と言われとるのや」

「かまわんから、だまって乗れ!」

まわりにいた同期生たちが口ぐちに言い、礒川の腕をつかんだ。

「それができんのや!」

礒川が叫ぶようにいい、あふれ出る涙を拳でぬぐった。

「おれはもう死んだことになっとるさかい、内地には帰れん……。特攻で死なんと帰してくれんのや」

礒川は口惜しげに頬をゆがめた。もはや、説得する時間の余裕はなかった。陸攻機が出発準備を完了し、米軍機の空襲をさけるために整備員が早く乗れと、合図を送っている。

「みんな、元気でな……」

走り出した陸攻機を追いながら、礒川は涙でくしゃくしゃになった顔をあげ、内地に帰って行く同期生たちに大きく手を振った。

佐藤たちは遠ざかっていく同期生の姿を見やりながら、声もなくうなだれた。

その後の礒川質男

礒川は生きていながら死んだことにされていたものの、じつはひそかに茨木の実家に「礒川は生きている」と伝えていた人物がいた。戦地で礒川といっしょだった甲飛十期生の一人が、一九四四年一二月の夜中に訪ねて来たのである。報告するとすぐ立ち去ったので、誰かはわかっていないが、両親にとってはうれしいことだった。佐々木友次の場合は、戦後、本人が戻ってくるまで、両親は佐々木が死んだとばかり思っていた。だから、礒川のように伝えてくれた友人がいたのは稀有なことだった。甲飛十期生はそれだけ仲間意識が強かったのかもしれない。

ともあれ、両親は喜び、「軍神の家」の張り紙を外し、もらった弔慰金は返し、近所の人には事情を説明した。新聞記者も寄りつかなくなり、静かな日々が戻った。しかし、生きているはずの礒川からは何の便りもなかった。

礒川の消息は、四国の松山基地で勤務している陸軍准尉の三男の武雄からもたらされた。一九四五年二月に、武雄が葉書で「質男が戦地から生きて帰った」と知らせてきたのである。その後、武雄からはもっと詳しい知らせがきた。

質男は松山基地で新しい任務についている。これは本土決戦にそなえての新鋭戦闘機部隊だ。さきごろ、私が当地にいるとわかって訪ねてきて、仲間と飲みたいので酒を一升都合してくれと、いってきた。

隊の酒保で顔をきかせて何とか間にあわせたが、家に帰れ、といっても帰らんと強情を張っている。軍神扱いだったから恥ずかしくて街を歩けん、という気持ちかららしい。まあ、とにかく元気でいるみたいだから、安心してください。酒をあまり飲むなよ、と注意だけはしておきましたが……。

このころ松山基地で、礒川は源田実大佐[4]指揮下の三四三空（三四三航空隊）の戦闘機「紫電改」

部隊に配属され、訓練に明け暮れていた。源田は、死んだとされていた礒川も含めて、本土決戦のために実戦の経験者を集めたのである。

このころの礒川について、甲飛十期生が戦後、『三四三空隊誌』に書いている。

死んだはずの彼が目前に姿を見せたとき、一瞬我が目を疑った。積もる話の数々を聞き、また同期生の戦死も聞かされ、よし俺も彼等の仇を討ってやると心に誓ったものである。

陽気で茶目っ気で小柄な彼が、四〇七飛行隊では一段と目立って、日々の隊内生活を楽しくしてくれた。


三四三空は、その後、九州の第五航空艦隊に編入され、一九四五年四月八日に鹿屋基地に移動した。沖縄戦の菊水作戦に参加し、特攻機の進路を確保したり、九州上空に飛来する米軍を迎撃する任務についたのである。しかし、源田にすれば、鹿屋基地は連絡や発着には適せず、使いにくい基地であった。そのため、第一国分基地に移動し、さらに四月二五日には、長崎県の大村基地に移動した。その間、第五航空艦隊の長官である宇垣纒中将から「全員特攻」の命令が出て、三四三空にも特攻兵を出せとの打診があった。だが、源田は拒否したという。三四三空はよく訓練され、組織だった空中戦により米軍の空襲部隊との戦闘で戦果をあげていたから、それが可能だったのかもしれない。

礒川は三四三空の戦闘四〇七飛行隊の「天誅組」に所属し、通常の作戦で日々戦っていたが、一九四五年五月二八日の戦闘で戦死した。この日、礒川は大村基地から発進して、鹿屋上空でグラマンと戦ったが、彼の乗った「紫電改」は火を噴いて墜落した。その様子は基地にいた甲飛十期生によって目撃された。礒川は二〇歳になったばかりだった。

同じ五月二八日、茨木では奇しくも母親の満枝が病で亡くなった。待ちわびていた息子の質男には会えないままだった。「宝寿司・宝食堂」は、シベリア抑留から帰った長男が継いだ。今は別の店になったが、看板が残されており、昭和の雰囲気を残した商店街は、今も人々が行き交っている。

ちなみに、礒川同様、マバラカット基地に戻った「朝日隊」の箕浦信光飛行兵長はどうなったか。箕浦はもともと直掩兵で、特攻兵ではなかった。しかし、「特攻死」として発表されてしまったため、同じような経過をたどることになった。箕浦も三四三空に編入されたが、礒川より一足早く戦死した。箕浦は戦闘七〇一飛行隊の「維新隊」に所属し、一九四五年五月一五日、大村基地を飛び立ち、長崎県宇久島の上空で交戦し亡くなったのである。礒川は、特別な縁で同じように苦しんだ戦友の死を、どのように受けとめていただろうか。

沖縄県糸満市摩文仁の丘にある「平和の礎」には、沖縄戦で亡くなった人々の名前が刻まれている。大阪府出身者のところには「礒川質男」の名前がある。戦死したのは鹿児島県上空であるが、沖縄戦の戦死者として慰霊されている。

川端康成が見た特攻基地

ところで、四月二四日に、磯川と同郷の作家である川端康成が海軍報道班員として、作家の山岡荘八らとともに鹿屋基地に来た。特攻兵を取材し記事を書いてほしいという海軍の要請に応じて、鹿屋を訪ねたのである。川端と特攻基地・鹿屋については、多胡吉郎著『生命の谺《こだま》 川端康成と「特攻」』（現代書館、二〇二二年）に詳しい。

磯川は、川端が来る前に鹿屋基地を離れて大村基地に移動しているので、二人のあいだに接点はなかったが、もし二人が出会っていたら、故郷のことを懐かしく語り合ったかもしれない。旧制茨木中学校時代の川端がしばしば通っていた虎谷書店や堀書店は、磯川の実家のすぐ近くにあり、おそらく磯川も通っていただろう。

川端は鹿屋での一カ月ほどの体験を、戦後、「昭和二十年の自画像」という題で、雑誌「新潮」（一九五五年八月号）に書いている。

> 二十年の四月、私は初めて海軍報道班員に徴用され、特攻隊基地の鹿屋飛行場に行った。今急になにも書かなくていいから、後々のために特攻隊をとにかく見ておいてほしい、という依頼だった。新田潤氏、山岡荘八氏と同行した。
>
> 特攻隊の攻撃で、沖縄戦は一週間か十日で、日本の勝利に終わるからと、私は出発を急がせられたが、九州についてみると、むしろ日々に形成の悪化が、偵察写真などによっても察しがついた。艦隊はすでになく、飛行機の不足も明らかだった。私は水交社に滞在して、将校服に

飛行靴をはき、特攻隊の出撃の度に見送った。

私は特攻隊員を忘れることが出来ない。あなたはこんなところへ来てはいけないという隊員も、早く帰った方がいいという隊員もあった。出撃の直前まで武者小路氏を読んでいたり、出撃の直前に安倍先生（能成氏、当時一高校長。）によろしくとことづけたりする隊員もあった。

飛行場は連日爆撃されて、ほとんど無抵抗だったが、防空壕にいれば安全だった。沖縄戦も見こみがなく、日本の敗戦も見えるようで、私は憂鬱で帰った。

特攻隊についても、一行も報道は書かなかった。


川端はこのように、海軍の要請にはいっさい協力しなかったかのように書いているが、『生命の微』には、一九四五年六月一日の朝日新聞のインタビュー記事「霹靂《へきれき》の如き一瞬、敵艦ただ死のみ・川端康成氏〝神雷兵器〟語る」が紹介されている。人間爆弾「桜花」について、川端が熱く語ったという「桜花」賛美の記事である。書かれているようなことを川端がどこまで実際に語ったかは不明だが、記者のまったくのでっち上げの記事でもないと思われる。「沖縄戦も見こみがなく、日本の敗戦も見えるようで、私は憂鬱で帰った」のはまちがいないにしても、多くの作家同様、川端も大本営に迎合していたのである。

川端は鹿屋基地の「地下通信壕」で、沖縄戦に出撃した特攻機からの最期の通信を聞いていたという。米軍の何に突入するかで、三種類のモールス信号が決められていた。「セタセタセタツー」は「我、戦艦に突入す」を、「クタクタクタツー」は「我、駆逐艦に突入す」を、「ホタホタホタツー」は「我、空母に突入す」を意味した。「ツー」の音が途切れたときが、特攻兵が無線機から手を離した瞬間であり、体当たりの瞬間であった。そのときはみな、厳粛な面持ちで沈黙した。彼らのそばでいっしょに聞いていた川端は、痛切な思いでこれらの音を聞いたにちがいない。

鹿屋の「地下通信壕」跡は、今はなかに入ることができない。だが、串良基地の「地下壕第一電信室」跡は、保存され公開もされている。私はガイドの方の案内で、串良の「地下壕第一電信室」でそれらの音を聞いた。今は、機器はすべて取り払われ、電線を通したと思われる壁の空洞が目立っている。当時はたくさんの通信機器があり、通信員が何人もいたのだろう。

沖縄戦で特攻機が戦果をあげたのはごく初期だけで、途中からは米軍のレーダーに捕捉されて、ほとんどが撃ち落とされた。直掩機もろとも攻撃されることが多かったため、やがて上層部は直掩機をつけずに、特攻機だけで行かせるようになった。攻撃を受けて海に墜落するときでも、機体不良で墜落するときでも、特攻兵たちは何らかの信号を送ってきたのだろうか。

注

1　振武寮の責任者だった倉澤清忠少佐。
2　爆弾を一度海に落とし、跳ね上げて敵艦の横腹に当てる攻撃法。
3　金鵄《きんし》勲章のこと。戦功が特に優れた軍人に与えられた勲章。

4　戦後は航空自衛隊の幕僚長。のちに参議院議員。

5　将校たちの宿泊所。鹿屋では旅館を接収して使用していた。

8章　特攻を命じた上官と特攻を拒否した指揮官

1　負のループにはまり込んだ特攻の責任者――大西瀧治郎海軍中将

大西瀧治郎は海軍の特攻を実行した責任者である。一九四四年一〇月二〇日、大西はフィリピンのマバラカット飛行場で、最初の「神風特別攻撃隊」として編成された「敷島隊」「大和隊」「朝日隊」「山桜隊」などの特攻兵たちを前にして、次のような訓示をした。

今の戦況を救えるのは、大臣でも大将でも軍令部総長でもない。それは若い君たちのような純真で気力に満ちた人たちである。みんなは、もう命を捨てた神であるから、何の欲望もないであろう。ただ自分の体当たりの戦果を知ることが出来ないのが心残りであるにちがいない。自分はかならずその戦果を上聞《じょうぶん》に達する。国民に代わって頼む。しっかりやってくれ。（森史朗著『敷島隊の五人　海軍大尉関行男の生涯』下巻）[1]

一〇月二五日、関行男隊長らの「敷島隊」が米空母二隻を撃沈したという報告[2]を受けたとき、大西は次のように訓示した。

本日、神風特別攻撃隊が体当たりを決行し、大きな戦果をあげた。自分は、日本が勝つ道はこれ以外にないと信じるので、今後も特攻隊をつづける。このことに批判は許さない。反対する者は叩っ斬る！（同前）

大西自身は特攻を「統率の外道」と口にし、本来の戦術たりえないことを十分認識していた。にもかかわらず、積極的に推進した。それは、一度始めた戦争をみずからやめることができなかったからである。大きな犠牲を払えば払うほど、取り戻すまではと勝利にこだわり、結局はもっと大きな損害をもたらしてしまう。そんな負のループに、はまり込んでいたのだ。

大西は海軍のなかでも強硬派として知られていた。米軍との物量・技術の圧倒的違いをわかっていても突き進み、足りないところは精神力と工夫で補おうとした、もっとも醜悪な作戦が特攻であった。

軍上層部にしろ、特攻兵にしろ、体当たり攻撃がいうほど簡単ではなく、じつは非常にむずかしいことを自覚していた。そもそも、飛行機は浮くように設計されているので、急角度で降下して目標に命中するのは困難なのである。したがって、当初は米軍の空母の広い甲板の一部でも破壊し、艦載機の発着を妨げる程度のことしか目標にしていなかった。ところが、最初の「神風特攻隊」が、フィリピン沖で米軍の空母を撃沈させるという予想外の〝戦果〟をあげた。これにより、大西は体当たり攻撃を正当化し、戦争の局面をもっぱら特攻によって打開するという方向に突き進んだのであった。

しかし、当初こそ日本軍の「自殺」攻撃に対応が遅れた米軍も、すぐに優秀な暗号解読とレーダーの力によって、あらかじめ特攻機の接近をキャッチしてグラマン戦闘機を発進させたため、大西の特攻作戦はほとんど戦果をあげることができなくなった。特攻はもはや効果的な戦いなどではなく、「玉砕」することによって国民を鼓舞し、戦争を継続するための手段でしかなくなっていったのである。

ところで、「上聞」を受けた天皇は特攻にどのように反応したのだろうか。「神風特別攻撃隊」の存在を初めて知らされた天皇は強い衝撃を受け、次のように言ったといわれている。

そのようにまでせねばならなかったか。しかしよくやった。（同前）

天皇の反応については「そのようにまでせねばならなかったか。まことに遺憾である。しかしよくやった」と言ったという説も紹介されている（同前）。高木俊朗の『特攻基地　知覧』では、天皇は「そのようにまでせねばならなかったか。まことに遺憾である」と、厳しい叱責があったとの証言も紹介されている。いずれにしても、天皇はこれまで聞いたことのない特攻という戦い方に驚き、「遺憾」の意を表明したものの、同時に久々の戦果に喜び、それを特攻の推進者たちは最大限に利用したのではないか。

特攻は建前では、あくまでも本人の志願によるものであるとされていた。大西は「統率の外道」である特攻が、「天皇の命令」でおこなわれてはならないと考えたからである。だが、この天皇のねぎらいによって、特攻の推進者たちはお墨付きを得たと考え、正当化していったのである。

日本政府自身は一九四五年の春から敗戦を覚悟し、連合国側と折衝しようとしていた。しかし、「国体護持」(＝天皇制の存続)にこだわり、少しでも有利な条件で講和に持ち込もうとして、ずるずると戦争を続けていた。だが、八月六日に広島、九日に長崎が原爆によって壊滅し、さらにソ連が日ソ中立条約を破棄して、対日参戦するに至って、ついに「ポツダム宣言」を無条件で受諾することにした。これに対して大西たちは徹底抗戦を主張し、「まだ二千万人の男子がいる。これを特攻にすれば戦える」と言ったというが、政府にも天皇にも受け入れられることはなかった。

八月一五日の「玉音放送」を阻止できなかった大西は、一六日の未明に割腹自殺を図り、同日夕に死去。新井喜美夫著『「名将」「愚将」大逆転の太平洋戦史』によると、大西は死の淵で物資調達の部下だった児玉誉士夫を呼び、革袋に入ったヒロポンを渡し、「今の日本にとって、残されたものはこれだけだ。これを金に換えて、日本の再建のための資金にしてくれ」と遺言したという。児玉は戦後、自民党政権のフィクサーとして暗躍した。その資金の一部は、大西から託されたヒロポンから得た金だったのかもしれない。

2　司令官の私兵特攻――宇垣纏海軍中将

玉音放送後の特攻

海軍では第五航空艦隊[3]の司令長官だった宇垣纏《まとめ》中将が、中津留《なかつる》達雄大尉ら二二人の部下を引き連れ、一九四五年八月一五日の夕刻、二人乗りの艦上爆撃機「彗星」一一機で大分基地から沖縄特攻に飛び立った。宇垣は二〇時二五分に「我奇襲に成功す」と打電して消息を断った。しかし、米軍側に大きな被害の記録はなく、沖縄近海に墜落したものと考えられた。一一機のうちの三機は、機体不良のため不時着し（そのときに一人が死亡、五人が帰還）、八機が未帰還（一七名死亡）だった。停戦表明である「玉音放送」のあとで部下を道連れにしたことから、「自決するなら一人でやるべきだ」という非難の声が上がった。だが、戦後の復古の動きのなかで、宇垣には一九六九年に勲章（勲一等旭日章）が贈られた。

「玉音放送」後のこの宇垣の特攻出撃について書かれたおもな書籍は三冊ある。蝦名《えびな》賢造著『最後の特攻機　覆面の総指揮官宇垣纏』（中公文庫、二〇〇〇年）、松下竜一著『私兵特攻　宇垣纏長官と最後の隊員たち』（新潮社、一九八五年）、城山三郎著『指揮官たちの特攻　幸福は花びらのごとく』（新潮文庫、二〇〇四年）である。

宇垣特攻のおもな論点は二つである。ひとつは、宇垣が「玉音放送」を特攻兵たちにも聞かせ、

「終戦」を認識させたうえで特攻を実行したのか。もうひとつは、「我奇襲に成功す」と打電してきたが、ほんとうに米軍の艦隊なり基地に突撃したのか。これらの論点については、三冊とも結論が異なっている。

蝦名の『最後の特攻機』では、宇垣は全将兵に「玉音放送」を聞かせたうえで出撃し、米軍の水上機母艦に命中し、沈没させたことになっている。

松下の『私兵特攻』では、参謀たちは「彗星」の搭乗員たちが動揺することをきらって、「玉音放送」を聞かせずに別の場所に待機させていたが、整備兵らからの話で特攻兵たちは「終戦」のことは何となくわかっていたとしている。突入については、宇垣が乗り、中津留が操縦していた「彗星」は、戦車用の揚陸艦（LST）にはあえて体当たりをせず海岸に突っ込み、回避の指示は宇垣がしたであろうと推測している。

それに対して、城山の『指揮官たちの特攻』は、特攻兵たちに「玉音放送」を聞かせなかったという点は『私兵特攻』と同じだ。しかし、宇垣の突入命令に逆らって、揚陸艦への体当たりを回避したのは、中津留の判断だったであろうと推測している。そして、部下たちも瞬時に指揮官である中津留の意図を読み取り、あとに続いたのではないかとしている。

アメリカの軍艦に体当たりすることを回避したのは宇垣だったのか、中津留だったのか。それはともかく、揚陸艦の乗組員が「あのカミカゼは、私のLSTにうまく命中できたと思うんだが、どうして浜へ突入したのかわからない。しかし、そのおかげで私は生きている」（『私兵特攻』）と証言していることからして、あえて回避したことは明白だろう。

「突入回避」の判断をしたのが、宇垣だったのか中津留だったのかは、今となっては論証できないが、私なりに考えて、やはり宇垣が中津留に指示したのではないかという気がする。宇垣は、天皇の「終戦宣言」である「玉音放送」後に、司令長官自らが米軍に被害を与えることは、宇垣が何より大事にしてきた「国体護持」を台なしにしてしまう可能性を十分に認識していただろう。彼らが沖縄に到着したとき、米軍はまったく無防備の状態だった。

その米軍に被害を与えることの重大な意味を中津留も理解し、最終的に宇垣の回避の指示に従ったのではないか。中津留のきまじめさからして、うしろの座席の宇垣が突入せよと命令しているのに、それに逆らって、自分の判断で別の行動をすることは考えられないのではないかと思うのだ。そして、中津留を信頼していた部下たちは、わけがわからないままに中津留機に続いたのではないか。

生き残った下士官たちの証言によると、彼らは「戦争は終わったらしい」と知ってはいても、その意味するものをよくわかっていなかった。彼らは実際に特攻をするものだと思って、ついて行っていた。だから、中津留機と離れた「彗星」一機は、駆逐艦に体当たりを試みている。結局、駆逐艦に撃ち落とされたものの、壊れた機体の破片による炎が米兵の片目を潰した。その米兵は怒りで次のように語った。

一にぎりの卑劣なジャップのために、オレは片目を失った。この顔を見ろッ！　あの日戦争は終わっていたんだ。お前らは負けていたのに……。

すまなかった。ついこうふんしてしまった。死んだパイロットにも、そうする理由があったんだろう。いまでは死んだ者より生きているほうがよかったのにと思うよ。そして私は生きているものね。

十年ほど前までは日本の名を口にするのもいやだった。うらんでいたよ。いまはそんな気持ちはないが、でも、日本人を見るのはいやだね。（『私兵特攻』）

宇垣らが沖縄の伊平屋島に近づいたとき、米軍は戦勝で沸いていた。キャンプでは電気をこうこうとつけ、ビアパーティーでどんちゃん騒ぎをしていた。まったく警戒していない状態だったから、狙おうと思ったら狙えた。宇垣自身は最終的に突入しなかったとしても、一人ではあれ、米軍の兵士を現に負傷させた。停戦の情報を真っ先に知る立場であり、それを全軍に徹底するのが任務のはずの司令長官みずからが、それを破ったのであるから、後日、GHQ（連合国軍最高司令官総司令部）は日本側の責任を厳しく問おうと思えばできたはずだ。それをしなかったのは、ダグラス・マッカーサー連合国総司令官の「天皇は免責して利用する」という方針があったからだろう。

メンツにこだわった宇垣纏

ところで、宇垣というのはどういう人物だったのか。宇垣は一九四三年四月一八日に、山本五十六《いそろく》とともにフィリピンでグラマンに急襲された。山本は死亡し、自らは重傷を負ったが、参謀長であった宇垣は、山本に代わって南洋地域の海戦を指揮した。無表情の怖い司令官として知られ、あだ名は「黄金仮面」だった。特攻開始後は敗戦まで、大西瀧治郎とともに特攻作戦を指揮し、第五航空艦隊長官として「全員特攻」を命じた。

一九四五年三月二一日には、人間爆弾「桜花」をつるした一式陸上攻撃機（一式陸攻）の「神雷部隊」による沖縄への総攻撃を決定した。わずかの直掩機で出撃させることに参謀たちは反対したが、宇垣は「今、桜花を使わなかったら、いつ使うのか」と、反対を押し切って強行した。そのため「神雷部隊」は、グラマンの大部隊の餌食となり、一六〇人を死亡させるという失策もあった。

第五航空艦隊の司令部は鹿屋にあったが、鹿屋がたびたびの米軍の空襲により、滑走路さえまともに使えない状況になるに至り、同年七月三〇日には司令部を大分へと後退させざるをえなくなった。それまで、地域をあげて海軍に協力してきた住民からは、自分たちを見捨てるのかと反発が巻き起こった。宇垣が開いた「晩餐会」は、市長や助役にボイコットされた。八月に入ると、大分基地も特攻に出す機体はほとんどなく、まともに飛べるのは艦上爆撃機の「彗星」がわずか一一機で、手持ちの燃料は全機三回の出撃分しかないという寂しさだった。

宇垣は大西と同様に「ポツダム宣言」の受諾に大反対で、米内光正《よないみつまさ》海軍大臣らの和平工作を阻止しようとしていた。しかし、八月一四日の御前会議で「ポツダム宣言」の受諾が決定され、八月一五日の正午にはラジオで天皇が国民にそれを伝えることを知り、自らが特攻に出ることを決意したのである。

『私兵特攻』にもとづいて当時の状況を再現すると、次のようになる。

宇垣は一五日の夜明け前に当直参謀を呼び、「彗星五機を準備せよ」と命じた。宇垣本人が特攻に出るつもりなのを知った参謀たちは、「天皇の大御心にそむく」と必死で説得した。だが、宇垣は「武人として、おれに死場所をあたえてくれ。皇国護持のために必勝を信じて、喜んで死んでいった多数の部下のもとへ、おれもやらせてくれ。後の事は、後任の長官ももうすでにきまっていることだから心配はいらない。なすべきことは、すでになした」と、聞かなかった。説得に失敗した参謀たちは、中津留に「彗星五機」で沖縄特攻の準備をせよと命じた。

夕方四時に、中津留以下二二名が指揮所前に並んだ。下士官たちは宇垣長官の顔を初めて見た。雲の上の人である宇垣長官から「本職先頭に立って沖縄の米艦艇に最後の殴り込みをかける」と言われたときは、体に電流が走り何という光栄だろうかと身震いしたと、戻ってきた下士官がのちに証言している。

他方、五機用意せよと命令したのに、一一機がエンジンを全開にしており、二二名が並んでいるのを見て、宇垣は「命令より多いではないか」と中津留にたずねた。

中津留　私は五機出動を命じたのですが、部下が命令を聞かないのであります。長官が特攻をかけられるというのに、五機と限定するのはもってのほかである。出動可能の十一機を全部飛ばせるべきだ、もしどうしても命令が変更されないようなら、われわれは命令に違反を承知で、ついてゆくといって聞き入れないのであります。

隊員　全員でお伴させてください。

宇垣　そうか、皆行ってくれるか。では命令を変更する。彗星十一機で沖縄の米艦艇に特攻をかける。一億総決起の模範として死のう。

こうして、宇垣は出発しようとしたのであるが、ひと悶着あった。長官機を操縦するのは隊長の中津留で、「彗星」は二人乗りなので、宇垣は偵察員用の後部座席に座ろうとした。だが、遠藤秋章偵察員がすでに座っていて、「降りろ」と言っても「いやです」としがみついて降りようとしない。しかたなく、宇垣の股のあいだに遠藤が座って、三人で窮屈なままに出発することになった。

また、中津留機はエンジンの調子が悪く、中津留はよりましな下士官の機体と事前に交換した。そのせいで、下士官の乗った「彗星」はトラブルを起こし、鹿児島の志布志海岸に不時着せざるをえなくなった。その結果、彼らは生き残ったのだった。もしも、中津留がこの「彗星」に乗っていたら、宇垣も沖縄までは行きつけなかった。そのとき、宇垣はどうしただろうか。死出の旅であったから、飛べるところまで飛んで、近海であっても、あくまで突入せよと中津留に命じたのではないだろうか。

そんな悲喜劇になっていたかもしれないのが、宇垣の「特攻」だった。では、そうなっていたら、隊長機を失ったほかの「彗星」はどうしただろうか。自分たちだけで沖縄まで行って予定どおり突入し、アメリカと国際社会を怒らせ、戦後処理に大きな影響を与えたかもしれない。あるいは、長官機の近海への墜落を見て、自分たちも続いたかもしれない。また、いくら何でもこんなところでは死にたくないと、冷静になって基地に戻ったかもしれない。

機体の故障で不時着した兵士が大分基地に戻ったとき、上官は「よう帰って来た、よう帰って来た」と迎えてくれたそうだ。宇垣の後任であった草鹿龍之介長官は、宇垣の特攻を苦々しく思い、「あとに続こう」と興奮する各基地の部隊を押さえるのに必死だった。よって、大分基地の上層部に、戻ってきた特攻兵を非難する雰囲気はなかった。

宇垣は、嫌がる部下を無理やり連れていったのではない。中津留自身は日頃から「命を無駄にするな」と部下に言い聞かせていたし、「玉音放送」があったことも知ってはいた。しかし、長官からの出撃命令を拒否などできなかっただろうし、部下たちは喜んでついていった。

しかし、宇垣の特攻は「沖縄積極攻撃中止」の命令後である。「終戦宣言」後に一七人もの部下を道連れにしたことは、断じて許されることではない。直後から「自決するなら一人でやるべきだ」という非難があったが、私もまったくそう思う。

少なくとも大西は一人で死んだ。部下が「私もお供をする」と言っても、させなかった。大西は「自分は苦しんで死ぬ」と言って、介錯も拒絶したので、かなりの時間苦しんで死んだそうだ。牛島満や阿南惟幾《あなみこれちか》など、自決した将軍は何人もいたが、彼らもみな一人で死んだ。宇垣は、「武人」としての「死に場所」の選び方がまちがっている。宇垣は特攻で大勢の若者を死なせてしまったので、自分も同じ特攻で死ななければならないと思いつめたのだろう。しかし、宇垣自身は操縦できないのだから、責任を取るために自分も特攻するということは、必ず他者を巻きぞえにすることを意味する。

宇垣は「彗星が五機もあれば」と言った。五機ぐらいは必要だと考えたのは、長官自らの特攻にふさわしいかたちやメンツにこだわったからだろう。それが部下たちの熱望によって、ありったけの一一機で出撃することになったのだから、宇垣はおおいにうれしかっただろう。とはいえ、そうすることによって犠牲者を増やしたのだから、あまりにも無責任だ。また、それを認めた参謀たちの責任も問われる。

宇垣は大西同様、「本土決戦・一億玉砕」という考えの持ち主だった。国民の大多数が死んでも、天皇が生き残り「国体」が護持されれば、日本は必ず立派に立ち直れると妄想しているような軍人だった。「一億玉砕」が前提であり、司令官だった自分が責任を取って死ぬのだから、部下が〝殉死〟するのは当然だと考えたのだろう。しかも、自分は部下の〝殉死〟を強制していない。彼ら自らが望んだことだと正当化したのではないか。兵士の命をあまりにも軽んじている。

中津留の父の嘆き

宇垣は、巻き込んだ部下たちの家族の嘆きを知らないままに死んだ。次の中津留の父親の嘆きと怒りを知ったら、宇垣は何と答えるだろうか。

わしにとっては、たった一人切りの息子でしたからなあ。軍の方でもその点を考えてくれるじゃろうち思うちょりましたが……やっぱあ非情なもんですな、そこまでは考えてくれんじゃったですなあ。とうとう特攻に連れて行ってしもうてですなあ。それも、戦争が終わった放送のあとでしょうが。もう戦争は終わっちょるわけですから、宇垣さんは部下を私兵化して連れて行ったわけですわ。わしはそのことで、ずうっと宇垣さんを怨み続けてきましたわ。戦後しばらくは、そのことを考えると気が狂うごとありましたもんな。(『私兵特攻』)

中津留達雄は一九二二年一月に大分県で生まれた。父は会社員、母は小学校教員だった。弟は幼少時に亡くなっているので、実質的には一人っ子だった。運動神経がよく、泳ぎが得意だった。そのため、当時の風潮もあったとは思うが、当然のように海軍兵学校をめざした。両親は反対したが、中津留は自分の意志を押し通した。そのうえ、「飛行機乗りだけにはならないでくれ」という親の願いも聞き入れずに航空兵となった。一九四四年の一月には、大分県の津久見の実家に近い宇佐航空隊付の教官として赴任し結婚した。若い夫婦が手をつないで歩く姿は当時としてはめずらしく、津久見では評判になったという。

中津留が宇垣の特攻に巻き込まれることになったのは、一九四五年の七月に国分基地から大分基地に配属になったことによる。第五航空艦隊司令部が鹿屋から大分に移ることになったことにともなう配置換えだった。上司の江間保少佐が、中津留に子どもができたことを知って、大分基地なら会いにも行きやすいだろうと考えて行かせたのである。のちに、中津留が宇垣といっしょに特攻に出たことを知った江間は、生涯にわたりその配置換えを悔いていたという。江間の温情が仇になったのであった。

中津留は亡くなったとき二三歳で、娘とはお七夜に一度、顔を見に行っただけでの別れとなった。中津留の死は両親にはまったく知らされなかった。戦争が終わって、近くにいるにもかかわらず、復員もして来ず、連絡もしてこないことにいらだった父親は、自ら大分基地を訪ねた。父親は、息子が八月一五日に宇垣と出撃して死んだことを、そこで初めて知らされたのである。混乱の渦中にあった大分基地には、遺品ひとつなかった。

戦後、中津留の両親は若い嫁を婚家に縛りつけておくことに忍びず、子どもは祖父母の手によって育てられた。中津留の母親は、泳ぎが得意だった息子が泳いで帰ってくるのではないかと、たびたび海岸に出て立ちつくしていたという。

中津留たちの最後の特攻を伝える碑は、一九七六年八月に、かつての海軍大分基地跡の公園の片隅に建てられた。地元の旧制県立大分中学校出身者たちが、大分基地で勤労奉仕をしたという縁から碑を建立したのである。ところが、遺族を招いての「慰霊祭」は開かれていなかった。それが一九八三年四月二三日、戦後三八年目に初めての「慰霊祭」が開催され、かつての上司だった江間少佐も、中津留の父親も参列したのである。

父親は取材に来たテレビのインタビューに次のように答えた。

戦後ずうっと永い間、わたしゃ宇垣さんを怨み続けてきました。どうして自分一人でピストルで自決せんじゃったんじゃろうか、戦争は済んだというのに、なにも若い者たちをよおけ連れて行くことたあなかったのにと怨んできました。――しかしもうこれで諦めます。こうやって慰霊祭をひらいてもろうて、わたしも諦めがつきました。これも何かの因縁じゃったと思います。（『私兵特攻』）

この慰霊祭のとき、中津留の父親は八七歳になっていた。息子の忘れ形見の孫も大人になっていた。自分の人生の終末を迎えて、ようやく息子への想いにひと区切りつけようとしたのだろう。

ちなみに、最初の特攻をおこなった関行男大尉と、最後の特攻をおこなった中津留達雄大尉は海軍兵学校の同期で、年齢も同じ、飛行科も同じ、艦上爆撃機の訓練を受けた基地も同じ、テニスが趣味だったのも同じ。そして、亡くなった年齢も二三歳で同じだった。一人息子だったのも、どちらも新婚だったというのも同じだが、二人が親しかったという話は一切ないそうだ。

二人はタイプがまるで違っていて、関は鉄拳制裁の「鬼教官」として知られ、部下からは敬遠されるタイプだった。中津留は穏やかで、部下から慕われるタイプだったようだ。それにしても、有能で努力家の二三歳の若者たちが、特攻などという愚かな戦法を先頭で担わされ、上官たちのエゴで死地に追いやられたのは、何とも痛ましいというほかはない。

私兵特攻の真相を追及した寺司勝次郎

一九八三年の「慰霊祭」の世話人の一人が寺司《てらし》勝次郎であった。『私兵特攻』は、松下竜一が友人の寺司の調査をもとにして書いたものである。題名の「私兵特攻」という言葉は、中津留の父親が宇垣の行動を「私兵化」と呼んだことにもとづく。

寺司は、宇垣の特攻について書かれたものの多くが、宇垣の日記である『戦藻録』をもとに、司令長官の側から書かれており、同行した部下についてはほとんど書かれていないことが不満だった。

きっかけは一九七八年のテレビでの対談だった。戦争を知らない若いアナウンサーから、「戦争が終わったとわかっていながら、若者たちは何であんな特攻をしたのか」と質問され、当時の特攻兵が置かれた状況がまったく理解されていないことに怒りを覚えたのだ。宇垣の特攻が地元の大分からの出撃だったことも、調べてみようとした動機のひとつだっただろう。自らも下士官の特攻兵だった寺司は、生き残った下士官たちを探し出した。話を聞いて宇垣特攻の真相を知りたいと思い、とことん調べたのだった。

寺司は一九二七年に大分県で生まれた。一九四三年に旧制県立大分中学校を四年で中退し、鹿児島予科練の甲飛十三期生になった。大分中学校では航空部に所属し、グライダーで滑空練習をしてきた寺司にすれば、本物の飛行機に乗れる海軍航空隊に憧れるのは自然なことだった。

親は反対したが、本人にすれば、どうせ二〇歳になれば徴兵されるのであり、陸軍の歩兵にでもなれば地面を這いずり回らなければならないのだから、それよりカッコいい航空兵になったほうがいいという、当時の若者なりの打算もあった。予科練に合格した寺司は小柄だったが俊敏だった。体操部に所属し、見学者に回転技や水平飛びの妙技を披露する栄誉も与えられ、念願の操縦組にも入れた。予科練では一定の段階で操縦と偵察に分けられるが、操縦はより優秀な者が選ばれるので、寺司にとっては誇らしいことだった。このころは基礎訓練に時間をかける余裕もなく、一〇カ月で卒業となり、その後は台湾、福島、霞ケ浦の各航空基地で訓練した。霞ケ浦では特攻兵として、もっぱら「赤とんぼ」で訓練をした。もはや訓練に使う実戦機などなかったのである。

一九四五年の四月には海軍二飛曹に進級し、山形で特攻訓練に励んだが、訓練中の事故で危うく死ぬところだった。このとき、寺司は初めて「死」を意識し恐怖を覚えた。五月末には気管支炎から肺浸潤になり、秋田の海軍病院に入院した。こうなると、寺司の緊張の糸は切れ、生きたいと強く願うようになった。若い看護師に世話をしてもらうのは快適で、患者たちはみな体温計をこすって熱があるように工作し、入院を長引かせようとした。新聞には連日、特攻による名誉の戦死が報じられており、仲間が九州の特攻基地に進出したと聞いたときは、やましさと申し訳なさで寺司の胸は痛んだ。しかし、本心は一日でも長く入院していたいのだった。

結局、寺司は八月一五日の「玉音放送」を病院で聞いた。寺司たち傷病兵は誰も悲しんでいなかった。これで家に帰れるとみな喜んでいた。大分の家に帰ると、驚いたことに海軍から「感状」[4]と「金一封」が贈られてきていた。一度も実戦には参加していないのに、台湾の航空隊の戦果に寄与したかのようになっていて、階級も一飛曹に上がっていたのである。戦時中に「大勝利」と報じられた台湾沖航空戦は、戦後「大敗北」だったとわかった。だが、海軍は一度「大勝利」にした以上、戦闘部隊の全員に「感状」を出したのではないかと、寺司は推測している。

寺司は戦後、「屋根の版画家」として活躍するかたわら、自分の体験記『十七才の青春　花も苦もある航空隊』（寺司版画工房、二〇〇二年）を出版した。これは予科練から始まる軍隊生活を綴ったもので、各種資料も収録していて、たいへんおもしろい。他方、これだけを読めば、本人の意図とは別に、場合によっては「特攻青春物語」として特攻美化論に利用されかねない危うさも感じる。寺司は台湾の虎尾《こび》航空基地時代の食事の豪華さについて書いているが、植民地台湾の人々もそんな食事ができていたのかというような、現地の人々へのまなざしはない。

一九四五年二月、寺司が台湾から福島へ向かう列車のなかでのできごとは、当時の予科練生と一般国民との関係をよくあらわしている。寺司らは列車の三両を借り切り、一般の乗客が入れないように鍵もかけていた。寺司らはゆったりと座れたが、一般乗客はすし詰め状態で、通路にもぎっしりと立っていた。そのうち、トイレに行くために寺司らが乗客の車両にも行くので、鍵をかけなくなると、恐る恐る乗客らも寺司らの車両に入り込んできた。

そのため、寺司らが台湾から持ってきた食料を食べる様子を、乗客たちがすぐそばで見ることになった。大きな握り飯、砂糖菓子、落花生、饅頭、バナナ。内地の食糧難を知りつつも、乗客の目の前で食べていた。なかには、そんな様子を子どもに見せないように、子どもの顔を自分のモンペに押しつけている若い母親もいた。寺司は乗客たちの鋭い視線を感じて、顔を上げることができなかった。

彼らは七つボタンの制服を着ていたので、乗客たちは予科練の生徒たちだと認識していただろう。お国のために命がけで戦う若者に文句を言ってはならないと我慢していただろうが、内心は複雑だっただろう。当時、一般国民の認識は、ほぼ「予科練＝特攻」だったから、戦後、戻って来た特攻兵に国民が厳しい眼を向けたのは、こうしたこともひとつの原因だったのかもしれない。

このように、寺司は自分の戦争体験を「ありのままに」書いている。だが、それだけに「過去の自分と反省的に向き合う」ことが明確ではない。それに対して『私兵特攻』では、松下が寺司に向き合って取材し、細かい心理も含めて書いている。したがって、寺司のことを知るためには、両方を読む必要があるだろう。

『私兵特攻』は寺司の軍隊生活を書いた部分もあるが、中心は寺司が生き残った下士官たちを訪ね、宇垣「特攻」の真相を徹底的にあきらかにしようとした部分である。『私兵特攻』で松下は、寺司の追及をていねいに描写しただけでなく、その意味するところを掘り下げた。松下は反原発運動など、自らも地域の課題に取り組みながら、反権力の立場で闘う人たちを描いた作品で知られた作家である。こうして寺司の追及は松下の手によってまとめられ、宇垣特攻研究の重要な書物となっている。

3 特攻は自発的な行為と主張し続けた司令官――菅原道大陸軍中将

のちに、振武寮に軟禁された大貫健一郎に、特攻志願を要請したのは菅原道大《みちおお》陸軍中将である。菅原は陸軍第六航空軍の司令長官で、大貫たちが三重県の明野で訓練していた一九四四年一〇月六日に、菅原が突然あらわれて訓示した。[6]

国の存亡の危機である。命を投げ出して国を守らなければならぬ。そこで、おまえたちにはある任務についてもらいたい。特殊な任務だが、うまく果たすことができれば敵をせん滅できる新任務だ。ただし、特殊任務を遂行する以上、絶対に生還はできない。（『特攻隊振武寮　帰還兵は地獄を見た』）

訓示のあと、副官から「熱望する・希望する・希望しない」と書かれた紙が配られ、いずれかに丸をつけて提出するように促された。大貫たち学徒兵たちは動揺し、みな「希望せず」に丸をつけた。しかし、仲間のなかから「菅原閣下自ら訓示に来ているのに、それを無下にしてよいのか」という意見が出され、結局、全員「熱望する」に丸をつけて提出した。その結果に菅原は「全員熱望か、そうだろうな」と、予想していたかのような言葉を発したという。

なぜ、大貫たちは本意でないのに「熱望する」に丸をしたのか。学徒兵は、士官学校を出た職業軍人としばしば比較され、「軍人精神が入っていない」と毎日のように罵倒され、暴力的制裁も受けた。そのため、学徒兵だからといってばかにされたくないという気持ちもあり、結局、全員で「熱望する」ことになったのだ。

正式に特攻隊員となった大貫は、その後、陸軍沖縄特攻の最前線基地となった知覧に行った。一九四五年四月二日、知覧に菅原があらわれ、大貫たちに再び訓示した。

おまえたちはすでに神である、国を救えるのは、もうおまえたちしかいない。なんとか敵艦船上空まで到達して、国のために任務を遂行してくれ。けっしておまえたちだけを死なせない。

最後の一機で必ずおまえたちの後を追う。（同前）

この菅原の訓示に大貫は感激し、翌四月三日に第二二振部隊は、豪華な箱詰めのご馳走と、ヒロポン入りの元気酒を振る舞われたのであった。

しかし、菅原は宇垣のように特攻出撃することはなかった。高木俊朗著『特攻基地 知覧』には、そのときの様子が描写されている。

十五日午後五時、宇垣中将の乗った中津留中隊長機を先頭に、最後の特攻隊が大分飛行場を離陸した。まだ、停戦命令は出ていなかった。「よし、やろう」、鈴木大佐は決意した。その場に隊員を待たせ、すぐ司令部[7]に帰って、重爆一機に爆装、出撃の準備をさせた。午後八時。鈴木大佐は軍司令官の部屋に行った。菅原中将は参謀長の川嶋虎之輔少将と協議していた。鈴木大佐は宇垣長官の出撃を報告し、すかさず「軍司令官閣下もご決心なさるべきかと思います。重爆一機、用意いたしました。鈴木もおともをします」。菅原中将は参謀長と顔を見合わせ、当惑した色を浮かべた。ふたりは低い声で、しばらく語っていた。そのあとで、菅原少将はねちねちと、「海軍がやったとしても、自分は、これからのあと始末が大事だと思う。死ぬばかりが責任をはたすことにはならない。それよりはあとの始末をよくしたいと思う」。川島参謀長も同じ意見をのべた。鈴木大佐は、それ以上、強要しなかった。死ねる人ではないと、あきらめてしまった。

『特攻隊振武寮』によれば、戦後、菅原は特攻隊の「慰霊顕彰」にいそしみ、世田谷と知覧に立てられた「特攻観音像」の体内に、特攻戦死者の名前を書いた巻物を納めた。また、菅原はあくまでも特攻を自発的な行為と主張し、一九六九年に記した『特攻作戦の指揮に任じたる軍司令官としての回想』で次のように書いている。

特攻は戦法ではなく国家興廃の危機に際する国民の愛国至情の勃発の戦力化である。戦力具体化の巧拙については自ずから議論もあろうが、あの場合特攻すなわち飛行機を以てする体当たり戦闘は唯一の救国法であり、それが我が国において自然発生の姿で実現したことに意義があるのであって、功罪を論ずるのは当たらないと思う。

このように書いているが、菅原は死を前にして、次男に「二〇歳前後の若者がなんで喜んで死んでいくものか」とつぶやいたという。菅原はわかっていたのである。わかっていながら、あくまでも「特攻」を自発的な行為と言い張り続け、自分と軍の指導部を正当化し続けたのである。結局、菅原は九五歳の長寿をまっとうし、一九八三年に亡くなった。

特攻作戦の当事者意識が希薄だった菅原

「中日新聞」の加藤拓記者は陸軍の特攻を丹念に調査し、「特攻のメカニズム」と題するシリーズの特集記事（二〇一九年～二〇二三年）を、同紙上に断続的に書いてきた。その第六シリーズは、菅原道大を取り上げた「司令官の戦後」（二〇二一年一二月五日付～二六日付）である。加藤は「自決」しなかった司令官・菅原を通じて、特攻を命じた「トップの責任」について考察した。以下の引用は、同紙の記事からのものである。

菅原には三人の息子がおり、三人とも軍人になった。菅原が陸軍の第六航空軍の司令長官になり、特攻がおこなわれていたとき、長男は陸軍大尉として中国戦線で従軍し、次男は海軍兵学校、三男は陸軍士官学校に在学中だった。結局、息子たちは誰も戦死せず、菅原家は全員無事だった。そのことを気に病んでいたのだろう。長男は戦時中に患ったマラリアが原因で、一九四六年に二四歳で病死するときに、「私が死ぬとご両親は少しは肩身が広げられますね」と言ったという。長男のこの言葉を菅原はどのように聞いたであろうか。

三男は加藤の取材に、次のように語った。

おやじは責任をとって戦後すぐの時に潔く自決すべきだったんじゃないかと思うんだよね。以前、兄とも話したんだが、そこは兄弟、同じ意見だったんだ。
「後から自分も行く」と言って特攻隊員を送り出した以上はね。まあ、トップの言葉はそれだけ責任が重いというわけだ。

菅原の次男と三男は、菅原が亡くなったあと、父親の遺志を継いで「特攻隊戦没者慰霊平和祈念協会」の活動をしたが、父親の責任の取り方については批判的だった。

ほかの将軍たちの「自決」の報を聞いた菅原は、『特攻作戦の指導に任じたる軍司令官としての回想』や『菅原道大中将日記』で揺れる心の動きを赤裸々に綴っている。

宇垣の特攻の報を知ったときは、「まったく予期しなかったことながら一瞬〝してやられた〟と感じたのは事実であった」（『回想』）。阿南の「自決」の報を知ったときは、「『アアしてやられた』との念湧く。陸相よくやって下さったとの感謝の念も湧く。……結局は早い方が勝ちなりなど、功利的な考（え）をも生ず」（『日記』）。

こうして、ほかの将軍の「特攻」「自決」を知っても、菅原はそれに続こうとはしなかった。もしも「自決」するなら、いつするか、「九州を去る時」だの、「軍司令官罷免の時」だの、だいぶ先の五つの時期を書き出し、「自決」する気持ちがないわけではないと、自分に言い聞かせるかのようなシナリオを書いていた。

大貫健一郎などの特攻兵たちに、あれだけ「けっしておまえたちだけを死なせない。最後の一機で必ずおまえたちの後を追う」と言い続け、若者たちを鼓舞していたにもかかわらず、実行しなかったのは、菅原には特攻作戦を自分が主導したという当事者意識が希薄だったからではないかと、加藤は推測している。

菅原が三男に、「航空本部の次長になった時は、もう特攻が決まっていたんだよな」と漏らしていたことや、『回想』では「何の因果でかゝる場面に巡り合は《ママ》したかと、愚痴の一つも言いたくなるのが偽らぬ心情である」と、嘆いていることからして、「特攻」作戦への責任感が欠けているのは明白だ。
菅原はもともと陸軍の上層部のなかでは、早くから航空戦の優位性に着目し、その点では海軍の大西瀧治郎とも意見が一致していた。そのため、陸軍の第六航空軍の司令官にも任命された。特攻作戦には当初は批判的だったが、海軍が積極的に進めるのに引きずられるように、また海軍への張り合いもあって、陸軍も少し遅れて特攻作戦に踏み切った。菅原にしてみれば「自分はもともと反対だったのに」と、貧乏くじを引かされたかのような気持ちだったのかもしれない。だが、実際に進めたのは菅原なのだから、あまりにも無責任だろう。

菅原はそもそも、他者の心の痛みを感じ取る力が弱く、自分に都合の悪いことはなかったことにするのが習い性になっていた人物なのではないかという気がする。というのは、次のようなエピソードがあるからだ。

加藤拓は「特攻のメカニズム」の第五シリーズ「教官の出撃」（二〇二一年八月一日付〜九月五日付）で、「特攻」が「志願」だったのか「命令」だったのかを、伍井《いつい》芳夫大尉の遺族への取材をとおして考察した。加藤は「特攻は志願だった」と死ぬまで言い続けた菅原が、伍井の遺族を訪ねたときのことを紹介している。

菅原は戦後、第六航空軍の特攻死した兵士たちの家を訪問し、慰霊を続けていた。敗戦から一〇年後、隊長だった伍井芳夫大尉の家を訪問したときだった。伍井が特攻死した当時、伍井には妻と幼い三人の子どもがいた。菅原は仏壇に手を合わせたあと、「どうしてこのように小さなお子様がいて、なぜご主人は特攻に行ったのでしょう」とたずねた。それを聞いた妻は一瞬声を荒げて、「あなたさまは……」と言ってから絶句した。菅原はハッとしたように沈黙した。しばらくして、妻は落ち着きを取り戻し、「今日はお訪ねいただき、お線香をあげてくださり、ありがとうございました」と、頭を下げた。

伍井は教官であり、特攻に出なければならない立場ではなかった。しかし、関行男にしろ、中津留達雄にしろ、岩本益臣にしろ、教官であっても特攻隊長に指名される者はいたし、教え子たちが特攻で死んでいくのにいたたまれず、自ら志願する教官もいた。たとえ、本人が志願したのだとしても、そうせざるをえないように追い込まれたのは明白だ。

それなのに、「なぜご主人は」などと質問するという信じがたいほどの鈍感さ。戦争のことをまったく知らない世代の人物が、のほほんとこんな質問をするのならともかく、陸軍の特攻作戦の最高責任者だった菅原が口にしたという異様さに驚く。大貫たちが全員「熱望する」に丸をしたと聞いて、菅原が「そうだろうな」と言ったのも、彼らの苦しい胸の内や葛藤に思いをはせたうえでのことではなく、「司令長官の自分が、最後は自分も続くと言っているんだから、若い連中が感激して熱望するのは当たり前だ」という程度の軽い言葉だったのではないか。

菅原は伍井の妻から語気鋭く「あなたさまは」と言われて、ハッとして沈黙した。このとき、菅原は自分の失言の意味を深く自覚しただろうか。伍井の長女は「そうではないだろう」と加藤に語っている。

菅原さんはそれまで弔問してきた他の家族のように歓迎されると思って来たんだと思います。

母も最初は冷静にお迎えしてましたから。それが、突然、母のあのような対応をみて、とっさにそう反応しただけでは。
あの時は母にとってようやく生活に自信がついた時。菅原さんは慰霊のつもりで来たんだろうけど、母にとっては走馬灯のように当時の体験を思い出したのかもしれない。怒りがわいたと思います。「小さい子がいるのに、あなたが命令したんでしょう?」と。

菅原は伍井の妻の「あなたさまは」の強い語気に直面して、驚きはした。しかし、そのあとの妻の一見冷静な態度に依拠して、妻の「怒り」はなかったことにする一種の心理操作をしたのではないか。伍井家訪問から一四年後に書いた『回想』で、菅原は伍井の出撃をあくまでも「志願だった」と言い切っている。

> 特攻は若き独身者というのが通り相場であるが、予をして感泣せしめた少候出身の伍井芳夫中尉（原文のまま）の家庭の如きもある。即ち左の和歌をものにした。「幼児《おさなご》を　三人遺《みたりのこ》して特攻を　のぞみ征《い》きにし　心に哭《な》かゆ」

たしかに、伍井は遺書の意味を持つ和歌では、「望んで征く」と書いている。しかし、「心で哭く」とも書いている。伍井がこの言葉に込めたものをこそ、読み取るべきではないのか。伍井が別れ際に妻に語ったのは、次のような言葉だった。

妻　武運をお祈りします。
伍井　それでは任務にまい進いたします。

この会話を長女は次のように理解している。

父は手紙にも「任務」と書いた。それは「命令」ということだと思っている。そう伝えたくて、あえて「任務」という言葉を使ったんだろうから。

ところが、菅原は特攻兵たちの「遺書」の言葉の奥底にあるものを見ようとはしない。菅原に限らず、特攻を美化する人々は、もっぱら「遺書」の文言に依拠して、喜んで死んでいったかのように解釈する。彼らの「犠牲的精神」の尊さを持ちあげて、特攻兵を美化する。当事者が別の場面では真逆のことを言っているとしても、それはなかったことにする。そして、特攻兵を美化することを、死んでいった彼らへの「思いやり」であるかのように押し出すのだ。

慰霊する「誠実な将軍」を演じた菅原

『特攻基地　知覧』を書いた高木俊朗は、戦後、何度も菅原に取材し、「志願だったのか、命令だったのか」を問いただした。そのたびに菅原は、「志願だった」と言い張った。また菅原は、戦後の慰霊祭をおこなうとき、しばしば、かつての部下に世話をさせていた。かつての部下の中には、戦後、自衛隊に入り、幹部になった者もいた。

一九六四年二月、高木は特攻作戦計画のプロセスを取材するために、防衛庁に田中耕二を訪ねた。田中はかつて大本営の作戦参謀をしており、特攻作戦に深くかかわっていた。このとき、田中は航空自衛隊の空将補で、防衛部長であった。訪ねると、そこには菅原道大がいた。

特攻隊のことを書くのは結構だが、特攻観音のことも、大いに書いてもらいたい。わしはきょうも、お参りに行くところだが、このことを、よく念を押そうと思って君の来るのを待っていたのだ。

「それでは田中君、わしは特攻観音に行くからな。車をたのむよ」

戦時中の軍司令官が、参謀に用をいいつける調子であった。特攻観音に行くのに、防衛庁の車を使うことが、当然のようにも聞こえた。

「承知しました」

自衛隊の制服を着た田中空将補は立ち上がって、部屋を出て行った。まもなく、もどってきて、

「車の用意ができました」

と、礼儀正しく、復命した。菅原はうなずいて、私に、もう一度、念をおした。

「特攻観音のことは必ず書いてくれ給え」

そして、元将軍は、威厳のある足どりで防衛部長室を出て行った。

菅原は戦後、貧しい生活をしていたという。現役の軍人だったときは、部下におごったり、こまめに心遣いをすることから、人情家の上司との評価を得ていたようだ。戦後は「特攻観音」を建立し、慰霊を続けた。その意味では特攻の責任を自覚し、償おうとしたように見えるが、他方で、特攻は「自発的な行為であった」と言い張り続けた。「命令だった」とすると、天皇の責任が問われるから、菅原はそれを避けたのだという意見もある。しかし、天皇が特攻を「命令」などしていないのは、戦後は誰もが知っていることだ。特攻を命令したのは大西瀧治郎や宇垣纏、冨永恭次や菅原たちなのだから、菅原は自分たち指導部を守るために、保身のために、「志願」だと言い張ったにすぎない。

若者たちが自ら喜んで死んでいくはずがないことを、菅原はわかっていた。だが、そのわかりようは、「若いんだから生きていたかっただろう」という程度の底の浅いものであり、彼らの苦悩を理解しようとしたものではなかった。だから、伍井の妻に「三人も子どもがいたのに、何で……」などという無神経な質問ができた。

菅原は、「自決」できなかったことに後ろめたさを抱えつつも、「天皇を守り、慰霊をし続ける誠実な将軍」としての自分を、最後まで演じていたのである。菅原を肯定的に評価できるとするなら、宇垣のように部下を巻き込むような「自決」はしなかった、というだけのように私には思える。

兵士の命を軽んじた参謀

ところで、高木が防衛庁を訪ねたときに、部下のように菅原の「命令」に従っていた田中耕二とは、どういう人物なのか。林えいだい著『陸軍特攻・振武寮　生還者の収容施設』（東方出版、二〇〇七年）で、次のような象徴的なエピソードが紹介されている。

田中は沖縄戦真っただ中の一九四五年の五月には、大本営から参謀として知覧に派遣されていた。その田中に、第六五振武隊を引き連れた桂正少尉が報告した。桂隊は三重県の明野を一二人で出発したのであったが、途中、大阪の航空廠で九七式戦闘機を受領し、二五日もかけて知覧に来ていた。機体の故障が相次いで、そのつど各地で修理しながら、やっと知覧にたどり着いたときには、隊員が八人に減っていた。八機しか修理できなかったからである。その桂に田中は、次のように言い放った。

お前らは揃いも揃って、こんなおんぼろ飛行機を持ってきて、これで特攻に行けると思っているのか。飛べない飛行機に平気で乗ってくるお前らは、それでも操縦士かっ！　そんな不忠者はすぐ帰れ！（『陸軍特攻・振武寮』）

桂らは苦労してたどり着いたことを報告したのだから、「ご苦労さん」の一言が返ってくると思っていたにちがいない。しかし、田中から返ってきた言葉はそうではなかった。田中はすべてを特攻兵らのせいにして、自分のいらだちを桂にぶつけた。桂らはみな、「こんなおんぼろ飛行機を与えたのは、おまえたちではないか」と憤慨したが、大本営参謀にそんなことを言うことはできなかった。他方、整備隊長は理解してくれていた。「参謀なんか特攻隊員のことを考える奴なんか一人もおらん。隊員に犠牲を強いて、自分だけは偉くなろうとしているだけだ」と怒っていた。

こんな会話はあちこちで語られていただろうが、軍隊という絶対的な階級社会では、下位の者は命がけでなければ反論できないのだった。まがりなりにも反論できるのは、参謀本部の作戦会議など高級軍人内部だけのことで、議論は彼らの特権でもあった。

桂たちに心ない言葉を平気で言えた田中は、戦後、『航空特攻作戦の概要』という報告書のなかで、次のようなことを書いていると、高木は『特攻基地　知覧』で紹介している。

「君命重し、死は軽し」・・・任務達成のためには、「一命を鴻毛《こうもう》の軽き」に比し、従容《しゅうよう》として、悠久《ゆうきゅう》の大義に生きようとするのは、わが大和民族伝統の精神にして、三千年の昔から今日に至るまで、吾人の血潮のなかに流れ、事に臨み、世界に比類なき、その美麗光を放つものである。

従って、「特攻」こそ、大東亜戦争の本質や様相を、最も端的に表現するもので、敗れて、すべてを失ったにひとしい日本が、後世に残す、唯一のかたみともいい得るものであろう。

『特攻』こそ、後世に残す唯一のかたみ」とは！　命を「鴻毛のように軽い」とは！　こんな言葉を戦後も言い続けた人物が、自衛隊の幹部でもあったのだ。田中が自衛隊の中枢に居続けられたということに、日本の戦後が戦前と一貫して地続きだったことを実感する。

高木は、元将軍や元参謀たちから「自分たちのことは、どのように悪く書かれてもかまわない。しかし、特攻隊員のことを悪く書かないでもらいたい」と、再三、要求されたという。高木は特攻隊員のことを悪くなど書いていない。特攻を命じた指導者たちを厳しく批判しているだけだ。幹部らの言葉は一見、特攻兵を思いやり、責任は指導部にあると言っているかのようである。だが、他方で「特攻は志願だった」と言い続けているのだから、じつは自分たち旧日本軍指導部を正当化するためのレトリックでしかない。

兵士・民間人を合わせて、国民を三一〇万人も死なせ、その何倍もの人々に人生を左右するような傷を負わせ、多くの子どもたちを戦災孤児にして焼け跡に放り出し、さらに日本人の何倍ものアジアの人々を死傷させたアジア・太平洋戦争。死んだ人々とその家族たちの慟哭を、彼らは何だと思っているのか。心と体に深い傷を負いながら、戦後を生きなければならなかった人々の苦しみに思いをはせたことがあるのか。彼らの罪は重い。

だが問題の根本は、日本国民自身が、こんな戦争指導者たちを裁くことができなかったというところにあるのではないかとも思うのだ。

4　司令官に忠実に特攻を実行した参謀――倉澤清忠陸軍少佐

大貫健一郎らに振武寮で暴力的制裁を加えた倉澤清忠とは、どういう人物だったのか。炭鉱労働者や「朝鮮人強制連行」などの記録作家として知られた林えいだいは、倉澤に四度インタビューし、陸軍特攻と振武寮についての詳細な証言を『陸軍特攻・振武寮　生還者の収容施設』という書籍に残した。

倉澤は陸軍士官学校から爆撃機の操縦士になり、操縦教官となった飛行機乗りだった。さらに、倉澤は陸軍大学校（陸大）に入学し、将来は参謀になることが約束されたようなものだった。しかし、一九四四年になると戦況がいちだんと厳しくなり、陸軍大臣の東條英機が陸大に突然やって来て訓示した。

陸大の学生の中に操縦士がいるというではないか、こんなところで机上の勉強をしているとは何事だ。早期卒業して前線へ行け！（『陸軍特攻・振武寮』）

この東條の鶴の一声で、一九四四年の六月に一〇人が繰り上げ卒業となり、茨城県の鉾田教導飛行学校に行かされた。倉澤は陸大時代の三月に少佐に昇進していたが、参謀になれば危険な前線には行かなくてよいだろうという目論見は外れた。鉾田では九九式双発軽爆撃機（九九双軽）

による「跳飛爆撃」の訓練をしていた。のちに陸軍最初の特攻をおこなう「万朶隊《ばんだたい》」の隊長の岩本益臣《ますみ》大尉は「跳飛爆撃」の名手だったが、この九九双軽に八〇〇キロ爆弾を搭載して特攻をおこなうという決定がなされ、倉澤はこの作戦計画を練るように命じられた。

日本軍は近い将来、米軍が沖縄に上陸してくることを想定しており、通信網の整備が緊急の課題になっていた。そのため、倉澤は鹿児島県の徳之島に出張したが、その帰りに事故が起こった。九月、一泊した知覧を飛び立った直後に大きな音がしてエンジンが止まり、乗っていた九九双軽が墜落したのである。操縦していた倉澤は計器に頭を突っ込み、頭蓋骨を骨折して瀕死の重傷を負い、同乗していた同僚も重傷を負った。前夜の大雨でガソリンのドラム缶に水が混入していたが、整備兵がそれに気づかず、九九双軽に入れたのが原因だった。

頭骸骨の大手術によって、一五日目には意識が戻ったものの、左目の視力を失い、飛行機の操縦は無理になった。頭が割れるように痛む後遺症も残った。これだけの重症を負えば、普通なら除隊となり、予備役《よびえき》に編入されるのだが、指導者不足の陸軍の実情から、倉澤は再び鉾田に戻ることになった。

「頭痛に悩まされ、下宿に帰ると酒を浴びるほど飲んで、鉾田の街では狂ったように暴れた」と、本人が認めるくらい精神的に苦しい時代で、酒に溺れてうっぷんを晴らした。

一九四四年の一二月に、倉澤は念願の参謀になることができた。沖縄戦に備えて新設された第六航空軍の参謀には、生粋の操縦士出身者がいなかったため、全快していなかった倉澤が抜擢されたのだった。参謀たちのなかでもっとも若い二七歳の少佐参謀であった。第六航空軍の司令長官は菅原道大で、菅原は倉澤の陸軍士官学校時代の校長だったから、菅原は倉澤を使いやすかったのだろう。航空戦に詳しい参謀は倉澤だけだったため、特攻作戦と特攻隊編成の担当となった。

一九四五年三月、第六航空軍司令部は東京から福岡市に移転し、県立福岡高等女学校の校舎を接収して司令部とした。長官の菅原と副官は、貝島炭鉱の社長の山荘を宿舎とし、車で第六航空軍司令部まで通った。倉澤はかつての上司でもあった藤塚止戈夫《しかお》参謀長と、商家の二階に下宿した。

倉澤のおもな仕事は、特攻に使う機体を全国の基地から手配することと、特攻兵を集めて編成することだったが、これがうまくいかなかった。新しい機体や優秀な機体は、どこの部隊も自分たちの通常の作戦で使いたかった。たった一回きりの体当たりで壊してしまう特攻に提供するのを拒否し、送ってくるのは練習で使い古した旧式のぼろい機体ばかりだった。そのうえ、送り込まれてくる特攻兵たちは、十分な訓練を受けていない。重い爆弾を括りつけた経験もなければ、夜間の出撃訓練をやったことのない特攻兵も大勢いた。そのため、倉澤のストレスはたまるばかりで、激しい頭痛に襲われると、上司であろうとけんかをした。司令部では倉澤に「神経露出狂」というあだ名がつけられた。

振武寮で倉澤に虐待された大貫健一郎は、倉澤がいつも酒臭い息をプンプンさせていたと証言している。事故から一年もたっていない倉澤にすれば、酒で頭痛を紛らすしかなかったのだろう。倉澤の酒臭い息に顔をしかめる参謀もいただろうが、彼の事情をくんで、腫れ物にさわるような扱いだったのかもしれない。司令部の参謀たちの部屋で、机の上に長靴を履いた足を投げ出して、ふんぞり返っている倉澤の様子が、特攻兵たちから目撃されている。一番若い参謀の傍若無人な振る舞いも、大目に見られていたようだ。

振武寮の誕生

沖縄戦の特攻が始まると、機体の故障などで戻ってくる特攻兵が増えてきた。彼らをそのまま知覧や万世《ばんせい》にある陸軍の特攻基地に戻すと、これから出撃する特攻兵と顔を合わせることになる。「十死零生」の特攻を決意させているのに、「なんだ。戻ってきてもいいのか」ということになりかねないことを危惧した司令部は、戻った特攻兵を収容する場所を福岡に作った。

当初は大盛館という軍用旅館に収容していたが、大盛館は繁華街にあり、人目につきやすい。また、特攻機を受け取りにきた特攻兵らが宿泊していたから、隔離収容するのにはふさわしくなかった。五月には、山下少尉夫妻事件[10]が起こったこともあり、これをきっかけにして第六航空軍司令部の向かいにあったキリスト教系の福岡女学校[11]の寄宿舎を接収して、戻ってきた特攻兵を収容する振武寮として使うようになったのだ。

振武寮の舎監も命じられることになった倉澤は、林えいだいに「若いので何でもかんでもお前がやれ、といわれて雑用ばかりが回ってくる。特攻隊員からは鬼参謀といわれて損な立場だった」と愚痴をこぼした。

大貫たちが喜界島《きかい》から戻ってきて、司令部に帰還の報告に行ったとき、彼らは一時間以上待たされた。五月末の太陽に照らされ、負傷した特攻兵は立っているのもつらかった。あまりにしんどいので、みんな運動場にしゃがみこんでしまった。ようやくあらわれた菅原長官の口から出た言葉は、「貴様ら、その態度は何ということだ！　それでも軍人か！　何で生きて帰ってきたか！　貴様たちは、そんなに死ぬのが恐いのか！」だった。「ご苦労」の一言もなく、菅原の罵りは三〇分間も続いたのだった。

大貫は知覧を出発するとき、菅原の訓示に感激し、こういう司令官の部下であることに誇りを覚えた。だが、目の前の菅原は同一人物とは思えなかった。

菅原がようやく奥に引っ込んで、ホッとしたのもつかの間、今度は倉澤参謀が説教を始めた。

貴様たちは命が惜しいから帰ってきたのだろう。如何なる理由があろうと、体当たりする意思がないからだ。この臆病者が！　貴様たちは、そんなに死ぬことが恐いのか。突入した軍神に対して恥ずかしくないのか、この卑怯者が！

倉澤は一時間にわたって説教をしたのであった。

倉澤がのちに林えいだいに語ったところによると、一時間も大貫たちを待たせたのは、彼らの処遇をめぐって参謀たちのあいだで意見が分かれていたからだった。すぐにまた特攻出撃させるか、精神教育をして再出撃させるか。結局、結論が出ないまま、大貫たちを叱りつけることしかできなかったのだ。

暴力参謀

海軍にしろ、陸軍にしろ、出撃した特攻兵は死ぬことを前提にして作戦を立てていた。だから、戦果があろうがなかろうが戦死したことにして、「軍神」として発表していた。ところが実際は、機体が故障してばかりで、戻ってくる特攻兵は増えていた。再出撃させても、何度も戻ってくる特攻兵もいた。頭を抱えた陸軍は、彼らを隔離収容する振武寮を作り、大貫らをそこに入れたのである。

倉澤は、戻ってきた特攻兵について、林えいだいに次のように語っている。

出撃していろんな理由をつけて帰ってくるのは、正直なところ死にたくないからだよ。頭がいいというか巧妙な隊員がいて、知覧ではなく九州の海岸か途中の島に不時着する。あるいは海中に沈めるが、これは証拠が分からない。エンジンの故障だと理由をいうが、機体が海中に沈んでおれば錆ついて調べようがないじゃないか。

海岸に降りたところで砂浜とは限らない。九七式戦闘機や九九式襲撃機は両足を出したままだから、引っ掛けて転覆するとばらばらになる。そういうことが何度も続くと、編成参謀の私は、疑わざるをえなくなる。

戻ってきた特攻兵には「精神教育」をするしかないと倉澤は考えて、「軍人勅諭」や「教育勅語」の書き写しをひたすらさせた。しかし、学徒兵たちはまじめにやらず、「特攻機をくれたら、今すぐにでも再出撃する」と言い返す。いらだった倉澤は彼らに暴力をふるった。なかでも標的になったのは大貫だった。司令部まで倉澤を追っかけてきて、しつこく「特攻機をくれ」と言う。倉澤は、そんな大貫の頭を竹刀《しない》でめった打ちにし、気絶させたこともある。ほかの参謀たちは、にやにや笑うだけで止めなかった。

倉澤は、第四三振武隊の隊長の今井光少尉には、特につらく当たった。今井は、特攻出撃して部下は死んだが、自分は戻ってきていた。今井は学徒兵ではなく、倉澤のかつての教え子だったので、よけいに腹を立てたのだ。竹刀でめった打ちにして、ピストルを渡して自決しろと迫った。今井は歩けなくなり、担架で振武寮に運ばれた。恨んだ今井はほかの特攻兵に「知覧で飛行機をもらったら、沖縄に行かずに福岡の第六航空軍司令部に突っ込んでほしい」と頼んだ。「やるなら自分でやればいいじゃないか」と拒否され、実行されることはなかったが、それくらい倉澤は恨まれていたのだった。

そんなとき、司令部で大事件が起こった。倉澤に「卑怯者」と罵られた中野友次郎少尉が、怒りのあまりに倉澤を殴り倒したのである。将校が参謀を殴るなどは、前代未聞のことであり、軍法会議ものの事件だった。しかし、上級者が下級の者に殴られ、その原因が調べられると、司令官の菅原の管理責任も問われる。そのため、中野の暴行は不問に付された。倉澤を殴った中野は、振武寮の「英雄」になった。

この事件について、林が倉澤に質問すると、倉澤は「そんな事件はなかった」と否定した。何度聞いても同じだった。倉澤にとっては最大の「恥」だったのかもしれない。だが、この事件は司令部で働いていた女性事務員が目撃し証言している。この女性事務員というのが大盛館の娘で、林は本人から直接聞いたのであるからたしかである。

乱れていく寮の規律

倉澤は学徒兵らには厳しかったが、倉澤に反抗的な態度を取ることがほとんどなかった少年飛行兵出身の下士官たちのことはかわいがっていた。倉澤の命じる「軍人勅諭」や「教育勅語」の書き写しを黙々とこなし、素直だったからである。

『特攻隊振武寮　帰還兵は地獄を見た』には、林えいだいのインタビューに答えた倉澤の、あけすけな発言が紹介されている。

（特攻は）あまり世間を知らないうちにやんないとダメなんですよ。法律とか政治を知っちゃって、いまの言葉でいえば、人の命は地球より重いなんてこと知っちゃうと死ぬのは怖くなる。（少年飛行兵は）十二、三歳から軍隊に入ってきているからマインドコントロール、洗脳しやすいわけですよ。あまり教養、世間常識のないうちから外出を不許可にして、そのかわり小遣いをやって、うちに帰るのも不十分な態勢にして国のために死ねと言い続けていれば、自然とそういう人間になっちゃうんですよ。

このように倉澤は、陸軍の少年飛行兵教育の〝成果〟を誇っていた。しかし、学徒兵たちが反抗するのに手を焼いた倉澤は、そのストレスをおとなしい少年飛行兵らにも向けるようになった。特攻から戻ってきたことを責められ、写した文字が違うといっては竹刀で殴られる。これに耐えられず、自殺を図る者もいた。窓ガラスを割って、ガラスの破片で頸動脈を切る者もいた。倉澤に反抗することなど思いもつかない。そんな彼らにすれば、死ぬことによって抗議することしか、思いつかなかったのかもしれない。

内部崩壊のきざし

振武寮では、一階が下士官、二階が将校と階が分かれており、両者の交流はほとんどなかったようだ。あるとき、特攻兵がたくさん滞在していることを知った地元の名士が、「お慰めしたい」と、女性社員による「お茶会」を提案してきた。倉澤は「お茶会で若い娘を見ると変心して、出撃の意志をなくしてしまうのではないか」と反対した。だが、菅原が「日本の最後に、大和撫子の姿をたんと見せて死なせてやれ。かえって心残りはしないだろう」と、受けるように促した。そのため、名士の会社の山荘で開かれる裏千家の「お茶会」に、特攻兵らが出席することになった。

「お茶会」では、はじめはみんな硬くなっていたが、学徒兵たちはすぐになじみ、積極的に会話した。しかし、士官学校出身者や少年飛行兵出身の下士官らは終始、なじまず座っていた。彼らは学徒兵たちの振る舞いを苦々しく思っていたのである。案の定、大貫たちは戻ってから倉澤に嫌味を言われた。だが、大貫らはこのあと、振武寮をこっそり抜け出して娘たちに会いに行くようになった。振武寮の規律はだんだん乱れ、「歯が痛い」と訴えて、治療を口実に外出する学徒兵も出てきた。
倉澤はだんだん振武寮を持て余すようになった。それだけではなく、乗る特攻機がなく、知覧や万世のような前線基地に滞留している兵士にも手を焼いていた。

これには第六航空軍は手を焼いて、〝ぐれん隊員〟と呼んどった。出撃すれば必ず引き返してくる連中だ。なかには五、六回の常習者がいたよ。手におえん隊員もおったからね。
彼らを万世と知覧に張りつけて、敵機動部隊が九州を攻撃させるたびに出撃させるが、やっぱり駄目だ。どうしようもない連中だった。

林はこの〝ぐれん隊員〟とか「どうしようもない連中」といわれた乾太一郎伍長にも取材し、事実をたしかめた。乾はこう証言している。

倉澤参謀自らが沖縄出撃するのなら俺も行くが、わが行かんで部下に命令してとやかくいうことはない。人間が命を投げ出すことが、どんなものか分かっとるんか。こっちもたった一つしかない尊い命を無駄にはしたくないから開き直るんだ。おんぼろ特攻機をもらうほど、理由をつけやすいもんはない。エンジンの不調、オイル洩れ、飛行場で浮力がつかなくて離陸ができない。故障で不時着したといえば、軍としては処罰のしようがないだろうが。万世にいた第六十六戦隊は太刀洗に引き揚げるし、戦況は末期症状で、近日中に戦争が終わる。それも時間の問題だと思うとったんや。

末端では、兵士たちのサボタージュが確実に始まっていた。それをわかっていても、倉澤たちはどうすることもできなかった。もはや「忠誠心」などというものはなく、日本軍の末端では内部から崩壊しかけていたのである。

それにしても乾伍長の主張はしごくまっとうだ。自分たちは安全圏にいて、末端の兵士の命を大量に消耗させる指導部に、消極的にではあれ、巧妙に抵抗した兵士がいた。こうした抵抗がもっと早く、大規模に起きていたら、無残な死を強制されることもなかったのではないかと思う。しかし、倉澤に反抗した大貫ら学徒兵たちの抵抗は、ちゃんとした飛行機をくれたら特攻に行くというもので、特攻そのものを拒否するものではない。乾伍長のような開き直りは、いよいよ戦争が末期症状を露呈してきたときに、度胸のある少数の兵士にしかできなかったものだろう。

朝鮮人特攻兵を広報に利用

倉澤は陸軍特攻の「広報」の役割も担っていた。模範的特攻兵として、金本海龍（金海龍《キムヘリョン》）伍長という朝鮮人特攻兵を大々的に宣伝することにした。金海龍は第七二振武隊の隊員で、一九四五年五月二七日、万世から特攻に出た。だが、機体の不良で仲間から遅れて出発したため、追いつくことができずに戻ってきた。第七二振武隊は一二人中、九人が戦死した。そのうちの五名は

「犬を抱く特攻兵」の写真で知られており、写真の中央に写る荒木幸雄伍長は金海龍の親友だった。その後、金海龍は代替機をもらいに福岡に来たが、彼は振武寮でおとなしく特攻機がもらえるのを待つのではなく、司令部に乗り込み、代替機をくれと強く倉澤に訴えた。この金海龍の姿勢を倉澤が気に入った。

この男は本気で死ぬつもりだなと感じた。幕僚室にいた参謀も、彼の熱意に感心していたよ。目達原の部隊から、九九式襲撃機を都合してもらい、彼を万世に帰したんだ。

七月のはじめに、倉澤は菅原から「天皇陛下に奏上する特攻美談集の原稿をすぐ用意するように」と命じられた。そのため倉澤は、紹介する四人のなかに金海龍を入れた。

朝鮮人でありながら、日本人以上に立派な隊員です。朝鮮人が国のために命を投げ出す熱意、これは模範的なことで、恐らく後に新聞で報道されるでしょうが、朝鮮でも大きな反響を呼ぶのではないでしょうか。

と推薦して、藤塚参謀長の了解を得たのだった。

金海龍は祖父の代に日本に来た在日三世だった。祖父も父も炭鉱夫だったが、父は炭鉱事故で負傷して、トラックの運転手をしていた。高等小学校卒業後は、商店に勤めながら夜間学校に通った。家の事情からして上級学校への進学はむずかしく、小学校の恩師が学費のいらない軍隊の学校を金海龍に勧めた。

金本君、飛行機の操縦士なら、朝鮮人だろうと絶対に差別されることはない。他の兵科だったら差別に苦しむから行くな。陸軍少年飛行学校を志願しろ。敵機と戦って戦果を上げれば、朝鮮人であっても日本人以上といわれて名誉なことだ。

募集要項を見ると、日本名でないと受験できないことがわかったので、正式に創氏改名して「金本」とした。恩師が身元保証人になってくれた。金海龍は合格し、各地で訓練をした。そして、一九四五年に第七二振武隊員となり、万世基地から出撃したのである。

金海龍の両親は息子が特攻に志願したことに、「おまえがなぜ日本の戦争のために命を投げいかんとか！　お前は朝鮮人としての民族の心を忘れたのか」と怒り、一家をあげて朝鮮に帰ってしまった。息子の向学心を知って日本軍の学校に行くことまでは認めても、進んで特攻にまで志願することは許せなかったのだろう。

結局、金海龍は戦死することなく、戦後は韓国に帰った。だが、生活ができず日本に戻り、日本人の女性と結婚して日本国籍を取り、妻の姓を名乗った。妻は金海龍が特攻兵時代に書いていた「陣中日誌」を、林に提供してくれた。

倉澤は金海龍が特攻死したと思いこんでいたようだ。林が金海龍は生き残ったと伝えると倉澤はがっかりし、「俺がだまされたのかなあ、いよいよとなると朝鮮人は、日本の国のために死ぬことがばかばかしくなったんだよ」と言った。林が金海龍の「陣中日誌」を読む限り、そんなことはないと「陣中日誌」を見せても、「彼が生きていたとは、何か裏切られたような気持ちがする」と、倉澤は納得しなかった。倉澤が作り上げた「熱烈な愛国朝鮮人」像では、金海龍は日本のために特攻で死んでいなければならなかったのだ。

林は「戦後、半世紀以上経ったというのに、倉澤参謀の頭のなかには、まだ第六航空軍編成参謀としての亡霊が生きているようだった」と書いているが、私もそう思う。植民地朝鮮の人々や、在日の人々が、どのような状況に置かれてきたのか、何を考えていたのかに思いを巡らすことなく、あくまでも日本側の都合で考える支配者側の思考から、倉澤は抜け出すことはなかったのだ。

倉澤の菅原への反発と開き直り

振武寮に入れられた特攻兵らの憎しみを一身に受けていた倉澤だが、菅原たち高官には反発もあった。倉澤は菅原の生活ぶりを身近で見ていたときの怒りを林に語った。以下は林のインタビューのテープおこしからの抜粋である。

藤塚参謀長と貝島邸の司令官宿舎に行くと、専用のコック長によって作られた豪華な夕食が出た。刺身、お吸い物、天ぷらに日本酒かビールが添えられていた。博多名物の水炊きとか、ふぐ刺しもあって、自分たちもそれをよばれた。司令官には昼も、豪華な弁当が届けられた。

ときには、隠れ料亭へ飲みに行った。表向きは営業の看板は出していないが、西部軍司令官などと参謀が一緒に飲んで、司令官たちはそれぞれお気に入りの女と泊まることもあった。

これらの経費は軍隊からすべて出ているわけですからね。閣下の夕食代として予算が組まれるのだから。特攻隊に死ぬことを命じて、沖縄に若き命を殉じているときに、軍司令官自らが豪華な料理と酒に酔っている状況は、若い参謀としては耐え難い苦痛だった。

貝島邸から車で帰る時、藤塚参謀長は「将軍があの体たらくじゃ、日本はもう長くはないなあ」とつぶやくように言った。薬院の下宿に帰ったあと、九州と沖縄の図面を広げて、振武隊のコマを並べ、朝方まで二人で作戦を練った。

倉澤は菅原の豪華な夕食のお相伴をしながらも、割り切れない気持ちだったのだろう。ときには怒りのあまり、食べないで帰ったこともあるという。

藤塚は菅原について、倉澤に本音を吐露することもあった。

閣下は戦争初期のマレー作戦の航空軍司令官だった。連戦連勝の初戦の味を忘れられないからな。今はまったく事態が変わって、すべて受け身で戦力不足だ。酒なんか飲んでる時ではない。特攻隊というのは捨て身の戦法で、飛行機も操縦士も同時に失うことで、再び戦闘に使えないという重大な欠陥がある。これは戦術的にも間違った戦法で、本来やるべきことではない。

参謀長の藤塚は特攻が効果のない、まちがった戦法であることを十分認識していた。にもかかわらず、上からの命令で、毎日作戦を練り、特攻兵を送り出していた。これは倉澤も同じことで、菅原も、あるいはほかの参謀たちも、無理で無駄なことをやっていることを認識していただろう。しかし、彼らはそれを公然と口にすることはなく、まちがいを重ね、特攻兵たちの屍《しかばね》を築いていた。

指導的立場の彼らがやるべきことは、何としてでもこのまちがった作戦と、無理な戦争をやめさせるために努力することだった。だが、彼らはそのことについてはまったく思考を停止していた。そんなことは大本営が考えることで、自分らは与えられた仕事をこなすことしか頭になかった。日本軍にはトップダウンはあっても、ボトムアップの思想はなかったのである。

林が倉澤を恨んでいる元特攻兵たちの声を伝えると、倉澤は開き直った。

彼らはいまになっていろいろ倉澤批判をしているが、そんなに命が惜しかったら最初から特操志願をしなけりゃいいんだ。特幹だって同じことだよ。日本の軍隊というところは、天皇のため国のために命を惜しまず死ぬこと、その覚悟はあったはずだ。それを今さら倉澤が悪いというのは、筋違いもはなはだしい。

かと思えば、倉澤は次のように話すこともあった。

天皇陛下の命令でなけりゃ、二階級特進するわけはない。天皇は本当は知っていたけど、本人の希望、本人の志願だということにした。天皇が命令したと言えば、責任を取らされますからね。

こういうところは、菅原と違って倉澤は率直だ。しかし、倉澤は特攻のカラクリをすべてわかったうえで、日本軍とその参謀だった自分を、最後まで正当化し続けた。

中間管理職であった倉澤は、司令官である菅原たちのぜいたくな生活ぶりに反感を感じても、けっして菅原に物申すことはなく、上からの命令に忠実に従っていた。下っ端の参謀である自分が、「貧乏くじ」を引かされていると嘆くことはあっても拒否することはなく、そのストレスを部下である特攻兵たちにぶつけていた。

福岡大空襲のあと、第六航空軍司令部は福岡市の山間部に移り、七月に倉澤は鉾田に戻った。本土防衛のための新たな特攻隊を編成する任務についたが、本土決戦の「決号作戦」は実行されることなく敗戦となった。こうして、倉澤の参謀生活も終わった。

戦後の倉澤と振武寮

戦後、倉澤は大学に進学し、印刷会社の社長になった。菅原同様、航空同人会などにかかわり、慰霊祭にはこまめに顔を出した。しかし、元特攻兵や家族から恨まれていることを自覚していた。いつ襲われるかもしれないという恐怖に怯え、ピストルに実弾を入れて持ち歩き、家では軍刀を手放さなかった。特攻兵たちには「そんなに命が惜しいのか」と罵倒し続けたが、自分の命は何より惜しかったのだ。銃器の取り締まりが厳しくなるなかで、倉澤がピストルを警察に提出したのは八〇歳になってからであった。

大貫は仲間の学徒兵出身者らとともに、一度、倉澤を殴りつける計画を立てた。慰霊祭でいつも大きな顔をしているのが、気に食わなかったのだ。みんなで倉澤を取り囲むと、真っ青になった倉澤は「あのときは悪かった」とわびた。怯える倉澤に、結局、大貫たちは殴る気も失せてしまった。

倉澤は亡くなる前に、林えいだいの熱心な取材の申し入れを受けた。「やれやれ主義で、出撃する特攻隊員たちの心情を汲み取ってやる思いやりがなかった。引き返せば国賊のように罵った自分が恥ずかしい」と、しんみり語り涙ぐむこともあった。「軍事機密」と書かれた振武隊の「編成表」も提供してくれた。林の取材を倉澤は拒絶することもできただろうが、林が突きつける特攻兵たちの怨嗟の声に耐え、気持ちが揺れ動きつつも、知っていることをすべて語った。四度目のインタビューでは、自分から林を呼び出した。

最後のインタビューが終わったあと、倉澤は林に「戦後、ずっと胸につかえていたものを、全部吐き出して何だかすっきりしたよ。これで私の戦後の区切りがついた」と言ったという。それから数日後、倉澤は持病が悪化し、力が尽きたように亡くなった。享年八六だった。林は倉澤の息子から「父親の命を縮めた」と非難された。とはいえ、倉澤の証言は陸軍特攻の貴重な記録として残された。

短い期間だったが、倉澤が管理者としてかかわり、そのために悪名を残すことになった振武寮は、その後どうなったのか。一九四五年六月一九日の福岡大空襲では、近くに焼夷弾が落ち、特攻兵らが消火活動をしたものの、振武寮は半焼した。沖縄での地上戦が終結すると、大本営は本土決戦の「決号作戦」に全力を投入すると決めた。そのために、飛行機を温存しなければならず、振武寮にいた約八〇人の特攻兵たちは、もとの部隊に戻されることになった。

戦後は、焼け跡に建てられた新校舎が使用されていたが、一九六四年に九電記念体育館が建設され、第六航空軍が設置した井戸とみられるコンクリート管を除き、振武寮を偲ばせるものはなくなった。その九電記念体育館も二〇一九年に閉鎖され、今はタワーマンションが建っている。戦争遺跡の研究者である伊藤慎二西南学院大学教授は、「敗戦時に処分された資料が地下に埋もれている可能性があった。案内板を設置するだけでも、理解が深まる」と訴えている。伊藤教授によると、第六航空軍司令部が置かれていた福岡高等女学校は、現在は県立福岡中央高校となり、建物も建て替えられているが、正面の石垣は戦前のままだそうだ。

振武寮遺跡については、「福岡市中央区薬院の戦争遺跡：陸軍振武寮とその周辺」（「西南学院大学　国際文化論集」第30巻第2号、西南学院大学学術研究所）に詳しい。

道を挟んで行き交った戦争指導部と特攻兵たち。さまざまなドラマを生んだ振武寮。振武寮にかんしては一切の公式記録がないという。陸軍にとっては知られたくない場所だったのだろう。それだけに、特攻の実相を学ぶ場所として、ぜひとも案内板を作ってほしい。

ところで、『陸軍特攻・振武寮　生還者の収容施設』の著者である林えいだいとは、どんな人物か。林は一九三三年に福岡県香春町の神社の息子に生まれた。父は神主だったが軍国主義を扇動することはなく、近くの炭鉱から重労働に耐えられずに逃げて来る朝鮮人たちを匿ったりしていた。そのため、父親は特高警察に検挙され、拷問されたのちに亡くなった。子どものころの林は父の死の意味を深く考えることなく、小学六年のときには自分も特攻兵になると決めていた。敗戦によってそれは実現しなかったが、成長してからは弱者の立場に立った父の生き方に学び、「公害」「朝鮮人強制連行」「特攻」などの記録作家となった。

林は二〇一七年に亡くなったが、林の人となりと業績は、ドキュメント映画『抗い 記録作家林えいだい』（西嶋真司監督、二〇一六年）で知ることができる。また、林が当事者に密着して聞き取った証言内容は、テープの文字おこしをした膨大なメモとして残され、福岡市のありらん文庫で保管されている。生前から林の記録・出版活動を支援してきた森川登美江・大分大学名誉教授が、現在、ありらん文庫を管理しており、書籍も含めて特攻研究の貴重な拠り所となっている。

5 特攻を拒否し司令官にたてついた指揮官——美濃部正海軍少佐

特攻作戦に反対する軍人は、陸軍にも海軍にもたくさんいた。だが、「負け戦の中でほかに手はない」と大西瀧治郎が提唱し大本営も承認すると、しかたなく従った。そんななかで、敢然と特攻作戦を批判し、自分の隊は特攻ではなく、米軍に夜襲攻撃で立ち向かうと主張し、実行した指揮官がいた。海軍少佐の美濃部正である。

美濃部について書かれた書物はいくつかあるが、もっとも詳しいのが境克彦著『特攻セズ　美濃部正の生涯』（方丈社、二〇一七年）である。美濃部には自身が記した『大正っ子の太平洋戦記』という手記がある。美濃部の手記は「復刻版」として方丈社から出版されたので、高価ではあるが買って読むことができる。このほか、美濃部が率いた「彗星夜襲部隊」そのものについて詳しいのは、渡辺洋二著『彗星夜襲隊　特攻拒否の異色集団』（光人社NF文庫、二〇〇八年）である。境の『特攻セズ』は、『大正っ子の太平洋戦記』[12]をもとにしながらも、遺族や関係者に丹念に取材し、美濃部の記憶違いの部分なども修正しつつ、美濃部の手記を超える「人間　美濃部正」を描写した労作である。

美濃部正は一九一五年七月に、愛知県の中級地主農家の六人兄弟妹の次男に生まれた。もとの名前は太田正で、美濃部は結婚後の姓である。父親は農村の改良事業に取り組み、村会議員も務めた地元の名士だったが、四九歳の若さで亡くなった。その後、農業はもっぱら母親の手によっておこなわれた。子どもたちは、母親から人として守るべき道徳や生活の知恵をこまごまと教えられた。美濃部は体が丈夫ではなかった。八歳のときに川で獲ったウナギを食べて腸チフスにかかり、生涯、胃腸薬が手放せない体になったのである。しかし、美濃部は負けん気が強く、元気に野山を駆けめぐり、空に憧れて飛行機乗りをめざした。

さまざまな事業に手を出した父親は、借金もあった。美濃部が幼いころは経済的に苦しくなっていたころだったが、兄弟四人ともに優秀で中学校に進学した。その後、上の三人は海軍兵学校に、四男は陸軍士官学校に進んだ。長男の守は特に優秀で、美濃部は中学校でも海軍兵学校でも、常に兄と比べられた。美濃部が受験した一九三三年当時、海軍兵学校は一五〇人しか採用がない超難関校で、合格がむずかしいと言われたが、数学が得意だった美濃部は、何とか合格できた。

美濃部が自分のことを「大正っ子」と称したのには、わけがある。明治と昭和のあいだにあった大正時代は一四年半しかなかったが、ある特色があった。境によると、大正生まれの男性は、日中戦争・太平洋戦争に、もっとも翻弄された世代であったという。美濃部は軍人として、一九四一年の真珠湾攻撃に参加し、連戦連勝に始まり、連戦連敗に終わった太平洋戦争の全過程に最前線でかかわった。

境によると、一九三三年入学の美濃部の海軍兵学校六四期は、もっとも充実した教育を受けられた世代だった。美濃部らは四年間みっちり学べたが、その後、修学期間はだんだん短くなり、太平洋戦争開戦後はたったの二年四カ月にまで短縮されてしまった。採用人数は拡大し続け、最後は四〇〇〇人にまで膨れ上がった。また、卒業後の遠洋航海実習は、日中戦争勃発によって、美濃部の六四期が最後になった。美濃部は幸運にも、練習艦隊で東南アジアからヨーロッパを周遊し、フランスでは一〇日間滞在して、おりしも万国博覧会開催中のパリで、夢のような時間を過ごすことができた。

海軍兵学校を卒業した美濃部は、一九三八年、少尉に任官し、念願の海軍練習航空隊飛行学生となり、霞ケ浦航空隊で訓練を受けることになった。学生は陸上機班と水上機班とに分けられ、さらに操縦と偵察に分けられた。軍用機の花形は車輪のついた陸上機や艦上機であったが、美濃部はあえて人気のない水上機を希望した。自分が器用でなく、操縦がうまくないことを自覚していた美濃部は、偵察員には回されたくなかったので、あらかじめ人気のない三座[13]の水上機の操縦員を希望し、採用された。

普通、私たちがよく見るのは、滑走路や空母の甲板を発着する、車輪のついた陸上機である。水上機というのは、車輪の代わりにジュラルミン製のフロート（浮き舟）をつけていて、文字どおり水上で発着する。艦船によって目的地まで運ばれ、出撃するときはカタパルト[14]から発射される。任務が完了すると、クレーンで艦船に回収される仕組みだった。スピードも空戦力も陸戦機より劣り、見た目もスマートではないので、航空兵には人気がなかった。

だが、水上機には水上機の用途があった。滑走路がなくとも発着でき、広い海では自由自在に活動できた。そのため、夜間の偵察などには通常の陸上機よりも有用な面があった。これがのちに、美濃部が水上機部隊の操縦員を、ゼロ戦や「彗星」といった陸上機の操縦員に鍛え直して、夜襲部隊を組織することにつながったのである。

しかし、美濃部がそこに至るまでには、海軍内部で多くの反対意見や妨害があり、けっしてスムーズに実現したわけではない。何度も挫折しては不屈の精神で立ち向かった結果、最終的には、静岡県の藤枝に練習基地を作り、鹿児島県の岩川に秘密の出撃基地を作り、沖縄戦の夜襲部隊として活躍できたのである。

夜襲攻撃のアイデア

夜間飛行に習熟した水上機パイロットを、偵察から攻撃用に活用するというアイデアを美濃部に与えてくれたのは、精神を病んだ一九歳のかつての教え子である。一九四四年一月、マラリアでラバウル島（パプアニューギニア）の野戦病院に入院していたときのことだった。病院で美濃部を見つけた彼は、「教官、私を退院させてください。水偵に二五〇キロ爆弾を積み、二〇ミリ機銃四丁付けて攻撃したい」と懇願した。もちろん彼の願いをかなえることはできなかったが、美濃部は教え子の着想には一理あると考えた。

美濃部はブーゲンビル島のブイン川にポンド[15]を作って、水上機を停泊させることを第八艦隊の司令官に提案した。周りはジャングルなので、米軍には見つかりにくいのである。二月には思い切って水上機パイロットをゼロ戦の操縦士に転換させるという大胆な提案をした。昼間、ゼロ戦は飛行場の周辺のジャングルに隠しておく。燃料は抜いておき、出撃直前に入れる。これは米軍がジャングルにも銃撃してくることが考えられるので、炎上被害を防ぐための知恵である。夜間に滑走路に出るときは、上空から悟られないように、龕灯《がんどう》型の誘導灯[16]も提案した。

すでに制空権を奪われていた日本軍は、飛行場に並べている戦闘機を、米軍にされるがままに空爆されていた。それを実践的に解決する方法が、初めて美濃部から提案された。岩川での秘密基地構想の原型が、このときにできたのだった。

第八艦隊の司令部は美濃部の構想を激賞し、ただちに南東方面艦隊に上申すると、すぐに許可が出た。訓練用にゼロ戦五機が支給され、水上機のパイロットたちは一週間で操作を習得した。これまで日陰者扱いされてきた彼らは、水を得た魚のようにがんばった。注意点は車輪の出し入れを忘れないことだった。

こうして順調にすべりだしたものの、日本軍の最大の駐屯地だったトラック島が米軍の大空襲を受けた。これまでトラック島は大きな攻撃を受けていなかったため、無防備な状況だった。料亭では高級将校たちが酒宴を楽しんでいた。マーシャル諸島が陥落しているというのに、日本軍の連携は悪く、きちんとした備えができていなかったのである。日本軍は航空機二七〇機を炎上させてしまい、民間人もふくめて死者は七〇〇〇人を超えた。そのため、美濃部隊が受け取るはずだった戦闘機はなくなってしまい、せっかくの美濃部の構想は宙に浮いてしまった。

源田中佐への直談判

思い余った美濃部は、一九四四年二月に東京の海軍司令本部に乗り込んだ。夜襲のためのゼロ戦がほしいと掛け合うためだった。軍令部の情報部には、兄の太田守少佐が勤務していて、美濃部は兄にも相談した。そして、当時の海軍でもっとも発言力があるといわれていた源田実中佐を交渉相手に定めた。

源田は早くから航空主戦論を唱え、源田の率いる部隊は「源田サーカス」と呼ばれる華麗な編隊飛行で知られていた。源田は海軍の作戦・編成を担当する軍令部一課の部員であり、大本営の海軍参謀も兼ねている実力者だった。美濃部は現場の窮状を訴え、必死で説得した。そのときのやり取りが『大正っ子の太平洋戦記』では次のように書かれている。

今海軍で最も発言力の有る源田中佐に零戦交付を掛け合う。「前線は勝手な事をする。水上機部隊に零戦を渡せるものか」剣もほろろ。

私は開き直った。「今の戦闘機乗りは夜もろくに飛べない。飛ぼうともしない。前線の損耗激しく若年未熟者が多い。戦いは日々悪化している。しかるに熟練水上機パイロット２０００余名は髀肉《ひにく》の嘆《たん》[17]に暮れている。私が乗ってみて、３週間で夜間銃爆撃可能です。迎撃空戦だけでは勝てない」戦闘機屋ながら源田さんは、判りが早い。

「判った、特設飛行隊を編成せよ。ＮＦＴ[18]から外し２２Ｓｆ[19]に編入する」その場で人事部、航空本部部員を呼ばれ決定された。


こうして美濃部の懇願は聞き入れられ、戦闘三一六飛行隊が新しく編成されることになった。最新鋭のゼロ戦五五機が優先的に配分されることになり、隊長には美濃部が任命された。二名の分隊長には水上機出身の大尉と中尉が任命され、指導員として一名の大尉も付き、多くの整備員も確保できた。ベテラン水上機パイロットたちも合流して、厚木（神奈川県）での訓練ののち、サイパンに進出することが決まったのである。美濃部は、搭乗員の訓練は分隊長に任せ、自分は人事や渉外、座学の講師を担当した。もちろん、自分自身の新型ゼロ戦の夜間操縦訓練も怠らなかった。そのため、鎌倉の家には土日しか帰れなかったが、美濃部はこのころが、「私の人生でもっとも充実した時期であった」と、のちに回想している。

ところが、一九四四年五月二五日、いよいよ戦闘三一六飛行隊がサイパン進出となったとき、美濃部だけは厚木に残るように言われた。三日前に、夜襲戦の意義を理解していない八木勝利《まさとし》司令から、美濃部の部隊はサイパンに行かずに、雷電部隊の護衛をするように命じられたのを、断ったことへの報復人事と思われる。

夜襲部隊を編成

「自分がいなくてどうやって夜襲戦が戦えるのか」。美濃部は怒りと絶望で、海軍をやめることを決意し、自宅に帰ってしまった。これまでの疲れが出たのか、マラリアが再発して高熱を出して寝込んだ。翌日、上司の小園安名《こぞのやすな》中佐が自宅を訪ねて来た。小園はいっしょに首都圏防衛のための夜襲隊を育成してほしいと要請した。美濃部とて、南方の状況からして、首都圏の防衛が喫緊の課題になっていることを理解できないわけではない。一度出た人事令を覆すことなどできないこともわかっていた。小園は夜間攻撃専用の「月光」に斜め銃を装備して、敵機の背後から攻撃する戦法の提唱者として知られ、夜襲部隊の意義を理解している数少ない上司だった。そのため美濃部は小園の提案を受け入れた。

美濃部のいない三一六部隊は、その後、サイパンと硫黄《いおう》島で全滅した。現地では通常の戦闘部隊として使われ、活躍の場が与えられることはなかったのである。美濃部の悔しさは次の激しい言葉からも察することができる。

私は今でも、八木中佐、海軍人事担当者は許せない。その単才故にマリアナの戦機を逸し、かつレーダーも無い基地に戦闘機を列戦に並べ、焼いてくれと言わんばかり。敵空母の所在も摑まず頭を抑えられ、国家存亡の危機にS316-55機を自滅させた罪は許せない。
皇軍亡国の兆しは歴然である。幻と消えた夜襲戦闘機隊S316を改めて悼む。（『大正っ子の太平洋戦記』）

小園は約束を守り、美濃部は三度目の夜襲部隊の編成に着手できることになった。しかし、これもまもなく中断させられた。七月に、フィリピンのミンダナオ島ダバオの戦闘九〇一飛行隊長に命じられたのである。軍人である以上、命令を断ることはできない。小園は助力してくれたが、海軍中央は美濃部を便利に使うことしか考えていなかった。美濃部は修身教科書と海軍の精神教育とで、さんざん教えられた楠《くすの》木《き》正成《まさしげ》の湊川決戦になぞらえ、今度こそ生きては帰ってこられないだろうと覚悟した。妻は子どもを身ごもっていた。

九月、美濃部はのちに「ダバオ水鳥事件」として知られた日本軍の大失態事件の渦中にいた。美濃部が駐留していたダバオは、前日からの米軍の大空襲で市街地は大きな被害を受けていた。美濃部のいた第二ダバオ基地も、小型機の襲撃を受けた。美濃部が、なすすべもなく高台の戦闘指揮所から見下ろしていると、第一航空艦隊司令部から電話が来た。

「1AF[20]命令。水陸両用戦車多数、第二ダバオ基地正面に接近中、各隊重要書類を焼却、直ちに陸戦配備に着け」?・?・?

「第二ダバオは私のところですが敵は見えませんよ」ダバオ湾は一三～四米（メートル）の凪、

白波のみ。「ごたごた言わず命令通りせよ。司令部はこれからミンタル（在留邦人がミンダナオ島の奥地で麻の大掛かり栽培に成功した所）に移動する」ガチャリと電話を切られた。（『大正っ子の太平洋戦記』）

美濃部が第二基地本部に行くと、慌ただしく書類を焼いていた。美濃部は、自分の部隊には暗号書や作戦地図を焼くことを禁止して、ダバオ市街の第一航空艦隊司令部に車を走らせた。途中、避難しようとしていた寺岡勤平長官車に出会い、偵察機を出すべきだと進言した。ところが、いっしょにいた猪口力平《いのぐちりきへい》参謀が、ゼロ戦はあるがパイロットがいないと言う。しかたなく、美濃部は自分が偵察に出ることにして、ダバオの第一基地に取りに行った。そこには、のちに甲飛十期生に特攻志願を事実上強いた玉井浅一中佐がいた。玉井は「このゼロ戦はセブ島に退避するために残しておいたものだ」と偵察機を貸してくれず、玉井はそれに乗って行ってしまった。美濃部は、残されていた訓練用の旧式のゼロ戦に乗って偵察した。すると、何の問題も起きていなかった。このときのドタバタのいきさつを、美濃部は自分が直接体験しただけに、『大正っ子の太平洋体験記』に詳しく書き、厳しく批判している。

この事件は、連日の空襲に怯えた警備隊の見張り兵が、強風による白波を見て、敵の水陸両用戦車が接近したと勘違いしたことが原因だった。司令部はその真偽をたしかめもせずに、避難民が出るくらいの撤退騒ぎを起こしてしまったのである。だが、この一件は二名のトップの更迭ですまされ、騒ぎにかかわった現場の指導者たちの責任は追及されなかった。海軍は末期の平氏軍と同じく、水鳥の羽音を敵の襲来と勘違いするような惨状を呈していた。

大西の特攻要請を拒否

「ダバオ水鳥事件」に象徴されるように、日本軍はフィリピン一帯の制空・制海権を失い、米軍の再上陸は時間の問題だった。そのため連合艦隊司令部は、すでに一九四四年九月に東京の慶應義塾大学日吉校舎の地下に移っていた。一〇月二二日、司令長官だった豊《とよ》田《だ》副《そえ》武《む》大将は、そこから全軍に海と空から総攻撃をかける「捷《しょう》号作戦」と、航空機による「必死体当たり」を号令した。

一〇月二〇日から二五日まで日本海軍は、レイテ島沖で米軍への総攻撃を試みた。だが、海の戦いは、なけなしの空母四隻をすべて失い、完全に敗北した。他方、空のほうは一〇月二五日、ルソン島のマバラカット基地から関行男隊長の「神風特攻隊」が出撃し、アメリカの艦船に予想以上の損害を与えた。

その日の夜、特攻の推進者である大西瀧治郎中将（参謀長）が、飛行隊長以上をマニラに集めた。美濃部も出席した。美濃部はすでに少佐に昇進していた。美濃部は、もし特攻をしろと言われたらどうするか悩みつつ参加した。だが、自分は部下に特攻を命令することはできないと思った。会議で大西は、米軍の魚雷艇[21]を抑える策を申し出るように言ったが、手をあげる者はいなかった。美濃部だけが、手をあげて「昼間はジャングルにゼロ戦を隠し、夜間なら押さえてみせる」と言い切った。米軍の魚雷艇は、夜は夜光虫の光で航跡が白く見えるため、上空から発見しやすくなる。また、ガソリンエンジンのため、ゼロ戦の機銃で簡単に爆発させることができ、夜間飛行に習熟した美濃部には十分勝算があったのだ。積極的な提案はこれしかなく承認された。しかし、美濃部の部隊とそれを支援する部隊以外は、すべて特攻隊とすることが大西から申し渡された。

美濃部はほっとしたが、大西は簡単には引き下がらなかった。一一月一〇日、美濃部は大西にマニラに呼び出され、特攻を打診された。「やっぱり来たか」と思いつつ、美濃部は思い切って言いたいことを全部言うことにした。

美濃部 長官、目的は飛行艇をやっつければ良いでしょう。私に命じてください。部下の使い方は指揮官たる私の責務です。零戦4機で20機、30機は全滅させます。

大西 それで君達は帰れるか？

美濃部 そのような事は判りません。洋上1200キロ。敵戦闘機軍の居るペリリュー基地至近のパラオで燃料が無事補給出来ますか。

大西 君達零戦4機は未だ必要だ。出すわけにはいかん。

美濃部 関大尉のときは意表を突いて成功しましたが、今は敵も対策を講じ、常時32機3層100機が衛《まも》って居ます。幕僚をセブに派遣し実情を確認していただきたい。若いパイロットの初陣では突入前に皆落とされます。

大西 特攻はむごい。しかし他に方法があるか。部隊幹部にも策なし。親任を賜りこの地を護る。これは私の信念だ。
飛行艇攻撃は止めよう。レイテの方は君に任す。(『大正っ子の太平洋戦記』)

こうして美濃部は、大西からの特攻要請を断ることができた。だが、一一月二五日に再び大西に呼び出された。今度は、美濃部は内地に戻り、新しい夜襲隊を育成して、一九四五年一月一五日にフィリピンに戻って来いというのだ。二カ月足らずで夜間訓練ができるはずもない。状況が悪化し続けるフィリピンに若い隊員を追加しても意味がない。隊員もいっしょに帰れるのかとたしかめると、大西は搭乗員は残して行けという。美濃部は必死に、夜襲隊には基幹となる隊員が必要だと訴えた。大西の返答は、「よしわかった。中央には配慮するように手配する。ただし、セブ島のゼロ戦夜戦隊は、こちらで必要だから残して行け」だった。

何のことはない。美濃部が育てた隊員たちの優秀性を認めたうえで、場合によっては彼らを特攻に利用しようというのである。そして、美濃部には内地で新しく育成した優秀な隊員を、また連れて来いという虫のよい命令なのであった。そのうえ、整備員も全員置いていけと言う。新しい夜襲隊の育成は、美濃部の戦術をよく理解し、助手となって新人に教えるベテランの部下がいてこそ可能になる。美濃部一人でできるはずもない。だが、大西は美濃部のそんな苦労をかえりみず、特攻作戦で成果を出すことにしか関心がないのだった。美濃部は必死で抗議したが、数人の隊員とベテラン整備員数人を連れていくのが精一杯だった。

美濃部は、山本五十六や大西瀧治郎ら連合艦隊の司令官たちの無能さに、日頃から不満があった。『大正っ子の太平洋戦史』には、山本や大西を厳しく批判する文言が随所に出てくる。しかし、むごい作戦と知りながら、「今は特攻しかない」とつぶやく大西に司令官なりの苦悩を見て、同情もしていた。だが、これはあんまりだ。美濃部を優秀な指揮官と認めてはいても、大西にとっては美濃部も便利に使える駒のひとつにすぎないのだった。

美濃部の夜襲隊構想は三度も挫折していた。二度目と三度目は、育てた隊員たちを引きはがされ、彼らを裏切るようなことをしてきた。美濃部は、残していく部下たちには、内地に新しい飛行機を取りにいくとしか説明できなかった。

美濃部は内地に戻り、あらたにゼロ戦や二人乗りの「彗星」を支給してもらえることになった。「彗星」は扱いがむずかしいといわれていたが、詳しい整備兵を回してもらえた。大西の口利きが効いていたのである。しかし、訓練基地がなかった。どこも夜襲隊を受け入れる余地はないと断られた。しかたなく、美濃部はゼロ戦に乗って、あちこち探した。富士山に近づいたとき、藤枝に滑走路があるのが見えた。降りてみると後輩がいた。本格的に使われていない海軍基地で、美濃部の事情を聞いて、使えるように整備してくれるとのことだった。

美濃部にようやく希望が生まれた。隊の名称を富士山の別名である「芙蓉峰《ふよう》」から「芙蓉部隊」と名づけることにした。滑走路の整備には朝鮮人の徴用工が働いたという。このころは、本書の前半で触れた大阪府高槻市の秘密軍需工場タチソでも多くの朝鮮人労働者が働いていた。男子の働き手が圧倒的に不足していたため、土木工事の大半は朝鮮人労働者によっておこなわれていたのである。

芙蓉部隊の厳しい訓練

年があけた一九四五年一月から、藤枝で厳しい訓練が始まった。各地から引き抜かれた操縦員や整備兵もいたが、多くは未熟な若者たちだった。訓練が始まったまもなくマニラが陥落し、本土防衛に備えて訓練せよとの命令が連合艦隊から来た。そのため、美濃部がフィリピンに戻ることはなくなった。二月になるとフィリピンから引き揚げてきた部隊も合流し、さらに忙しくなった。一月に妻が女の子を出産したが、ゆっくり顔を見る暇もなかった。

訓練はおもに、夜間の発着に不慣れな航空兵に慣れさせることだった。わずかな灯りが頼りの発着を習得するのは危険もともない、美濃部は厳しい訓練を隊員たちに強いた。昼夜逆転の生活にも慣れさせなければならず、昼間はサングラスをかけさせたりもした。燃料が乏しいなかで一人ひとりの練習時間を多くは確保できない。そのため、美濃部は座学で徹底的に理解させなければならなかった。学徒兵たちはいろいろなアイデアを出してくれて、美濃部には大きな力となった。

美濃部は航空戦のカギは機体の整備にかかっているという信念の持ち主で、優秀な整備兵を養成しようともした。構造が複雑で、扱いがむずかしいといわれていた「彗星」の液冷エンジン（液体で熱を冷却するエンジン）の講習会もやった。夜間のスムーズな発着には、優秀な誘導員も必要である。機体を近くの森や竹藪に毎日隠すこともした。夜に戦うために、兵士たちにはあらゆる無理が強いられたが、みんなよくついてきてくれた。

あるとき、寒さに耐えて訓練する隊員たちのために、主計科[22]の下士官が、暖かい汁粉を作ってくれた。試食を求められた美濃部は、まったく甘くない汁粉に、思わず「こんなもの飲めるか」と怒鳴ってしまった。下士官は「これでもありったけの砂糖をかき集めた」と涙を浮かべた。美濃部は、内地の厳しい食料事情に疎かった自分を悔いた。

二月末、木更津基地で、きたる沖縄戦に向けての研究会がおこなわれ、美濃部も出席した。ところが、配られた資料には夜襲隊としての「芙蓉部隊」にかんする記載はなかった。連合艦隊の参謀からは、沖縄戦を「菊水作戦」と称し、「全力特攻」をおこなうことが示された。航空燃料の不足と搭乗員の練度の不足から、特攻やむなしとしたうえで、沖縄に押し寄せる米軍を南九州と台湾の基地から出撃して、挟み撃ちにするという作戦だった。あまりのひどさに、美濃部はまたもや立ち上がった。

美濃部　今の若い搭乗員の中に死を恐れる者は居りません。只一命を賭して国に殉ずるには、それだけの成算と意義が要ります。死に甲斐のある戦果を揚げたいのは当然。精神力一点ばかりのカラ念仏では心から勇んで立つことは出来ません。同じ死ぬなら、確算ある手段を建てて戴きたい。

参謀　それならば君に具体策があると言うのか。

美濃部　2000機の練習機を、駆り出す前に此処に居る古参パイロットが西から帝都に進入されたい。私が箱根上空で零戦で待ち受けます。一機でも進入出来ますか。艦隊司令部は、芙蓉隊の若者達の必死の訓練を見ていただきたい。（『大正っ子の太平洋戦記』）

このやり取りののち、連合艦隊や横須賀鎮守府の幕僚たちが三月のはじめに、藤枝に特別視察に来た。実際に隊員たちの訓練の成果を見せつけられ、その結果、芙蓉部隊は特攻編成から外れ、正式に夜襲部隊として「菊水作戦」に参加することになった。

一九四五年三月三〇日、芙蓉部隊はいよいよ鹿児島県の鹿屋基地に進出した。ところが美濃部たちを迎えた第五航空艦隊の上層部たちの態度は冷たかった。境克彦によると、横須賀航空隊からは「芙蓉隊の戦闘法は期待しえず」との所見が、あらかじめ伝えられていたというのだ。食事も特攻兵とは違う「一般食」だった。芙蓉部隊は、戦果をあげて上層部を納得させるしかなかった。宿舎には疎開で空き家になった民家が当てられたが、鹿屋基地周辺が米軍の激しい空襲を受けるようになり、周辺に掘られた防空壕が宿舎になった。

四月六日、海軍の「菊水一号作戦」が発動され、芙蓉部隊もいよいよ出撃した。この日から四月三〇日までの四次にわたる「菊水作戦」で、芙蓉部隊はゼロ戦延べ三六機が出撃した。四月の南西諸島の天気は変わりやすく、沖縄まで往復六時間、八〇〇～一〇〇〇キロの全コースが快晴の日はほとんどなかった。ゼロ戦は一人乗りなので、夜間、星灯りを頼りに米軍のレーダー網をかいくぐって飛び、戦わねばならなかった。この期間に多くの死者が出た。

また、芙蓉部隊にたくさん与えられた「彗星」は、高速性と運動性に優れた機体だったが扱いがむずかしく、未熟な操縦士では戦う以前に事故死する可能性が高かった。そのため、もともと「月光」のベテラン搭乗員をできるだけ当てるようにした。それでも、エンジンやスロットレバーの不調、空中火災などで、隊員を事故死させてしまった。やはり「彗星」を乗りこなせるまでには訓練不足だったのだ。当時の状況では、やむをえなかったこととはいえ、美濃部には悔いの残ることだった。

芙蓉部隊の任務は多岐にわたっていた。「索敵」「特攻機の誘導」「電探欺瞞紙[23]の散布」「沖縄の米軍基地への攻撃」を、すべてこなすのは至難のわざだった。しかし、夜間、米軍が油断している時間帯を狙って襲撃するのは効果的で、これには第五航空艦隊の司令部も、芙蓉部隊を見直さざるをえなかった。

「菊水作戦」が始まったばかりのときに、戦艦「大和」による沖縄特攻の直掩機を芙蓉部隊から出せないかという要請が司令部からあった。美濃部は即座に断った。昼間の直掩など、グラマンの餌食になりに行くだけだったからだ。司令部は芙蓉部隊の活躍を認めつつも、特攻に利用するのをあきらめないのであった。

秘密基地の建設

鹿屋は三月一八日以降、たびたび米軍の空襲を受け、滑走路の修復には時間が取られた。米軍が夜襲部隊の出撃地を特定しようとしているという情報もあり、芙蓉部隊を昼間に完全に隠せる基地が必要だった。司令部は鹿屋から大分にすべての部隊を後退させることを検討していたが、美濃部は断った。大分では沖縄までの距離がいっそう遠くなり、隊員たちの負担が大きくなるからだった。美濃部は藤枝を見つけたときのように、上空から適地を探した。

さいわい、串良基地の北東に、不時着用に使われる岩川基地の滑走路が見つかった。周辺は山林で、宿舎や機体を隠すのにも適していた。美濃部は許可を得て、かねてから考えていた完全な秘密基地を作ることにした。五月には佐世保から設営隊が来た。岩川基地での芙蓉隊の様子は、地元の関係者が書いた『大隅町と芙蓉之塔』（芙蓉の塔保存会）や、『芙蓉之塔ものがたり～特攻作戦に異議を唱えた部隊～』（前田孝子　自家版）に詳しい。

岩川は畜産の盛んな農村だった。そのため、美濃部は岩川基地を牧場に偽装することにした。滑走路は上空からは丸見えである。そのため、滑走路そのものを隠すために、昼間は草を敷きつめ、一〇頭ほどの牛を放牧した。牧場らしく囲いも設置し、一〇人ほどの牧童も置いて、牛の世話をした。床下に車輪を付けた小屋や樹木も置き、夜には移動し滑走路として使えるようにした。牧草地に見せかけるため、擬装用の草は常に新鮮でなければならず、地元の農民に金を払って草を大量に用意してもらった。

滑走路の周辺は、農地に見せかけるため地元の農家に耕作地として提供した。約七〇機の機体は周辺の林に隠し、出撃のたびに引き出し、戻ればまた隠し、ガソリンを抜いてはまた入れ……。毎日それを繰り返した。もちろん、龕灯型の誘導灯も使った。隊員はまだ暗いうちに帰着するため、濃霧や大雨のときは基地が見つけられず、とちゅうで山に激突することもあった。そのため、美濃部は見つけやすい志布志湾の枇榔《びろう》島を目印にしてとりあえず戻り、そこから北西に一〇カイリ（約一九キロ）飛んで、合図の信号を送るように徹底した。

本部は民家を借り、隊員たちの宿舎は山中の杉林の斜面に、杉の木をそのまま柱に利用して、バンガローのような三角兵舎をいくつも作った。地域の人たちは各種の作業に献身的に協力してくれた。ときには、とれたての卵に激励の言葉を書いて差し入れしてくれることもあり、隊員たちを喜ばせた。休日には、民家に遊びに行ったり、小学校の校庭で遊ぶこともあった。美濃部は随時、岩川の隊員たちと藤枝の隊員たちを交代させた。岩川の隊員は四〇〇人、藤枝の隊員は六〇〇人と、総勢一〇〇〇人の大所帯になっていた。美濃部の責任はますます重くなっていた。

隊員用の食事の貧しさに抗議

六月になると、隊員たちの食事はひどいものになった。もともと特攻食より貧しい内容だったが、副菜は海藻ばかりになり、食事担当者は肩を落としていた。他方、美濃部が鹿屋の会議に行ったときの昼食は、豪華な洋食だった。待機している特攻兵は酒ばかり飲んでいた。美濃部の怒りは頂点に達し、連合艦隊や鹿屋の司令部に直接、「必死純忠の士を遇するに、辺境の粗食を持ってし、巷間《こうかん》美食を欲しいままにする者あるを如何にせん」と打電した。

じきに、佐世保から調査団がやって来た。美濃部は、隊員たちと同じ粗末な食事を彼らに出した。調査団は一言も発することなく帰って行き、やがて、潜水艦向けの食糧が列車一両分送られてきた。稲荷寿司用の油揚げの缶詰がたくさんあり、隊員たちはひさしぶりにまともな食事にありつけた。いきなりトップに抗議電を送りつけるという美濃部の軍律違反は、不問に付された。

美濃部はのちに、あそこまで食糧がひどかったのは、岩川基地建設に動員された徴用工向けの食材が、まちがって芙蓉部隊に送られたのではないかと推測している。朝鮮人労働者の待遇が最悪だった「戦争中のいやな一面」として、美濃部の記憶に残ったできごとだった。
境は敗戦直後に作成された岩川基地の「引き渡し目録」を見て、次のように書いている。

米1000俵、乾パン300箱のほか、副食として、牛肉大和煮、紅鮭、イカ、サンマ、たけのこ、ごぼう、にんじんなどの缶詰、さらにはコーヒーや紅茶といった嗜好品もかなりの数量が記録されている。（『特攻セズ』）

美濃部の抗議によって、食事の内容が劇的に改善されたことがわかる。隊員たちの美濃部への信頼はいっそう深まっただろう。

七月二三日、第五航空艦隊の宇垣纏司令長官が突然、岩川の視察に訪れた。そのときの、馬で巡回しながらの二人の会話である。

宇垣　司令部は大分基地に引き下がる。君の所が最前線となる。この辺は米軍上陸の矢面となろう。この地は君に委ねる。多くの部下をかかえ大変だが宜しく頼む。
美濃部　未熟者ですが、せいー杯やります。（『大正っ子の太平洋戦記』）

それまで、美濃部は宇垣から一度も親しい言葉をかけられたことがなく、奮闘報告をしても、「ご苦労」の一言もなかった。特攻一本槍だった宇垣にしてみれば、大西が芙蓉部隊を認めている以上、口出しはできないものの、苦々しい存在だったのではないか。しかし、司令部がいよいよ大分基地に後退するに至って、岩川を視察し、美濃部にあとを託そうとしたのだろう。美濃部は宇垣の言葉に、「父親が息子を案じる響き」を感じた。敗戦後に宇垣の『戦藻録』(原書房など)を読んだ美濃部は、芙蓉部隊のことがほめられているのを知った。一度きりの会話だったし、宇垣の戦争指導に対しては厳しい評価をしている美濃部だが、それでも自分のことを見ていてくれたのを知ったのは、うれしいことだっただろう。岩川の秘密基地は、最後まで米軍に発見されることはなかった。

「玉音放送」を知らずに迎えた敗戦

戦況はますます悪くなっていた。芙蓉部隊の活躍くらいで、戦況が好転するようなことはなかった。芙蓉部隊の隊員たちにも、疲労の色が濃くなってきた。七月末に岩川に慰問団が来ても、心から笑っている隊員はいなかった。勝算のない戦争を続ける無意味さを、美濃部自身も感じるようになっていた。

そんなとき、兄の太田守少佐が部隊視察に訪れ、芙蓉部隊の健闘が中央でも認められていると教えてくれた。だが、鈴木貫太郎総理大臣(海軍大将)らがひそかに「降伏和平工作中」だとの秘密情報には愕然とした。無理な戦争を続けることに限界を感じてはいたものの、敗戦を受け入れるのには抵抗があった。勝つために無理を承知で命がけでやってきた。なのに、これまでの犠牲が報われないのは、どうしても受け入れがたかった。やめるなら、もっと早くやめるべきではなかったかと、戦争指導部への怒りが収まらなかった。

岩川基地には新聞もラジオもなく、八月一五日の「玉音放送」のことを美濃部は知らなかった。その時刻には、米軍の九州上陸に備えて、部隊長らと図上演習をしていた。昼過ぎに近くの陸軍基地から、「玉音放送」がよく聞き取れなかったので、詳しい内容を教えてほしいとの電話が入り、美濃部は仰天した。その後、通信係の将校が、ポツダム宣言受諾の「天皇詔勅」の全文を載せた新聞電報を持ってきて、美濃部は兄の情報が現実になったことを知った。第五航空艦隊からは何の連絡もなかった。宇垣が特攻に出ようとしているのを説得するので手いっぱいで、岩川基地のことなど頭になかったのだろう。

美濃部は部下たちに、以下の指示を与えた。夕方に予定していた沖縄攻撃はやめる。明日からは九州南部の索敵を強化する。通信隊はあらゆる電波を傍受する。隣接の陸海軍基地との情報交換を密にする。不安そうに見つめる部隊長らにたいして、三〇歳になったばかりの美濃部が、ともかくにも方針を出さねばならなかった。

夕方、厚木の小園安名大佐から「君側の奸、聖明を覆い奉り和平降伏の動きあり。厚木は同志を集め断固徹底抗戦す」という檄文が届いた。厚木は東京に近いので、情報は正確だと思われた。しかも、小園は美濃部の恩人で信頼できる人物だ。副長は美濃部の元の教官で、飛行長は親友の山田九七郎だった。美濃部は「やはりそうか、ポツダム宣言の受諾は天皇の本意ではなく、鈴木貫太郎らが勝手にやったことなのだ」と解釈し、小園に同調することにした。

美濃部は海軍の全部隊宛に、「三〇二空に呼応して、芙蓉部隊も九州において立つ」と打電させた。部下たちには、「座して神州が汚されるのを見るよりも、武人の節を全うして死のう。指揮官の意志に従う者はついてこい」と訓示した。異論を出す者はいなかった。美濃部は、若い飛行兵らを除いて、士官クラスの隊員だけで、決起することにした。

渡辺洋二の『彗星夜襲隊』によると、美濃部の「檄」への反応はどこからもなかったという。東京の通信隊で止められたようだ。また、藤枝基地では座光寺一好少佐が動揺する隊員たちを抑えた。

翌一六日と一七日、美濃部は南九州沿岸の索敵をさせた。むろん、米軍の飛来はまったくなかった。一八日の朝、ようやく第五航空艦隊司令部から、大分基地に集合せよとの連絡があった。美濃部は一人でゼロ戦を操縦して出かけた。

九州各地の基地は、八月一五日夕刻の宇垣の特攻によって大混乱に陥っていた。芙蓉部隊のように決起しようとする部隊は各地にあり、宇垣の後任となった草鹿龍之介中将はその対応に苦慮していた。美濃部同様、「無条件降伏は天皇の意志ではなく、鈴木貫太郎ら側近の策謀だ」という認識が浸透していた。それを覆すには東京で直接確認するしかないと、横井俊之少将が上京し、一八日になってようやく代表者らが召集されたのである。

大分基地の洞窟には、召集されてもいない将校たちまで来ていた。みな殺気立っていた。しかし、横井が八月一四日の御前会議の速記録をそのまま読むと、空気が変わった。

自分はいかになろうとも国民の命を助けたい。この上戦闘を続けては、結局我が国がまった

く焦土となる。万民にこれ以上の苦悩をなめさせることは私としては忍び難い

この天皇の言葉を聞いて、すすり泣きが始まった。天皇の真意なら受け入れるしかないとみなが悟ったのだ。草鹿長官の発声で「天皇陛下万歳」を三唱し、号泣のうちに解散となった。

しかし、美濃部一人が横井から呼ばれた。横井は美濃部が「厚木に呼応する」という檄文を発したことを知っていた。

横井　君の部隊はこれまで良く戦った。今になって降伏とは腹にすえかねよう。しかし聖断既に下った今、若い者が多く大変であろうが自重してもらいたい。

美濃部　聖断と言われるが御前会議の真相は判りません。

横井　軍令部総長も反対され、高松宮と共に翻意をお願いされたが聖慮固いものがあった。これは何人《なんぴと》の圧力によるものではない。

美濃部　判りました。もとより我々は天皇の軍隊。一命に代えても部隊を静めます。

岩川に戻った美濃部は全隊員を集め、戦争が終わったことを告げた。若い隊員たちからは驚きと不満のざわめきが起こった。美濃部は言った。

日本の軍隊は、天皇の軍隊。私は皆さんを預かっているのみ。聖断に沿い矛を収む。亡き友

を思えば腹に据えかねよう。飽くまで戦わんとする者は私を斬って行け。

隊員たちはみな泣いていた。疲れがどっと出て、美濃部は部屋で倒れ込んだ。美濃部も泣いていた。

ところで、全国に「檄」を飛ばした小園は、どうなったのか。小園の「檄」は一部を除いて支持を得ることはなかった。司令部の説得を受け入れなかった小園は、八月二一日に拘束され、大佐の地位も剥奪された。厚木の部隊は武装解除され、美濃部の親友の山田九七郎少佐は、事件の責任を感じて二四日に自決した。

八月二〇日には、岩川基地の隊員の復員や武器の処理などについての指示があり、美濃部は忙しくなった。鹿屋には特攻兵も含め、数万人が残っていたという。一部の必要人員を除いて、「二四時間以内に基地の二キロ圏外に退去せよ」という命令が出た。鹿屋では軍隊が一斉に逃げ出した。米軍が上陸してくるというデマも流れて、住民も動揺して避難し始めたため、市内は大混乱に陥った。軍の倉庫では略奪が始まっていた。

鉄道は鹿屋の兵士たちでいっぱいで、岩川の隊員たちが利用する余地はなかった。そのため、美濃部は岩川にあった「彗星」やゼロ戦など飛行機を使って、故郷に帰らせることにした。機体はすべて米軍に引き渡さなければならない。だが、責任は自分が取ることにした。出発前に、芙蓉部隊で亡くなった隊員たちの慰霊祭をおこなった。

隊員たちは武器を外した機体に複数人が乗り合わせ、次々と岩川を離れていった。しかし、隊員のなかには、もはや帰るべき家のない者もいた。岩川に置いてくれという彼らの懇願に、「鳥は巣に帰るものだ」と諭して帰らせた。美濃部が敗戦処理を済ませて、岩川を離れたのは一一月だった。

美濃部の戦後

戦後、美濃部は名古屋の復員局の仕事を頼まれてやったが、月に一度はマラリアの高熱に悩まされ、脊椎カリエスも患った。旧軍人の公職追放によって、内定していた朝日新聞への就職はだめになった。故郷に帰って農業をしたが、生活は苦しかった。それでも自然のなかでの生活は美濃部に安らぎを与え、体調もよくなっていった。

一九五二年に日本は独立した。一九五〇年に始まった朝鮮戦争を契機に、軍隊が復活しつつあった。一九五三年に美濃部は、海上警備隊に就職。一九五四年の自衛隊発足にともなって、航空自衛隊のパイロット養成の教官になった。若い者への指導はあいかわらず厳しかった。

このころは自衛隊そのものに反対する人々も多かった。日本国憲法第九条第一項で戦争放棄を、第二項で戦力の不保持を決めたのだから、自衛隊を「憲法違反」だと考える世論は強かったのである。そんなとき、社会党の国会議員の視察があった。美濃部はお茶も出さず、国会議員を怒らせたという。美濃部は旧海軍の太平洋戦争の戦い方を厳しく批判したが、社会党の「非武装中立論」は絵空事としか思えず、反発していたのだろう。美濃部は「国家に軍隊は必要だ」との考えの持ち主で、あくまでも軍人だった。

美濃部は幹部候補生学校の校長になり、空将まで上り詰め、定年[24]まで勤めあげて、一九七〇年に退職した。退職後は企業内学校の校長になり、一九七六年に六一歳で辞めてからは、晴耕雨読の生活を楽しんだ。

「二〇年後にまた会おう」と約束して別れた部下たちに再会したのは、二五年後の一九七〇年だった。岩川で慰霊祭が営まれるようになり、一九七八年には岩川の指揮所跡に慰霊碑の「芙蓉之塔」が建立された。美濃部は空将の制服で出席したという。自衛官としての誇りのあらわれだろう。

美濃部は一九八九年ごろから八年かけて、日記をもとに『大正っ子の太平洋戦記』を書きあげた。その間、胃がんの大手術をし、体重は四〇キロ以下にまで落ちたが、毎日ワープロをたたいて、手書きの原稿を自分で清書した。本人は同書を自費出版することを望んだが、それはかなわず、娘の手で一九九九年に刊行された。美濃部は一九九七年に八一歳で亡くなった。

優れた中間管理職だった美濃部

美濃部は精神主義で凝り固まった日本軍のなかでは稀有な、合理的思考の持ち主だった。陸軍の倉澤清忠も同じ少佐で中間管理職だったが、倉澤が部下たちから憎まれたのにたいして、美濃部は慕われた。何が違ったのだろうか。

美濃部の最大の特長は、上司にたいして臆さず物を申すところにある。特攻に批判的な人物はたくさんいた。合理的に考えたら、何年もかけて育成したパイロットを一度の出撃で死なせてしまう非合理的な戦い方などありえない。合理的な思考だけだったら、美濃部のように考える軍人は多かったと思われる。倉澤ですら特攻作戦など賛成していなかった。しかし、倉澤は菅原道大に逆らうことはなかった。多くの軍人たちも、陰で文句を言うことはあっても、公然と逆らうことはなかっただろう。だが、美濃部は何度も逆らった。大西のような雲の上の司令官にも、大勢の前で批判的な意見を言った。海軍省の本部に直接乗り込んで、源田に直訴するという大胆な行動もした。誰もやれないことを美濃部はしたのだった。関行男にも、岩本益臣にも、中津留達雄にもできなかったことを、美濃部正はやったのである。

美濃部には海軍省の中枢で働く兄がおり、海軍少将の娘婿であるという有利な条件があった。とはいえ兄はまだ若く、権力を持っていたわけでもない。兄や義父の存在はかえって足かせになることもある。弟である自分が高官に逆らうことで兄の出世の妨げになるとか、義父に迷惑をかけてしまうのではないかと考えて、かえって行動にみずからブレーキをかけてしまうこともありえた。しかし、美濃部は兄や義父に気を遣うこともなく、我が道を貫いた。この腹のすわり方、豪胆さこそが、美濃部をして美濃部たらしめているものではないかと思う。

美濃部が大胆に振る舞えたのは、出世に執着していなかったからだろう。将来の出世のことを考えたら、言動には慎重にならざるをえない。美濃部はただ純粋に飛行機乗りになり、ひとたび戦争となったら、軍人として勝つために全力をあげたのだった。

もうひとつの美濃部の特長は、意見を言った以上、それを実現してみせる力があったということだ。大言壮語して、実現できなければ信用されないが、美濃部はことごとく成功させた。それは、いつもどうすればもっとうまくいくかを考え続け、工夫を重ねたからこそだ。美濃部は自分の操縦がうまくないと自覚していたリアリストであり、つねに周りから学ぼうとする謙虚さがあった。精神を病んだ教え子の言葉から、夜襲のアイデアが生まれたのはそのよい例である。

特攻を命じたこともあった美濃部

また、美濃部について、特攻を否定した人物とだけとらえるのは正確ではない。実際、美濃部は特攻を命令したことがあった。一九四五年の二月一六日、米軍の艦載機による空襲に、芙蓉部隊は藤枝基地から初めて出撃した。「彗星」六機とゼロ戦一機が索敵に出ることになったのだが、その際、米軍の機動部隊を見つけたら、索敵にとどまらず、甲板に機体ごとぶち当たり、艦載機をまとめて使えなくさせることを美濃部は部下に命じたのである。大西が当初、特攻機にやらせようとした作戦と同じだった。結果的には見つけられずに戻ってきた。だが、特攻を否定しているはずの美濃部がこんな指示を出して、「水盃」まで交わしたのだから、搭乗員たちはとまどっただろう。

美濃部は特攻を全面的に否定したのではなく、やむをえない場合はありうる作戦だと考えていた。軍人として、戦争の現実的場面を想定したら、避けては通れない問題でもある。

体当たり攻撃は、古今東西、戦争においては常にあった。しかし、追いつめられてやむをえず選択する戦術であり、それを通常の作戦にする軍隊などありえない。個人ないし、一定の部隊が体当たり戦術をとって、それが成功し局面を切り拓いたことによって、英雄視されたり自己犠牲が称えられたりすることは、よくあることではある。だが、効果があったからといって、それを強制するような軍隊に未来はなく、そんな軍隊を持つ国家にも未来はない。

ところが、そんな愚かな戦術を普遍化してしまったのが日本であった。その特攻作戦を批判している美濃部が、部下に特攻を命じるなど、絶対にしてはならないことだった。だから、美濃部も二度とそんなことはしなかった。

美濃部の部隊にも、おそらく特攻をしたであろうと推測できる隊員たちはいた。特攻隊の直掩機として出動し、自分だけ戻ることを潔しとせず、いっしょに体当たりしたのではないかと考えられる隊員もいた。鹿屋基地では、特攻兵たちから「腰抜け」と罵られることもあり、芙蓉部隊の隊員たちは屈辱に唇をかみしめていた。美濃部に「特攻をさせてくれ」と申し出る隊員もいた。しかし、美濃部は認めなかった。「体当たり」は、あくまで限られた局面における個人の選択であり意志である。だから、指揮官がそれをほめたたえてはならない。そうでないと、勝つことが絶対的に求められる戦争では、とりわけ力関係が弱い側の軍隊は、特攻に依存し、「志願」という名の強制がはびこってしまう。特攻は麻薬のようなものなのだ。

美濃部はまた、エンジンの調子が悪いと戻ってきたペアに「どこも悪くない、気の迷いだ」と怒って、昼間に再出撃させたことがあった。芙蓉部隊が注目されているなかで、「腰抜け」部隊と見なされるのは絶対に避けたかったのだろう。だが、昼間に行かせるのは危険だから夜に行かせているはずだ。どこも悪くないエンジンを故障だと判断したのなら、もう一度研修させて、エンジンの好不調を正確に判断できるような力をつけなければならない。また、「気の迷い」、つまり恐怖心が原因だったら、そもそも攻撃要員にふさわしいのかを考え直さねばならない。搭乗員から外して、ほかの仕事にまわすことも検討しなければならないだろう。

美濃部はしばしば、「芙蓉部隊の若い搭乗員の中に死を恐れる者はいない」と啖呵《たんか》を切っている。他方で「誰でも命が惜しいのは当たり前だ」とも言っている。つまり、「誰でも命は惜しいが、国のために命を捧げる覚悟はみなできている。無駄死にしたくないだけだ」というのが、美濃部の芙蓉部隊像なのだ。しかし、誰もが命を捨てる覚悟ができているとは限らない。隊員たちにはプライドがあるから、みな覚悟はあると言うし、自分でもそう思っているだろう。だが、いざとなったら怖いのが人間ではないか。美濃部だってブーゲンビル島で艦砲射撃を受けて、防空壕でブルブル震え、迷い込んできた猫を抱いて、やっと落ち着いたという体験をしている。

再出撃させたときの美濃部は隊員たちの立場に立って考えていない。苦しい状況にあったのは十分理解できるが、それでも昼間に行かせるのはやりすぎだという気がする。再出撃させた美濃部は彼らが戻ってくるまで待ち続けたという。そういうところに美濃部の誠実さがあらわれているが、無事に戻ってこられたからいいようなものの、もし米軍の餌食になっていたら、美濃部は一生後悔しただろう。

天皇に始まり、天皇に終わった戦争

美濃部の『大正っ子の太平洋戦記』には、山本五十六や大西瀧治郎など海軍の高官にたいする厳しい批判がたくさん出てくる。ところが、天皇への批判はひとつもない。なぜ、もっと早く戦争を終えなかったのかと大西に噛みつくことはあっても、なぜもっと早く決断しなかったのかと天皇に噛みつくことはない。美濃部にとっての天皇は、国民の窮状を見かねて、自分の身を捨てて国民を救おうとした「聖君」であり、この「聖君」像が揺らぐことはなかった。戦前の「皇民化教育」は、美濃部のような合理的思考の人物にもしっかり根づいていたのである。

美濃部は小園の「徹底抗戦」の「檄」に呼応して、自分も決起すると決めた。しかし、「ポツダム宣言受諾は天皇の真意」と聞かされると、「我々は天皇の軍隊」とただちに矛を収めた。美濃部が隊員たちを説得した言葉も、「我々は天皇の軍隊だ」であった。つまり、軍や政府の高官になら従わないこともありうるが、天皇の指示なら従わないわけにはいかないという理屈だ。ここからも、太平洋戦争は天皇に始まり、天皇に終わった戦争だったということがよくわかる。

美濃部は『大正っ子の太平洋戦記』で、自分の海軍・航空自衛隊人生について次のようにまとめている。

齢80歳を越した今も、兵学校を含め12年間の海軍生活は、我が情熱を燃え尽くした、懐かしくも誇り高き人生の晴れ舞台であった。

自衛隊は国防の中枢に加わり、将軍としての権威の座についたが、政治家、役人、ジャーナリスト、国民世論の軍事音痴に振り回され魅力のない職場であったが、多くの誠実な知人友人に巡り合え今も便りを交わす余生は楽しい。

自衛隊勤務中ただ一つの誇りは、「日本の防衛力は、二度と侵略戦争をしない」ことである。空幕作戦運用担当課長として、陸海空三軍の日本防衛年度計画のレールを敷いた。自衛隊には侵略進攻に必要な兵力、武器体系が無い。これは太平洋戦争の教訓反省の最大な実績である。飽くまで祖国自衛のみに限定する兵器体系、装備を厳守した。

唯一の気掛かりは、「平和、非戦を叫ぶのみで、飽くなき経済繁栄飽食を求め、30億余の貧困飢餓民族への配慮、対策、思いやりに具体策不十分な事」である。

ここからは「侵略戦争」はしない、「専守防衛」に徹した自衛隊であらねばならないという美濃部の強い信念が読み取れる。戦後の自衛隊には、先に紹介した田中耕二のような、戦前の亡霊みたいな人物もいた。他方で美濃部のように、戦前の二の舞になってはいけないとの強い決意を持った人物もいた。ウクライナ情勢に便乗して軍事力を拡大し、アメリカの戦争に加担していこうとしている岸田政権と自衛隊を見たら、美濃部は何と言うだろうか。

それにしても、夜襲に特化した芙蓉部隊にこそ、ヒロポンは有効ではなかったかと思うのだが、美濃部はヒロポンには一言も触れていない。横須賀基地では黒鳥―倉本の「月光」夜襲ペアに、ヒロポン注射がされていた。岩川基地ではどうだったのだろうか。聞いてみたいが、美濃部はもういない。

注

1　天皇に報告すること。

2　アメリカ側の記録によると、撃沈されたのは一隻、中小破が三隻。
3　九州・南西諸島などを管轄した艦隊。
4　戦功を称える賞状。
5　寺司らはすでに予科練を卒業していたが、同じ制服を着ていた。
6　沖縄戦・本土決戦の陸軍航空作戦司令本部。
7　福岡の第六航空軍司令部。
8　鳳の羽毛。
9　現在の福岡県立福岡中央高等学校。
10　高木俊朗の『特高基地　知覧』では、山北少尉夫妻事件。詳しくは後述する。
11　現在の福岡女学院。
12　美濃部は「記憶に頼って手記を書いたので、まちがいがあれば修正してほしい」と言い残していた。
13　操縦員、偵察員、通信兼射手の三人乗りの飛行機。
14　射出機。艦船から航空機を射出する装置のこと。
15　船を係留する池。
16　周囲を覆い、持ち主に光が当たらないようにした指向性の誘導灯。
17　手腕を発揮する機会がないことを嘆くこと。
18　南東方面艦隊。

19 第二二航空戦隊。

20 第一航空艦隊。

21 魚雷をおもな武器とする高速の戦闘艇。

22 軍隊の経理部。

23 米軍のレーダーを撹乱するための銀紙。

24 当時は五五歳で定年だった。

9章　特攻兵を見送った人々

1　知覧基地と知覧の人々

一枚の有名な写真がある。知覧基地から出撃する特攻兵を、桜の枝を振って見送る女学生たちの写真である。育鵬社や自由社の中学校歴史教科書にも掲載されている。

旧制知覧高等女学校の女学生たちは動員されて、知覧基地から沖縄に向けて出撃する特攻兵たちの衣類の洗濯や、繕い物などの世話をした。特攻兵の衣類には虱《しらみ》がびっしりついていたという。女学生たちは、出撃のときの見送りもした。年齢の近い若い者どうしはすぐ親しくなった。少女たちは「生き神様」である特攻兵を崇拝し、いっしょに歌を歌ったり、手作りのマスコット人形を贈ったりした。

多くの女学生が特攻兵の身の回りの世話をしたのは、知覧基地に限ったことではない。知覧に来るまでに特攻兵たちが訓練した各地の航空基地などでも同じことだった。なかには、特攻機の整備の仕事を女学生がすることもあった。生理のあいだはけがれるので、機体に触れてはいけないと言われたこともあったようだ。それだけ、特攻機は特別神聖なものにされていたのだろう。

出撃する特攻兵を見送る女学生（1945 年 4 月 知覧基地、毎日新聞社提供）

なかには、憧れの気持ちから、特攻兵と女学生が恋愛関係になることもあったという。

特攻兵が知覧基地で短期間滞在する三角兵舎は、地面を掘り下げた上に直接屋根をかぶせた簡単に作れる木造の建物で、戦時中にはたくさん作られた。タチソでは資材倉庫として使われたようだ。半地下式の建物なので、雨が降ると水が入ってじめじめし、住み心地はよくなかった。寝具はわら布団に毛布だった。三角兵舎が満杯のときは、軍用旅館が宿舎として利用されることもあった。

知覧基地はもともと、一九四一年に福岡県の太刀洗陸軍飛行学校の分教所として作られた、航空兵の訓練基地だった。しかし、陸軍の特攻作戦が始まった一九四四年の一一月からは、フィリピンでの特攻のための中継基地になった。さらに、一九四五年の三月下旬に米軍が沖縄に迫ってからは、沖縄の米軍を攻撃する特攻の最前線基地になった。

特攻兵たちは、自分に与えられた戦闘機に乗って知覧にやって来る。老朽化した機体であったり、本来は実戦には使えない練習機であったりしたため、たびたびエンジン不調や油漏れを起こし、整備に手間取った。出撃できなかったり、出撃しても途中から引き返さざるをえないことも多かったため、知覧では特攻兵が滞留することになった。彼らは近くの軍用食堂や旅館にしばしば遊びにいった。まもなく死ぬことを運命づけられている特攻兵たちには、多くの自由時間が与えられていたのである。

特攻の母

その特攻兵たちを親身に世話したのが、「特攻の母」と呼ばれた富屋食堂の鳥濱トメだった。特攻兵たちの家族や恋人が知覧まで面会に来ることもあり、トメに限らず、近くの軍用旅館の女将なども親身に世話をした。知覧の人々は地域をあげて特攻基地を支えたのである。

知覧基地では、特攻兵たちにはそれなりの食事が提供されたが、整備兵には粗末な食事しか与えられなかった。戦争末期には、芋の茎やカボチャの煮物ばかりで、みながりがりにやせた。ときには、空腹に耐えかねた整備兵が、村人に食べ物をもらいに来ることもあったという。

一九四五年六月上旬には知覧基地で赤痢が発生し、体力のない整備兵がつぎつぎに倒れていった。赤痢は地域全体に広がり、老人と子どもが大勢亡くなった。夏になると、知覧基地は米軍の戦闘機や爆撃機による空襲を受けるようになる。八月一二日には、B29爆撃機三〇機によって基地周辺の村も集中爆撃にさらされ、死傷者も出た。しかし、基地から反撃の戦闘機が飛び立つことはなかった。

なぜなら知覧基地は、八月にはもはや特攻基地として機能していなかったからである。知覧から最初に特攻隊が出撃したのが一九四五年の三月二六日で、米軍が沖縄に接近してきたことに対応したものであった。最後は、六月二二日の沖縄戦終結の前日で、知覧から特攻機が飛び立ったのはわずか四カ月間のことである。八月のはじめには、米軍の九州上陸に備えて整備隊を熊本に後退させ、陸軍は実質的に知覧基地を放棄していた。知覧基地には、一部の特攻兵と未整備の戦闘機四〇機ほどが残されているだけであった。

八月一五日の「玉音放送」のあと、特攻兵たちは小銃をぶっ放し、爆弾を投げるなどして荒れた。知覧の村の人たちは、米軍が来るという噂に怯え、女性は山に身を隠した。八月一八日には福岡の陸軍司令部から特攻隊の解散命令が届き、一九日をもって召集解除となった。「特攻隊は米軍が来ると殺される」という噂が流れ、特攻兵たちは目立つ飛行服にガソリンをかけて燃やした。彼らは復員軍人の証明書をもらって、トラックに乗り知覧を離れた。基地に勤務していた軍人たちが、倉庫に残っていた軍需物資を山分けする姿が見られた。

九月一七日には枕崎台風が知覧を襲った。知覧基地に残されていた戦闘機は、吹き飛ばされて排水溝に頭から突っ込み、無残な姿をさらしていた。機体の部品はタイヤも含めて、いつの間にかきれいに盗まれていた。

年があけて一九四六年一月八日に、知覧基地は米軍によって接収され、軍用旅館は米兵の宿舎とされた。鳥濱トメは米兵の世話もし、米兵からも慕われた。米軍の任務は知覧基地の破壊だった。米軍は残されていた二五〇キロ爆弾を使って、機体と施設を完全に破壊し、残った武器弾薬と機材は枕崎の沖合に沈められた。

米軍が去ったあと、知覧基地は元の農地に戻され、一九七五年には「知覧特攻遺品館」[1]が開館した。

鳥濱トメは戦後、亡くなった特攻兵の面影を求めて知覧を訪ねてくる特攻兵の家族のために富屋旅館を建て、特攻兵の在りし日の姿を伝えた。また、「特攻平和観音堂」の建立に力を尽くし、亡くなった特攻兵の慰霊をし続けた。現在、富屋食堂は資料館「ホタル館　富屋食堂」として、当時の姿が再現されている。

2　山北少尉の妻

高木俊朗の『特攻基地　知覧』には、川崎渉少尉夫妻の話（5章）とともに、もうひとつの衝撃的な話がある。それが山北少尉夫妻の話である。

山北少尉は一九四五年の四月半ばから、知覧の永久旅館に滞在していた。機体の調子が悪く、出撃できないとのことだった。旅館の女将の吉永ミエに、「もう、連合艦隊はなくなってしまった。戦艦大和も沈められた。負けだよ、おばさん。おれたち特攻隊は、死ぬだけのことさ」と口にするような学徒兵だった。吉永ミエは、同じような言葉を特別操縦見習士官出身の学徒兵たちから聞いていた。少年飛行兵出身の下士官たちが、日本の勝利を陽気に疑っていないのとは真逆だった。

四月二八日に山北少尉は出撃することになり、永久旅館を出ていった。入れ違いで山北少尉を訪ねて、妻の積子《つみこ》がやってきた。積子は基地に駆けつけ、滑走路に飛び出していった。警備兵に銃剣を突きつけられたが、積子はひるまず「山北少尉にあわせてください」と叫んだ。じつは、山北少尉はこの日も機体の不調で出発できないでいた。このときの二人の様子が『特攻基地　知覧』では次のように描写されている。

山北少尉は騒ぎに気づいて走りよって、「何しにきた。ここは女のくる所ではない」と、両手でかわるがわる、積子の顔をなぐった。積子がよろめいて倒れた。「貴様、おれの顔をつぶす気か」。山北少尉は航空長靴の足で蹴りつけた。積子のからだが、土ぼこりをあげて、ころがった。まわりの整備兵が、とめにはいった。

そのあと、積子は山北少尉とともに永久旅館に戻ったが、山北少尉にくってかかった。

「なぜ、特攻をするのですか。爆弾をあてて帰ってきたら、いいじゃないですか」と、当時、一般の国民が公然といえないようなことをいった。山北少尉は、「おれたちは、死ぬのが商売なんだ」と、冷たくあしらうと、「死ななくても、途中の島に不時着したらいいでしょう」。ミエがあわてて、さえぎった。「奥さん、そんなことを憲兵に聞かれたら、大変ですよ。ここへも、きますからね」。「憲兵なんか、こわくありません」。「それでもね、奥さんも軍人の妻なら、夫の死ぬことを覚悟の上なのでしょう」。「あたしは、親の反対を押切って結婚したから、あきらめきれないのです」。山北少尉は、とりあわないで、部屋を出て行った。

積子は日本刀[2]を持ってきていて、あらぬことを口走ったりもした。危険を感じた吉永ミエは、山北少尉が太刀洗飛行場に移動したことにして、積子を帰らせた。積子は歌を歌いながら、日の丸の小旗を振って駅へと向かった。吉永ミエにはどう見ても積子が正常だと思えなかった。

その後、積子は福岡で自殺騒ぎを起こした。山北少尉は新しい戦闘機をもらうために福岡に来ていたが、どういうわけか積子がそれを知り、あとを追って来たのだ。山北少尉が追返そうとすると、積子は夫のピストルで自殺しようとした。山北少尉は激怒して、「貴様のようなやつは殺してやる」と軍刀を抜いて振り回した。

そのとき、積子の悲鳴を聞いた中村嘉利少尉が部屋に飛び込んで、山北少尉から軍刀を取り上げたので事なきをえた。翌日、山北少尉は謹慎を命じられて、振武寮に収容されてしまった。積子は家族の手で家に連れ戻された。

その後、山北夫妻はどうなったのか。結局、山北少尉は生き延び、積子も回復して、戦後、二人は円満に暮らしたという。特攻史に残る前代未聞の事件だっただろうが、高木俊朗によって事件の顛末が記録された。

特攻にまつわる話では、女性はたいていつらさをこらえて特攻兵を見送ることになっているが、こんな女性もいたことに驚かされる。たしかに、積子の精神状態は普通ではなかっただろうが、あの時代に、思ったことを口にして行動した女性がいたことに勇気づけられる。

積子のせいで山北少尉は軍人としての面目を失った。だが、彼自身が日本の負けと特攻の無意味さを口にしていたのだから、内心では積子の言動の正当性を認めていたのではないだろうか。振武寮に入れられ、倉澤参謀からさんざん罵倒されたものの、結果的には死なずにすんだ。私としては積子に拍手を送りたい。

山下少尉夫妻事件の顚末

ところで、高木俊朗が『特攻基地　知覧』で「山北少尉夫妻事件」として紹介したこの事件は、林えいだいの『陸軍特攻・振武寮　生還者の収容施設』では「山下少尉夫妻事件」として紹介されている。山下少尉の下の名は「尚武」と書かれており、倉澤清忠の振武隊の「編成表」にも「第六十七振武隊　山下尚武」の名前があるので、おそらくこちらが本名だろう。

推測だが、高木は『特攻基地　知覧』では鳥濱トメなどは別として、特攻兵やその妻の名前などは、個人に配慮して少し変えて書いているのではないかと思う。知覧での騒ぎについては、高木の本のほうが詳しいが、福岡での事件の顚末は、林えいだいが大盛館の娘や倉澤に直接取材して書いているので、高木の本よりも詳しい。

知覧の永久旅館では、妻が持ってきた短刀で自分の腹を刺した。軽傷ではあったが近くの病院に入院させられ、山下少尉は三角兵舎に移された。その後、夫が福岡の大盛館にいることを突きとめた妻がやって来て、夫のピストルで自殺しようとした。もみ合いになるうちにピストルが暴発して、妻の足から血がどっと流れだした。女中頭やほかの特攻兵らが止めに入って、ようやく二人を引き離した。事件を聞いて司令部から倉澤が駆けつけ、妻を司令部の車で九州大学病院に運ばせた。倉澤は山下を怒鳴りつけた。

個人の問題で軍に迷惑をかけるとは何ごとだ。家族の見送りを禁止しているのに、どうして大盛館に宿泊していることが分かったのか。貴様が女房に未練がましい態度を取るから、女は図に乗るんだ。ここにきている隊員は、家族ときっぱりとけじめをつけているじゃないか。貴様自身が死を恐れているから、女と別れる決断がつかないんだ！

（『陸軍特攻・振武寮　生還者の収容施設』）

倉澤はこの事件をきっかけにして、福岡に来ている特攻兵をすべて、人目につかない振武寮に収容することにしたのだった。

山下少尉の妻は一週間入院して大盛旅館に戻り、駆けつけた姉がしばらく看病した。妻は大盛旅館の女将に、「男の人ってどういう心理なのかねえ。私という妻がいるのに天皇のためとか、国のためとかいって、どうして死ぬんですかねえ。命を粗末にするとは思いませんか」と言ったという。結局、妻とその姉は東京に戻っていった。

大盛館の娘によると、戦後、山下少尉夫妻が訪ねてきたという。そのころ一家は大盛館を手放して郊外に住んでいたが、そこに山下夫妻が訪ねてきたのだ。「特攻隊の山下です。戦時中はたいへんお世話になりました。この女房のお陰で命を拾ったようなもので、あの節は申し訳ないことをしました」と、二人は大盛館の経営者夫婦に頭を下げたのであった。

3　知覧を訪問して

私は数年前に知覧を訪れ、「知覧特攻平和会館」と「ホタル館　富屋食堂」を見学した。どちらにも、特攻兵の写真や遺書が展示されていた。「知覧特攻平和会館」の視聴覚室では、特攻を紹介するビデオが上映され、語り部による解説もあった。敷地内には三角兵舎が復元されていた。当時は林のなかに点在し、上空から見えないように木の枝で屋根を覆っていたようだ。窓のない建物なので、戸を閉めてしまえば暗い陰気な兵舎だっただろう。特攻兵たちが富屋食堂に行きたがったのもよくわかる。

特攻兵が明るく笑っている写真とは対照的に、悲壮感漂う遺書には胸を打たれた。同時に引っかかるものがあった。解説は「平和」の尊さを強調し、「彼らの犠牲のうえに今日の平和がある」と訴えていた。私はこのような文言に、いつも疑問を感じる。

「特攻」のような悲惨な死がなければ、ほんとうに今日の「平和」は実現できなかったのだろうか。どう考えても、彼らの死は「無駄死に」ではなかったのか。自殺を否定するキリスト教文化の米軍には、特攻は不気味で理解不能の作戦であり、心理的にも兵士に大きな打撃を与えただろう。しかし、そんな打撃も初期だけで、時間がたつと彼らは無駄に墜落していく特攻機をばかにするようになった。

国を思い家族を想い、必死に特攻による死を受け入れようとした彼らの心情に、嘘はないと思う。だが、彼らの死を美化して、あの無謀な戦争と愚かな作戦を正当化していいのか。あの戦争そのものを問わないで、特攻兵の心情だけを美化していいのか。

遺族が息子や夫の死を、「無駄死に」と考えたくないのはよく理解できる。意義のあるものとして、国家によって、国民によって顕彰され、語り伝えられてこそ慰められるのも事実だろう。だから、遺族の多くが戦死者を「護国の神」としてまつる靖国神社を受け入れるのだろう。それにしても……。語り部が熱く語る言葉に、若い人たちが感動しているのを見て、私はずっと違和感を覚えていた。

「知覧特攻平和会館」には書籍コーナーがあったが、高木俊朗の『特攻基地　知覧』はなかった。展示の内容からして、特攻に批判的な本は置いていないのだろう。高木が『特攻基地　知覧』に書いた内容——米兵の子どもを産んだ女性のことを書いた箇所——に、鳥濱トメが反発したという事情もあるのかもしれない。

反対に、高岡修編『新編　知覧特別攻撃隊』（ジャプラン、二〇一〇年）や佐藤早苗著『特攻の町知覧　最前線基地を彩った日本人の生と死』（光人社NF文庫、二〇〇七年）のような、特攻を美化する本は置いてあった。『新編　知覧特別攻撃隊』には、筆者の次のようなメッセージがある。

あらためて書く必要もないほど自明のことですが、戦争は絶対に起こしてはなりません。しかし、この稿を興している二〇〇九年六月にも世界ではいまなお戦火が絶えません。戦争で多くの人命が失われているのが現状です。私たちは今こそ自分じしんを見つめ直さなければなりません。生きるということ、死ぬということ、個人であるということ、それらの関係として家庭があり、国家があり、世界があるということ。そのように、生を、死を、家族を、世界を思うとき、特攻隊員として散華《さんげ》した若き命の物語はこれからも多くのことを私たちに教えてくれるのではないでしょうか。

ここで書かれていることは一見するとあたりまえで、平和を願っているように読める。しかし、『新編　知覧特別攻撃隊』には特攻そのものへの批判はまったくない。特攻兵の死を「散華」という美しい言葉で表現していることにも引っかかる。「戦争は絶対に起こしてはならない。しかし、今も世界では戦火が絶えない」という現状を憂える言葉の背後に、〃だからこそ、我々は特攻兵に学び、いざというときには家族や国家のために、命を捨てる覚悟も必要なのでは？〃とささやく声が聞こえるような気がする。

「知覧特攻平和会館」のそばには、石原慎太郎が鳥濱トメを称えた碑をはじめ、いくつかの碑がある。そのいずれもが、特攻を美化するものである。

今、富屋旅館は若くして散った特攻兵に思いをはせ、自分を見つめ直し、新たな〃気づき〃を得る研修所のようになっているという。命の大切さに気づき、前向きに生きていこうとするきっかけを得る。このことを否定するわけではない。

だが、なぜ特攻のような残酷なことをやらせたのか、若者にそんなことをやらせた日本とはどんな国だったのか、なぜ若者たちは拒否できなかったのかという根本問題に〝気づく〟ことがなければ、平和への願いは「愛国心」の誘惑には勝てず、知らず知らずに戦争へと吸い込まれてしまうのではないか。そんなことを危惧した知覧への旅であった。

注

1　現在の知覧特攻平和会館。

2　おそらく短刀であろう。

10章　特攻を可能にした軍国主義教育

1　茨木高女の戦時下の教育

春日丘高校の同窓会誌『藤蔭百年』には、戦時下、茨木高女でどのような教育がおこなわれていたのかが詳しく紹介されている。茨木高女では日中戦争開始から二年後、日中戦争が泥沼化した一九三九年ごろから、急速に軍国主義教育が強化されていったようだ。

一九三九年七月には「日華事変[1]二周年」と題して、全校生徒に作文を書かせている。おおむね次のような勇ましい作文だった。

東洋平和の為には二十年三十年、いや、五十年でも戦い続けていかねばなりません。戦の庭に立つ者も、銃後を守る者も、皆国家総力戦の戦士です。私達も其の戦士の一人です（五年生）。

教員も負けてはいない。

今や我が皇国は国運の進展上、次の新しき時代に進まねばならない時期に直面している。次に来るものは…世界新秩序――皇国日本の完成という聖き高き事業である。

同年九月から始まった毎月一日の「興亜奉公日」には、国旗掲揚・神社参拝・皇居遥拝・勤労奉仕がおこなわれ、この日は食事は一汁一菜、弁当は米飯に梅干しだけの「日の丸弁当」とされた。一一月一〇日には、「御真影」の奉安庫が置かれた修練館に、さらに「天照大神《あまてらすおおみかみ》」ほか「武甕槌神《たけみかづちのかみ》」などの軍神も含めた四神をまつる神棚が置かれた。修練館は薙刀《なぎなた》の武道場にもなった。

茨木高女では、「武運長久」を祈願する神社参拝や、関連施設での奉仕活動も盛んにおこなわれた。なかでも、後醍醐天皇の「忠臣」として賛美された楠木正成《くすのきまさしげ》・正行《まさつら》父子を顕彰する「桜井駅址[2]」を整備するための勤労奉仕がたびたびおこなわれた。

また、一一月一一日には、大手前陸軍病院から一〇〇名あまりの傷病兵を迎え、「第一回傷痍軍人慰安会」が開催された。次の四年生の生徒作文からは、傷痍軍人を迎えて、感激した気持ちが伝わってくる。

遠くの方で『礼!』と言われた先生のお声が道の側の塀やかべに突き当たって晴れた秋空に高く消えて行った。いよいよ来られたのだ。私達はお隣のお友達と思わずほほえみ合った。やがて「コツン。コツン」とゆっくりした足並みが近づいて来た。拍手の音がそれを追う様にだんだん激しくなってせまって来ている。「来られたよ。来られたよ」と囁きながら互いに手を堅く握り合った。そして一緒に揃って丁寧に御辞儀をした。忽ち付近は拍手の洪水に巻き込まれてしまった。清い白衣に身を包まれた勇士様方。一人々々皆苦しい生死の境を越えて来られたのだ。けれども朗らかなお顔だった!! 元気なお姿だった！ 私達は敬虔な気持ちになって感謝の意を微笑に表しながら、痛い迄に打ち続けた。

修練館では琴の演奏や舞踊を、運動場ではダンスやリレー、全校生徒による大行進などを披露した。プログラムの多彩さからは、学校が大きな力を入れて慰安会をおこなったことがわかる。傷病兵たちが近づいて来たときの「コツン。コツン」というのは松葉杖の音だろうか。大手前陸軍病院のそばにある大手前高女ならまだしも、わざわざ電車や汽車を乗り継いで、一〇〇人もの傷病兵が茨木まで来たのは難儀であったろう。それでも、傷病兵たちは「或る時は拍手を、或る時は爆笑をもって熱心に」見学し、「最後の大行進には、瞳を輝かせて」いたという。

学校側は模擬店も用意して「寿司、饂飩《うどん》、汁粉」などを振る舞い、帰りには生徒の手作りの手芸品や傷病兵への見舞いの短歌が渡された。それに対して、傷病兵からは礼状が来たという。また、生徒代表が病院に見舞いに出向くこともあったようだ。

茨木高女では、この四日後にも戦没者の遺族を迎えて、同じプログラムで慰安会を開催している。学校と戦争とがどんどん近くなっていった。このような慰安会は翌年の一九四〇年にも開催されているが、一九四一年以降の記録は学校に残っていないという。もはや、相互にそのような余裕もなくなっていったのだろう。

国土が戦場になることを想定した訓練

一九四〇年九月には地域に「隣組」が組織され、学校にも「自衛団」が作られた。防空演習も実施されるようになり、学校での演習には地域の警防団や主婦も参加して、バケツリレーがおこなわれることもあった。まだ、太平洋戦争は開戦していなかったが、政府はそれを見すえて空襲を想定し、国民を動員していたのである。

一九四一年四月には、生徒の各種クラブなどで作られていた校友会が、「報国団」として再編された。ただし、男子の中学校には「滑空訓練班」「射撃班」「海洋訓練班」など、軍隊に直結するような班が作られたのに比べると、茨木高女の場合には「時局研究班」などもあったものの、まだ「音楽班」や「手芸班」などもあり、多少のんびりしていたようだ。

とはいえ、「報国団」結成以降は、茨木高女にも配属将校が来て、教練もおこなわれるようになった。クラスは「小隊」、学年が「中隊」、一・二年が「第一大隊」、三・四・五年が「第二大隊」というように、軍隊的な組織に改編された。教練は隊ごとの競争となり、成績の悪い隊は廊下に張り出されるので、放課後に練習もした。防毒マスクの着け方、担架で負傷者を運ぶ訓練など、国土が戦場になることを想定しての訓練だった。

一九四三年には、修業年限が五年制から四年制に変更された。また、男子のみに課されていた「体力章検定」が、女子にも実施されるようになった。五〇メートル走のほか、三〇センチの短い棒投げ、五キロの袋を引きずって走る重量運搬などの種目があり、これらは手榴弾を投げたり、弾薬を運ぶための訓練だった。成績に応じて、一級から四級までの「体力章」が与えられた。京都の東寺から茨木まで、隊列を組んで長距離を歩く歩行訓練や、竹槍訓練も実施されるようになった。

運動会では「重量運搬競技」や「救急看護競技」が種目に入った。家庭科では「楠公飯《なんこうめし》」の作り方も教えた。「楠公飯」とは、米を炒って、倍の分量の水で炊くことによって、たくさんあるように見せかけた米飯のことである。

一九四四年四月からは、三年生以上が軍需工場に動員され、同窓会を母体にした「女子挺身隊」も結成された。それだけではない。女子には課されていなかった深夜労働が三年生以上に課され、健康上の理由による動員逃れも許されなくなり、茨木高女の生徒も根こそぎ戦争に動員された。一九四四年の夏前には、茨木高女が陸軍糧秣廠の支所になり、先にも書いたような一九四五年の梅田和子の体験へとつながっていったのである。

2　子どもを戦争へと駆り立てた戦前の教育と社会的風潮

明治維新によって、近代資本主義国家の道を歩み出した日本の基本スローガンは、「富国強兵」だった。西欧列強のような植民地を持つ帝国主義国になることをめざした。「富国」のために「殖産興業」を奨励し、「強兵」のために「徴兵制」を導入した。教育の方向性は、『教育勅語』によって決められた。「忠君愛国」精神を育成することが目標とされ、国定教科書をつうじて、全国一律に同じ内容の教育がおこなわれた。

帝国主義国はどこの国も、国民に「愛国心」を注入し、植民地争奪戦争に勝つための兵士として子どもを育成する。女性は銃後にいて兵士を励まし、子どもを産み育てるのが任務であるとされていた。しかし、第一次世界大戦の大規模化にともなって労働力が不足し、女性も軍需工場で兵器の生産にたずさわるようになった。日本も遅ればせながら同じ道をたどったが、「愛国心」の注入のしかたが独特だった。

「教育勅語」には親孝行とか夫婦仲良くとかも書かれているが、核心は「日本は神の子孫である天皇が支配する国」であり、国民は「天皇の臣民」であるから天皇に忠実に従わなければならず、「国家に一大事が起きたときは、皇室と国家のために一身を捧げる」ことが国民の最高の美徳であると定義したことにある。

さらに、一九四〇年の「紀元二六〇〇年」祝賀のなかで、近衛内閣は「八紘一宇」[3]の精神にもとづく「大東亜共栄圏」建設を掲げた。そのことによって天皇への忠節は、国家の一大事である日中・太平洋戦争の勝利のために、生活と命を捧げることにストレートに結びつけられた。

国定教科書もこの基本方針にそって作成された。楠木正成のような天皇に忠誠を誓った武士を最高の「忠臣」として持ちあげ、戦死者をまつる「靖国神社」が大きく扱われている。国定教科書は戦前、第一期から第五期まで変遷があるが、第四期と第五期の国定教科書は、それぞれ日中戦争と太平洋戦争の時期に重なっている。戦争にかんする教材がますます増え、軍国主義教育の色彩がどんどん濃くなっていった。

一九三七年の日中戦争開始にともなって打ち出された「国民精神総動員実施要綱」以降は、国家そのものが戦争遂行のために再編され、「滅私奉公」がスローガンとして盛んに掲げられた。国民生活が統制され、教育と学校は「愛国兵士」づくりに特化された。さらに、太平洋戦争に突入してからは、男子学生はもちろんのこと、女学生も「愛国兵士」として振る舞うことを求められたことは、茨木高女の例からもあきらかである。

社会に浸透した軍国主義教育

軍国主義教育は国定教科書のみならず、雑誌や漫画、映画やラジオを通じてもおこなわれた。大正期には『赤い鳥』に優れた童話を書いた小川未明などの作家たちが戦意高揚の童話を書き、山田耕筰や古関裕而といった著名な作曲家たちが戦時歌謡を作った。

山中恒著『ボクラ少国民と戦争応援歌』（クリエイティブ21、一九九七年）には、一九四〇年に作られ、ヒットしたという『なんだ空襲』（大木惇夫作詞、山田耕筰作曲）が紹介されている。

1　警報だ　空襲だ　それがなんだよ備えはできてるぞ
こころ一つの隣組　護る覚悟があるからは　なんの敵機も　蚊とんぼ　とんぼ
勝つぞ　勝とうぞ　なにがなんだ空襲が　負けてたまるか　どんとやるぞ

4　警報だ　空襲だ　どんなマスクも防空壕でもよ

心こめなきゃそらだのみ　鉄の心と火の意気で　持場持場に　かけよう　いのち

この曲は調子のよい音頭風の曲だそうだが、消火活動にまで「いのち」をかけろとは……。「いのち」がどれだけ軽いものになっていたか、当時の風潮が恐ろしい。

一九四三年に公開された映画『決戦の大空へ』（渡辺邦男監督）は、予科練への志願者を募集するために作られた映画である。「若い血潮の予科練の七つボタンは桜に錨……」の歌詞で知られた挿入歌『若鷲の歌』（西條八十作詞、古関裕而作曲）の人気により、多くの少年が予科練に志願したといわれている。

また、戦時中に朝日新聞社が発行していた子ども向けの雑誌『週刊少国民』（一九四三年七月一一日号）のコラム「伝書鳩」には、「出陣された楠公父子」と題した次のような記事がある。

〝楠公父子の別れ桜井の駅〟のすぐ近所にある大阪府三島郡島本町島本国民学校では校門のところで毎日、同校の皆さんに無言の訓《おし》えをたれていた楠公父子の銅像が応召し、そのあとに立札がたった。それには『米英撃滅のため楠公父子は出陣された、時局は非常に重大だ。僕たちも楠公父子に続きましょう』と書いてあります。読むもの奮起せずにおられましょうか。

さっそくその翌日には高等科二年生十六人が少年兵を志願して申出たほどです。

現在、楠木正成・正行父子の「桜井の別れ」の像は、ＪＲ島本駅のそばの「桜井駅跡史跡公園」のなかにあるが、戦前は島本国民学校の校門のそばに銅像があった。戦時中の金属供出によって父子像も供出されたが、それを「出陣」と呼び、「僕たちも楠公父子に続きましょう」と学校が呼びかけることによって、一六人もの子どもが少年兵を志願した。それを新聞が大きく取り上げて、さらに志願を煽ったのだ。

子どもを戦場に送った学校と教員

このように学校教育以外でも、若者たちは軍隊と戦争を志向するように仕向けられていた。だが、すべての男子生徒が積極的に志願したわけではもちろんない。その足りないところを補ったのが、またしても学校と教員であった。

日高恒太朗の『不時着』によると、のちに『夢千代日記』などの脚本家として知られる早坂暁は、旧制松山中学校時代に次のような経験をしている。当時の松山中学校には、軍から配属された将校がいた。

ある時、将校が同級生を集めました。「目をつぶれ」と彼は言う。僕らが目をつぶると、「少年航空兵志願者を募る。強制ではないが、志願する者は手を挙げろ」と声がする。逡巡していると、「おっ、手が挙がった。おっ、また一人挙がったぞ」と、将校の声が続く。僕は海軍兵学校希望でしたが、声を聞いているうちに気持ちが揺らぎ、つい手を挙げてしまった。最後に「よし。みんな目を開けろ」と言われた。もちろん、全員が手を挙げていましたよ。

（「週刊文春」一九九五年三月二日号）

早坂は父親が反対し学校に抗議したので、少年航空兵にならずにすんだ。そうでなければほかの同級生と同じように、特攻で死んでいただろうと回想している。

また、同じく『不時着』では、映画評論家の佐藤忠男の教員に対する強い怒りが紹介されている。

予科練最末期入隊組の佐藤忠男は、高等小学校、旧制中学校の教師たちが軍の手先となっていたと断じている。「そのころともなると、もう学校に半ば強制的に志願者の割り当てがきて、教師もそれを当然のことのように、平気で生徒を指名して志願させたものである。教え子を戦場へ送る苦悩なんてものは、当時の教師にはこれっぽっちも感じられはしなかった（『私の実感としての〝予科練〟』）。軍は、教師が軍の手先をつとめることを当然のことと考えるようになっていたのだ、と。

大正から昭和の初期までは、学校にはまだリベラルな思想の教員がいた。子どもたちの生活に密着した自由作文に取り組む「生活綴方運動」なども盛んだった。しかし、一九三〇年代以降になると、そのような教員は「危険思想の持ち主」と見なされ、追放されていった。学校には春日丘高校の『藤蔭百年』に出てくるような軍国主義教員が、圧倒的多数を占めていたのだろう。学校は「愛国兵士」を育てる場に純化し、兵士への感謝を伝える手紙を書くことが盛んに奨励された。

森史朗著『敷島隊の五人』(下巻)には、最初の「神風特攻隊」として亡くなった特攻兵への、子どもたちの感謝の手紙が紹介されている。

神風特別攻撃隊の発表のあったあくる朝、ごはんをいただく時お母さんは、僕らに神風特別攻撃隊の新聞を読んで下さいました。それからお母さんはこの勇士の方々にたいして「ありがとう」というかんしゃの気持をいつもわすれないで何でもやらなければなりませんとおっしゃいました。神風特攻隊の勇士が生きたばくだんとなって敵空母や巡洋艦にたいあたりしたことを思うと、目になみだがたまります。僕もきっと飛行機の学校に進み一生けんめいに勉強して勇士の方々の心はかならず僕らがひきつぎます。毎日青空を飛んでいる飛行機を見て僕は、今すぐあの飛行機に乗って、にくい米英をこっぱみじんにやっつけてやりたくてたまりません。次々に発表される特攻隊の勇士の方々の大戦果にこたえて僕等もただ運動に勉強に一生けんめい、はげみ早くりっぱな日本人になって天皇陛下に御奉公申し上げたいと思います(広島市中島国民学校初等科四年生)。

典型的な軍国少年の作文であるが、彼は日本が勝つと信じて疑わなかったのだろう。しかし、一九四五年八月六日、広島市には原爆が投下され、壊滅的な打撃を受けた。この子は生き延びることができたのだろうか。

3　民衆の米兵への強い憎しみ

一九四五年五月五日、当時、国民学校二年生だった古久保健[4]は、和歌山県龍神村殿原の山中に、B29爆撃機が墜落するのを目撃した。大阪府の大正陸軍飛行場から出撃した戦闘機「紫電改」が撃ち落としたのだった。古久保は「バンザイ！」と叫んだ。B29から落下傘が降りてくるのが見えた。

墜落したB29には一一名の米兵が搭乗していた。広島県呉の海軍航空廠を攻撃するために飛来したのだが、何らかの理由で和歌山県方向に進路を変え、北から南に向かっていた。そこを「紫電改」に捕捉され、機体が三つに分解して墜落したのだった。村の大人たちは山狩りをし、七名が死亡しているのを発見し、二名を捕まえた。後日、逃げていた二名もほかの村で捕まった。一九歳から二三歳の若い兵士ばかりだった。

その米兵の死体に石を投げたのが、子どもの古久保だった。古久保の父は、古久保がまだ母のお腹にいたときに召集され、古久保が生まれる前、一九三七年の八月に中国の山西省で戦死していた。鉄カブトを撃ち抜かれての死だった。古久保は父の顔を知らずに育ち、中国やアメリカを強く憎んでいた。だから、憎いアメリカ兵に石を投げることにためらいはなかった。だが、石を握った指の感覚と、石が当たったときの「ボゴッ」という鈍く嫌な音は、いつまでも記憶に残った。大人たちは死体を足で蹴った。大人の指示でほかの子どもたちといっしょに投げたのだとはいえ、「死者に石を投げた」という後悔の念はずっと古久保を苦しめた。

「屯所」[5]に連れてこられたマックスパッデン少尉（機長）とスパークス軍曹の二人は柱に縛り付けられた。顔には地下足袋の跡があり、一人は泣いていた。そこへ赤ん坊を背負い竹槍を持った女性がやって来て、「突かせてくれ」と頼んだ。その女性の夫は中国で戦死していた。突くのは許されなかったが、みな、強い憎しみのまなざしで米兵を見ていた。

そんななかで、冷静な人物がいた。和歌山市内から龍神村に疎開してきていた吉中吉信牧師だった。吉中の説得により、米兵には握り飯と煙草が与えられた。そのうち憲兵が到着し、二人を連れて行った。

ＰＯＷ（戦争捕虜）研究会の調査によると、生き残った四人の米兵は、結局、誰もアメリカの故郷には帰れなかった。スパークス軍曹とフラナガン軍曹の二名は、七月二〇日に大阪府和泉市の陸軍信太山演習場で処刑され、マックスパッデン少尉は八月一五日の玉音放送後に、大阪市の真田山陸軍墓地で処刑された。捕虜虐待がばれることを恐れての処刑だったようだ。残りの一名、フォーリー少尉は日付は明確ではないが、病死または処刑されたのではないかと言われている。

捕虜を虐待した責任

なぜ、こんなことになったのだろうか。日本の軍部は「Ｂ29の搭乗員は無差別殺人者であり、国際法上の捕虜ではない」とし、「各軍管区で適当に処置せよ」と命令していた。そのため、捕虜が処刑されたり、九州大学事件のように、捕虜を生体解剖するという事件すらあった。

この日本軍の方針によると、B29の搭乗員には特に厳しい措置が取られたようだが、そもそも日本軍は日中戦争の南京攻略でも、捕虜の中国兵を片っ端から殺していた。兵士だけでなく、疑わしいと見られた若い男性も捕まえて殺した（松岡環編著『南京戦　閉ざされた記憶を尋ねて　元兵士102人の証言』社会評論社、二〇〇一年、同『戦場の街　南京　松村伍長の手紙と程瑞芳日記』社会評論社、二〇〇九年）。

日中戦争においては、日本はまったく余裕のない戦争をしており、捕虜を養う余裕などなかった。自国の兵士の食糧すら「現地調達」だったのだから、敵兵に食べさせるものなどなかったのである。太平洋戦争においても、「バターン死の行進」[6]などで知られているように、捕虜の強制労働・虐待が、東京裁判でたくさん報告されている。

このような措置が国際的に認められるわけがない。戦後の極東軍事裁判のBC級裁判で、捕虜の虐待や処刑にかかわった軍人・軍属は、死刑を含む有罪となった。捕虜となり、かろうじて生き延びることができた英兵や米兵の日本への憎しみは、戦後も長く続いた。

古久保は戦後、教員となり教職員組合の活動をし、平和教育にも力を入れてきた。しかし、「米兵の死体に石を投げた」ことだけは、なかなか子どもたちに語ることができなかった。このことを語れるようになったのは退職後だという。

龍神村では一九四七年に、亡くなった米兵の慰霊碑を建てて、住民が供養してきた。水害などもあり、慰霊碑の場所は何度も変わったが、地域の住民は慰霊祭を続けてきた。古久保も地域の役員としてずっとかかわってきた。

また、龍神村で起きたことを記録しようと、古久保は二〇〇五年には『轟音―B29墜落の記―』(紀伊民報社)を出した。その過程で、自分が石を投げたのは一九歳のヘッサー准尉だったこともわかった。その後は、B29の墜落で亡くなった搭乗員たちの遺族を探し出すことに奔走した。その結果、二〇一三年には、トーマス・クローク少尉の妹のエリザベス・クロークをアメリカに訪ねて墜落事件を報告し、自分の行為を謝罪することができた。ともに戦争で家族を失った遺族であり、遺族の思いは同じであることも確認することができた。

二〇一五年には、B29墜落事件と古久保を記録したドキュメント映画『轟音』が制作された。大阪芸術大学の学生たちが卒業制作として作ったもので、追加撮影と再編集をして完成となった。二〇一六年に古久保は、エリザベスとの出会いも含めて『轟音―その後―』(日本機関紙出版センター)を出版した。各地で上映会がおこなわれ、古久保の講演会も開かれている。戦時中は憎み合っていたが、国境を越えて民衆レベルで憎しみを克服しようとする古久保の行動から、私たちは多くのことを学ぶことができる。

注

1 当時は「支那事変」と呼ばれていた。
2 島本町にある現在の桜井駅跡史跡公園。
3 天皇の徳を周辺国にも広げること。

4　現在の八尾空港。現在は民間航空機の発着場で、自衛隊や警察も利用する。

5　駐在所のこと。

6　一九四二年四月、フィリピンのルソン島で、日本軍は捕虜収容所までの一〇〇キロ余りをアメリカ兵やフィリピン兵捕虜ら約七万人に歩かせ、多くの死者が出た。

11章　特攻とどう向き合うのか

1　多くの特攻本への疑問

「特攻」にかんする出版物は多い。当事者の回想録はもちろん、個々の事例を深く掘り下げたものもある。私は特攻に批判的な本をおもに参考にしたが、それでも違和感はぬぐえなかった。どの本にも特攻の愚かさや、強制した軍上層部への怒りは、具体的に表現されていた。ところが、特攻を生み出すような日本の戦争がなぜ行われたのかまで掘り下げた本は少なかった。何より、戦っている相手である中国兵やアメリカ兵、戦場にされたアジアの地域住民にかんする記述がほとんどない。

私が読んだ限りでは、元特攻兵の証言のなかにも、戦う相手であるアメリカ兵について思いをはせたものはほとんどなかった。そのようななかで、唯一、大貫健一郎・渡辺考著『特攻隊振武寮　帰還兵は地獄を見た』に、それとつながるような記述があったので紹介したい。

一九四五年四月三日、大貫健一郎らは知覧基地でヒロポン入りの「元気酒」を提供されたが、第二二振武隊は機体不良のため、まとまって出撃することができなかった。先に出撃した藤山二典隊長らは途中、グラマンの攻撃を受けて戦死した。前田敬小隊長はエンジンの調子が悪いにもかかわらず、無理に出撃しようとして、機体が浮揚せず滑走路の端の松の木に激突し、機体が炎上して重傷を負った。残された大貫たち四人の気持ちはすさんだ。

「なんとしても四人一緒に突っ込むぞ。これ以上ばらばらにされては死んでも死に切れん」

誰かがそう言ったのを記憶しています。

その後、ふたたび重苦しい空気が我々に襲い掛かってきました。いつも冷静な立川が、珍しく酔っぱらいましてね。泣きながら言うんです。

「アメリカの馬鹿野郎、なんでこんなところまでのこのこやってくるんだ。おまえたちにも親や兄弟がいるだろう、俺にだっているんだ。なんでそれなのに、殺し合わないといけないんだ」

三角兵舎の横の杉林で、木の幹を真剣で斬りつけて号泣しているのです。ほんとうに無念だったんでしょう。

「なんで殺し合わないといけないのか」について、彼ら四人が掘り下げて考えることはなかった。だが、「死」がいよいよ現実的なものになるに至り、理不尽さを口にした。顔を見たこともない。名前も知らない。個人的には何の恨みもない。そんな相手と殺し合わねばならない理由は何ひとつない。にもかかわらず、国家の命令によって敵味方に分けられ、殺すことを義務づけられる。そのことの理不尽さを痛感するのは、あたりまえであろう。しかし、多くの日本兵は「天皇が治める神の国である日本」をなめていると米兵を憎み、米兵は「誰もが憧れる世界一の国であるアメリカに逆らう黄色い猿のジャップ」を憎んで、たがいに殺し合うことに疑問を持っていなかったのではないか。それだけ、両国ともに「愛国心教育」が徹底していたのだ。

大貫の第二二振武隊には、特別操縦見習士官一期生としていっしょに学んだ井上立智という日系二世もいた。井上は本名がリチャード・リッチー・井上といい、一九一九年にカリフォルニアで生まれた。両親は和歌山県出身のアメリカ移民で、井上はアメリカと日本の二重国籍を持っていた。[1] しかし、満州事変以降、アメリカでは反日世論が巻き起こり、高校卒業後、井上は日本の大学に進学した。日米開戦によって両親は強制収容所に入れられてしまい、井上はアメリカに帰国できなくなった。そのうち学徒として召集され、毎日「軍人勅諭」を唱和させられ、特攻に志願させられたのである。

井上の胸中がいかばかりだったかにも、大貫は思いをはせている。こうした書物に出会えたのは幸運だったが、それにしても少なすぎるという思いは消えない。

2　特攻の美化

今日では、さすがに特攻作戦そのものを美化する論調はほとんどない。しかし、特攻兵を美化する論調はかなりある。代表的なものが百田尚樹著『永遠の0』（講談社文庫、二〇〇九年）とその映画化作品だろう。二〇一三年一二月に公開された映画『永遠の0』は大ヒットし、日本アカデミー賞最優秀作品賞を受賞した。たくさんの若い人が映画を見て感動していると聞いて、年末に私も見にいった。映画館は若い人でいっぱいで、映画の終了後には感動のため息がもれていた。私としては非常に複雑な気持ちだった。

ストーリーは、家族思いで命を惜しんでいる優秀な戦闘機乗りの教官が、部下が特攻に次々出て行くことに耐えられず、最後は自分も志願して死ぬというものだ。卑怯者といわれていたが、あえて部下には整備不良の戦闘機を与え、不時着させて命を助け、自分はよりましな戦闘機に乗って出撃して死んだ。それを孫である姉と弟が知り、祖父はほんとうは卑怯者ではなく、最後まで家族を思いながら、部下を救うために死んでいった勇気ある人だったと感動し、祖父を誇りに思う。

映画には、人気の若手俳優もベテラン俳優も出ていたが、彼らはこの映画を戦争美化映画だとは考えていないのではないかと思った。たしかに、日本軍の作戦のまずさや、優秀なパイロットに特攻をさせる軍司令部の愚かさは表現されていた。しかし、理不尽な命令への怒りよりも、やむをえず「死」を引き受ける心情の美しさ、みずから犠牲になる気高さが強調されている。結局は戦争責任をあいまいにし、日本がやった戦争そのものを反省する方向に、観た者を向かせないように作っているのではないかとしか思えなかった。

原作の小説『永遠の0』では、孫たちが次のような会話をしている。

弟　あの戦争も、兵や下士官は本当によく戦ったと思う。戦争でよく戦うことがいいことなのかどうかは別にして、彼らは自分の任務を全うした。

姉　みんな国のために懸命に戦ったのね。

しかし、「戦争でよく戦うことがいいことなのかどうかを別にして」で、いいのだろうか。「戦争がいいことなのかどうか」をこそ明確にしないと、また同じことを繰り返してしまうのではないか。百田尚樹のこの論法のまやかしを批判しないと、反戦・平和運動は足をすくわれると思うのだ。

3　特攻を命じた者たちを免罪

佐藤早苗著『特攻の町知覧』も、百田尚樹と論法が似ている。この本はもともと佐藤が雑誌「正論」（産経新聞社）に連載したもので、佐藤は「私には戦術のことは解らない。特攻作戦が正しかったか、間違っていたか、やるべきだったのか、やってはいけなかったのか。いまそんなことに口をはさむことはつつしみたい」と述べている。つまり、戦争や戦争のしかたは問わないと、あらかじめそこをあいまいにする。

そのうえで、「お前たちだけを死なせはしない、必ず後に続く」と言ってそうしなかった菅原道大を、「司令官には司令官の事情があった。苦悩があった」として免罪する。そして、菅原が知覧に「特攻平和観音像」を建立し、「特攻隊戦没者慰霊顕彰会」の活動に力を尽くしたことを賛美する。

また、大貫らを振武寮に閉じ込めた倉澤清忠にたいしても、死んだはずの特攻隊員たちが次々に戻ってきたことに困り果てた倉澤の立場をおもんぱかり、「倉澤には倉澤のつらい立場があった」と佐藤は擁護する。

特攻作戦の是非を問わず、特攻兵と知覧の人々を「最前線基地を彩った」と美しく形容する佐藤の語り口は、それぞれが一生懸命だったことをもって、結局はアジア・太平洋戦争を正当化するソフトな戦争肯定論である。

もうひとつ、佐藤のこの著作について驚いたことがある。敗戦後に知覧に進駐してきた米軍が、知覧の女性に暴行を働くのを防ぐために、警察署長と町長が知覧に戦前からあった遊郭を米兵の遊び場に指定し、戦争で夫を亡くした女性や、戦後引き揚げて来た女性に米兵の接待をさせた。それを佐藤は淡々と描写するだけで、何ら批判していないことである。

このようなことは知覧でだけ起こったことではなく、そもそも日本政府が率先して進めた。ついこのあいだまで、「鬼畜米英」に見立てたわら人形に向かって竹槍訓練をやらせ、上陸してきたら「自決」する覚悟を女性にも強要していたにもかかわらずである。

八月一五日に「玉音放送」で敗戦を国民に告げたわずか一一日後の八月二六日に、米兵向けの「RAA（特殊慰安施設協会）」が設立され、「性の防波堤になってほしい」とRAAは女性を募集した。二八日にはRAA幹部が皇居前で宣誓式と万歳三唱をおこなったという。彼らが弱い立場の女性たちを性の道具に利用することに、何の疑問も持っていなかったことは明らかだ。日本政府は戦時中も戦後も、「慰安所」設置を積極的におこなっていた。「国家総動員法」制定時の首相であった近衛文麿や、のちに首相として所得倍増政策を進めた池田勇人、警視総監だった坂信弥《のぶよし》は、「RAA」の設立に深くかかわった人物であった。

4　特攻基地のその後と語り継ぐ人々

九州、なかでも鹿児島県には戦前、多くの特攻基地があった。大隅半島や薩摩半島には、掩体《えんたい》壕《ごう》や通信壕などの遺跡が残っている。近年では資料館が作られ、修学旅行や社会見学の児童・生徒に特攻を語り、遺跡を案内するガイドが活動している地域もある。

私は二〇二二年の五月に、鹿児島県のいくつかの元海軍特攻基地を取材・撮影した。訪ねたのは海軍航空基地ばかりになったが、そのときに各地で活動している「平和ガイド」の方々にはたいへんお世話になった。鹿屋市では当時、特攻基地で勤労奉仕をした中学生や女学生の方にお話を聞くこともできた。

鹿屋は戦前、九州における海軍最大の航空基地で、日本でもっとも多い九〇八名の特攻隊員が出撃し、戦死した。ほかの地域は、戦後に民有地とされ、のどかな農村や街になっている。だが、鹿屋基地は戦後も海上自衛隊鹿屋航空基地になった。広大な基地の一角には「鹿屋航空基地資料館」があり、ゼロ戦の機体などが展示され、特攻隊にかんする展示もある。

基地周辺には「特別攻撃隊戦没者慰霊塔」や、戦前、人間爆弾「桜花」による特攻で知られた「神雷部隊」の宿舎だった「野里国民学校」跡がある。作家・山岡荘八が揮毫した「桜花」の碑もある。

笠野原には、戦闘機用の、コンクリートの屋根つき「川東掩体壕」が完全なかたちで保存されていて、掩体壕とはどういうものかをリアルに知ることができる。

串良基地は基地跡が平和公園になり、鳩が羽根を広げる「慰霊塔」がそのてっぺんにある。かつてのV字型の二本の滑走路は、今はそのまま道路になっている。私が訪ねたときは、農業用トラクターがゆるゆると走っていた。串良には「地下壕第一電信室」跡があり、内部を見学できる。

鹿屋、笠野原、串良はすべて鹿屋市内にあるが、岩川は鹿屋の北東に三〇キロくらい離れていて、今は曽於市になっている。かつて「指揮所」と滑走路があった場所に、慰霊碑「芙蓉之塔」が建てられ、毎年、関係者が参列して慰霊祭がおこなわれている。「芙蓉之塔」の隣には公民館があり、そのなかに芙蓉部隊関係の資料室がある。機体の一部、「彗星」の写真や隊員たちの写真などが展示されている。遺跡として内部を見学できるのは、「発電所」跡だ。この地域は、今も畜産が盛んで、牛がのどかに草を食《は》んでいる。地元のガイドの方は現在、芙蓉隊資料館の建設をめざして活動している。

海軍の航空基地で、薩摩半島にあったのが、出水《いずみ》基地だ。出水は熊本県との県境にあり、「麓《ふもと》」と呼ばれる武家屋敷群と、鶴の飛来地として知られている。鹿児島県には旧薩摩藩時代に作られた「外城《とじょう》」と呼ばれる外敵に備えた武士の居住区がたくさんあり、それが今は「麓」と呼ばれている。なかでも、出水の「麓」は規模が大きく、静かな美しいたたずまいを見せている。

出水には、もっとも多くの戦争遺跡が残っている。海軍出水航空隊基地は、一九三七年、日中戦争開始の年に地元が誘致し、一九四一年、太平洋戦争開始の年に、佐世保海軍航空隊の分遣隊の教育基地として建設された。戦争が激しくなるにつれ規模が拡大し、一九四五年三月からは特攻隊が出撃するようになった。戦後、一九五五年に航空自衛隊の幹部学校を誘致する動きがあったが、市民の反対運動が起こり、誘致は断念された。

阿川弘之の小説『雲の墓標』(新潮文庫)の主人公が、出水基地から飛び立ったことになっている縁で、「特攻碑公園」には、慰霊碑「雲の墓標」が建てられている。かつての滑走路は道路となってまっすぐ延び、掩体壕は畑のなかにいくつもある。「掩体壕」「地下戦闘指揮所」「衛兵塔」「気象観測所」「ボイラー室」などが残っており、「地下戦闘指揮所」は内部を見学できる。

「麓」の旧家には、特攻兵や航空兵が休日に遊びに来ていたそうだ。特攻関係の資料は図書館の一角に展示されている。

鹿屋(串良、笠野原を含む)、岩川、出水では、それぞれ地元の市民が「平和ガイド」として活動しており、地元の学校で平和授業の講師も務めている。二度と特攻のような悲劇が繰り返されないようにとの強い思いから、さまざまな職種の市民が集まり、行政とも連携し、研修をしながら活動している。こうした人たちの案内で、私たちは特攻について現地でリアルに学ぶことができる。

注

1　当時の日本は二重国籍を認めていた。

12章　戦争責任について考える

1　天皇の戦争責任

「天皇教」信者ともいえる日本人の実態を、アメリカとマッカーサーはよく研究していた。大日本帝国憲法の原理からすれば、また、現実的にも天皇の名において開戦し、戦時中もたびたび戦争の遂行に積極的にかかわっていたことからして、昭和天皇には「戦争責任」が問われるとしか考えられない。しかし、ＧＨＱは天皇を免罪し、「極東軍事裁判（東京裁判）」において責任を東條英機らに取らせた。天皇に「今後はアメリカと仲よくせよ」と国民を説得させたほうが、日本の占領には効果的なことを、アメリカはよく知っていたのである。

日本人のなかに天皇の「戦争責任」を問う声がなかったわけではないが、大きな世論にはならなかった。私の母は、私が子どものころに、戦争がいかにひどかったかをしばしば語っていた。だが、悪いのはもっぱら東條英機で、天皇を批判することはなかった。東條は「勝っている、勝っている」と国民も天皇もだました悪者で、母によると天皇も被害者であった。おそらく、これが多くの民衆の感覚であり、だから戦後の天皇の「人間宣言」と「行幸《ぎょうこう》」がすんなりと受け入れられたのではないか。

昭和天皇自身も、自分の「戦争責任」を語ることはなかった。一九七五年のアメリカ訪問から帰国して、記者会見で「戦争責任」についての考えを問われたとき、「戦争責任というような言葉のあやについては、私は文学方面についてはきちんと研究していないので、よくわかりませんから、そういう問題については、お答えができかねます」と回答を拒否した。昭和天皇にしてみれば、千数百年続く天皇家と天皇制を、自分の代で絶やしてはならないという使命感が先行して、「戦争責任」にかかわるようなことは、口が裂けても言わないと決めていたのだろう。また、それが政府からの強い要請でもあったのだろう。

昭和天皇は、アメリカでの晩餐会で「私が深く悲しみとするあの戦争」と発言したが、これは他人事のような発言である。日本側から戦争を仕掛けたことを、はっきりとアメリカに謝罪したわけでもない。記者に広島への原爆投下について質問されたときは、「この原子爆弾が投下されたことに対しては遺憾に思っていますが、こういう戦争中であることですから、どうも広島市民に対しては気の毒であるがやむをえないことと私は思っています」と、むしろアメリカを擁護した。

一九四五年の六月に沖縄が占領されたときも、七月にポツダム宣言で日本に「無条件降伏」が突きつけられたときも、「国体護持」を認めさせるために八月一五日までずるずると戦争を続け、被害を拡大したことへの天皇の反省と謝罪はなかった。

それにしても、一九七五年のこの記者会見では、記者の側もずいぶん率直な質問を天皇に投げかけている。今の「ことなかれ主義」の記者会見とはずいぶん違うと、あらためて思う。

一九八八年一二月、昭和天皇の容体が悪化し、連日病状が報道されているなかで、本島等・長崎市長が「天皇にも戦争責任はある」と発言した。これには保守勢力が猛烈に反発した。本島市長は自民党の県連顧問を解任され、連日、右翼団体が「天誅《てんちゅう》」を叫んだ。昭和天皇が亡くなって一年後の一九九〇年には、本島市長は銃撃され重傷を負った。天皇を批判することはテロの標的になるのだと、人々を震え上がらせた事件であった。

戦後の日本国憲法でも、第一条は「天皇」である。大日本帝国憲法のような「元首」ではなく、主権は国民にあると前文で定義したうえで、「象徴」という一種の「権威」のような位置づけがされている。戦前のように「不可侵」の存在ではなく、天皇の地位は主権者である国民によって与えられるとされている。よって、「国民の総意」があれば、天皇制は廃止できることになっている。

しかし、現実の世論はその方向には向かわず、男性皇族が少ないことを嘆き、存続を必死で模索している。さらに、女性皇族の結婚相手が皇室にふさわしい相手かどうかを週刊誌は騒ぎたて、結婚を妨害した。今や、同性間の結婚も認めようかという時代に、自由意志による結婚すら認められない一族を、無理やり存続させているのである。

自民党の改憲案では、天皇を再び「元首」に格上げしようとしている。戦争をしたい人たちは再び天皇を利用して、天皇に国民を鼓舞させようとしているのだろうか。

リベラルな文化人と思われる人たちのなかにも、天皇の存在意義を語る人たちがいる。安倍政権のように暴走する政権を、やんわりといさめる「権威」を持った存在が必要だと考えているのだ。西欧社会では、キリスト教の最高権威であるバチカンの法王がそのような役割を果たしている。また、国民の安寧のために祈り続ける巫女《みこ》のような存在であり、自分の幸福より国民の幸福を優先させる「無私の尊い存在」としての天皇をあがめる人もいる。

だが、水戸黄門の「印籠」を待ち望むような、特定の誰かに何とかしてもらおうという考え方自体が、民主主義に反するのではないだろうか。時間がかかったとしても、混乱したとしても、国民自身が決めることが大切ではないだろうか。決めた結果として、まちがった方向に進んでしまったら、かかわった人たちがきちんと責任を取り、交代する社会こそが健全だと思うのだ。

2 指導者たちの戦争責任

①戦犯たち

特攻を推進した陸海軍の指導者たちは、「自分も諸君らのあとを追う」と言っておきながら自決しなかった者と、自決した者とに分かれた。この場合、自決した者が「いさぎよかった」とか「約束を守った」と美化されがちだが、私は美化すべきではないと考える。なぜなら、彼らが死地に追いやった多くの特攻兵の命は、彼ら一人の命で償えるものではないからだ。苦しくとも彼らは生きて、「戦犯」として国民の裁きを受け、「なぜ、あんな愚かな命令を出したのか」と、徹底的に反省して国民とアジアの人々に謝罪し、戦後の平和の構築のために尽くすべきだった。

他方、約束を守らなかった指導者たちは、特攻を正当化し、「慰霊」を続けることによって自分を免罪した。自決した者も、そうしなかった者も、いずれも、ほんとうの意味での「責任」は一切取らなかったのである。

ところで、ほかの戦争指導者たちはどうしたのか。アジア・太平洋戦争を積極的に推進した軍人・政治家・思想家・財界人約一〇〇人は、A級戦犯[1]として訴追され、「東京裁判」において東條英機ら七名が処刑された。しかし、A級戦犯に指定されながらも短期間で釈放され、のちに総理大臣にまでなった岸信介（安倍晋三元首相の祖父）のような政治家もいた。

BC級戦犯[2]はアジア各地で裁かれ、約一〇〇〇人が死刑判決を受けた。彼らのほとんどは下士官や軍属であり、なかには朝鮮人もいた。多くは捕虜への虐待が問われたのであるが、命令した上官はほとんど罪を逃れた。なぜなら、捕虜たちにとっては直接虐待した下士官や軍属の顔と名前は明白であるが、その上の上官がどのようにかかわっていたのかは不明だったからだ。上官たちの多くは自分のかかわりを否定し、部下に責任を押しつけたのだった。

一九四九年には中国で革命が起こり、中華人民共和国が成立して、アジアに強大な社会主義国ができた。一九五〇年には朝鮮戦争が勃発し、アメリカの占領政策は大きく転換した。日本の軍人たちの公職追放を停止し、あらたに設立した「警察予備隊」に呼び戻し、日本を「反共の砦」=北朝鮮・中国との戦争の前線・補給基地にしたのである。

そもそも、東京裁判はアメリカの都合で進められた。満州で細菌戦などのための生体実験をおとなっていた、石井四郎軍医中将をはじめとする関東軍の七三一部隊関係者は、実験データをアメリカに提供することと引き換えに免責された。[3] 七三一部隊に関係した京大や東大など旧帝国大学の医師たちは、戦後、国立予防衛生研究所の歴代所長を務めたり、大学に戻り学長になった者までいた。のちに薬害エイズ事件を起こしたミドリ十字の創立者も、七三一部隊関係者だった。

そもそもアジア・太平洋戦争にかんして、日本は国家として反省し、指導者たちの責任を問うことを一切やっていない。それはそうだろう。最高責任者であった天皇の責任を真っ先に不問に付したのだから、その他の指導者たちの責任など問えるはずもない。連合国側が彼らの都合で「戦犯」を指定し、日本側はそれをしぶしぶ受け入れただけであった。最近では、「東京裁判」は勝者による敗者の裁きであり、認められないと記述した教科書すら登場している。

敗戦直後の東久邇《ひがしくに》内閣は「一億総懺悔《ざんげ》」を唱え、敗戦の責任をあいまいにした。処刑された東條英機らA級戦犯たちは、一九七八年に靖国神社に合祀され、今は「英霊」「護国の神」として祀られている。

ドイツも戦後は、ナチスの元幹部たちが自分たちの犯罪行為を隠ぺいしたまま、社会の重職を占めていた。しかし、やがて子どもの世代が「なぜ親たちはナチスに反対しなかったのか」と問い始め、過去の歴史が少しずつあきらかになっていった。今では、ナチス時代を検証する作業の成果がさまざまな映画作品に結実し、私たちはナチスの時代をわかりやすく学ぶことができる。

ドイツと日本との違いはどこからきているのだろうか。

日本ではA級戦犯であった岸信介が、敗戦後わずか一二年しかたっていない一九五七年に内閣総理大臣になった。岸はアジア・太平洋戦争を「自衛のための戦争であり聖戦であった」と強弁して正当化した。そして、「アジアが共産化するのを防ぐためにはアメリカとの日米軍事同盟を強化」し、さらには日本国憲法を「民族の魂が表現された憲法に作り変え、自主防衛できる国にする」と主張した。できてまだ一〇年しかたっていない日本国憲法を、早くも変えようとしたのである。岸は、あの破滅的な戦争をみずからも主導したことを、何ら反省しなかったのだ。だが、このような反動的な人物を、国民は首相に選んだのである。

一九六〇年の日米安保条約の改定には、多くの学生や労働者が反対したが、岸内閣は強行した。その後、岸自身は首相から退いたものの、池田勇人があとを継ぎ、以降も自民党政権は今日まで延々と続いている。途中、自民党が政権を失った時期もあったが、岸信介の孫である安倍晋三が首相となり、祖父が成し遂げられなかった「改憲」を悲願として、日本の右傾化を主導してきたことは記憶に新しい。

②海軍反省会の参加者たち

戸高一成編『特攻　知られざる内幕「海軍反省会」当事者たちの証言』(PHP新書、二〇一八年)という本がある。編者の戸高によると、『[証言録]海軍反省会』(全一一巻　PHP研究所)のなかから、特攻にかかわる議論の主要な箇所をピックアップして編集したものだという。『[証言録]海軍反省会』は、一九八〇年から一九九一年までの一一年間に、海軍の中堅幹部だった海軍士官たち五五名が一三一回ほど集まっておこなわれた「反省会」の記録だ。おもな発言者は敗戦時に大佐や中佐だった軍人たち。海軍省や軍令部、連合艦隊などで副官や参謀をしていた者である。大西瀧治郎や宇垣纏といった司令官の下で、特攻作戦を実際に進めた人たちは、どのように反省しているのか。そのことを知りたくて、私はこの本を手に取った。それまで読んだ本では、こうした人たちはたいてい特攻美化論だった。それとは異なる、真摯な反省がおこなわれたのではないかと、かなり期待をして読んだのだが、そうではなかった。

とはいえ、別の意味で私は興味深く読んだ。それは、同書での特攻についての議論の様子こそが、これらの人たちの考え方をよくあらわしていると思ったからである。編者の戸高は、「当事者の思いを直接知ることのできる史料」と紹介しているが、まさしくそのとおりだった。

「海軍反省会」は毎回、一定のテーマを決めて、誰かが報告し、それをめぐって議論するというかたちで進められたようだ。特攻については、第六艦隊（潜水艦隊）の人間魚雷「回天」の特攻作戦の担当参謀だった鳥巣《とりす》健之助が報告者だった。鳥巣は敗戦までずっと特攻作戦にかかわり、戦後三十数年間、ずっと特攻について考えてきたとのこと。鳥巣の報告はその集大成なのだった。鳥巣は戦後の特攻批判に強く反発し、反論するために報告をまとめた。鳥巣は次の二点を強調した。

第一は、特攻兵がいやいや死んでいったというのは当たらないという論点だ。誰でも死にたくはないが、戦争においてほかに方法がないなら特攻もやむをえないとして、死を引き受けたのだ。「回天」の特攻隊員だった学徒兵の和田稔の日記からは、そのことがよくわかるとして、鳥巣は一九四四年七月二二日付の日記を引用する。

もし人間魚雷というものが日本にも生まれ、また現実に採用されつつあるとすれば、それに搭乗するのは私たちをおいてほかにはないだろうということを、不思議にてきぱきと、そして落ち着き払って考えてみるのである。

さらに一九四五年三月二二日付の日記を引用し、彼はすでに「死生観」を確立し、「安心立命の境地」に達していたとする。

屍《しかばね》を越えて行かねばならぬのは、私たちの心楽しい務めである。過去の一人ひとりの殉職は、すべて私たち搭乗員にとっても厳しい教訓となる。

体当たり攻撃は自己犠牲の最たるものであり、国や同胞への「至純至高の愛」であり、吉田松陰のいう「大和魂」そのものなのだと鳥巣は言う。

第二は、特攻は効果がなかったというのは当たらないという論点である。アメリカ側の資料を見ても空母をはじめとして大きな損害を与えている。しかも、特攻はアメリカ兵に大きな脅威を与えた。トルーマンは日本が特攻を続ければ、アメリカは多大な犠牲を払わねばならないと考えて、戦争の終結を急いだ。特攻はポツダム宣言にまで影響を与えた。そして、特攻が終戦を早めたと鳥巣は述べる。

以上のように鳥巣が大胆な特攻擁護論を展開すると、参加者の反応はおおむね二つに分かれた。「今までで最大の感激を受けた」と同意する者と、「特攻兵器で戦局を挽回するような作戦への反省が必要だ」と懸念を示す者だ。

そこで鳥巣は三点めの論点を展開した。

特攻に殉じた若者たちの行為には、いかなる賛美も惜しまないが、特攻に対して自分は徹底的に反対だ。「回天」や「神風」で戦争に勝てるなどと考えること自体がおかしい。特攻をしなければならないような段階では、戦争をやめねばならない。特攻作戦を採用した戦争指導者、為政者、軍首脳は、開戦に踏み込んだこと、終戦の時期を誤ったことを反省すべきだと鳥巣は強調した。

この三点目を聞いて、参加者の多くは賛同にまわり、本にまとめてほしいという要望も出た。特攻作戦はまちがっていたし、戦争指導者の責任を問わねばならないが、特攻をした若者たちの「至純の精神」は顕彰しなければならない。それが、彼らの結論だった。特攻美化だけでは世間に受け入れられないが、それに加えて特攻作戦はまちがっていたと明言すればいい。参加者の多くが、この鳥巣の論法に飛びついた。そして、非難は大西の特攻作戦を具体化した黒島亀人参謀に、もっぱら集中していったのだ。

この議論に私は怒りを覚えた。「反省会」と銘打っているが、この人たちは反省などしていない。一番の問題は、責任があるとされている「戦争指導者」のなかに自分たちが入っていないことだ。特攻作戦はたしかに大西など軍のトップが進めたが、この「反省会」の参加者たちは大佐や中佐クラスであり、作戦参謀として特攻作戦の具体化を担った人々であった。けっして黒島が一人でやったわけではない。彼らが大西たち首脳部の特攻作戦に反対していたら、特攻は実施されなかっただろう。彼らは特攻に直接の責任を負っている人々なのだ。にもかかわらず、その自覚が一切ない。他者の「責任」については追及し、自分の「責任」については反省していないのである。

ただ、若者たちに特攻を命じ、やらせたことへの負い目はあるのだろう。だから、特攻を若者の美しい犠牲的精神の発露だったことにして、負い目を軽くしようとする。二重の意味で姑息である。日本の戦争指導部たちの多くは、上から下まで「反省」などしなかったことが、この「反省会」の実態からもよくわかった。

「特攻が終戦を早めた」というのも、まったくのまやかしである。特攻などやらなくても「終戦」はもっと早く実現できた。「敗戦」を覚悟さえすれば、「終戦」はすぐ実現できた。ところが「国体護持」にこだわり、少しでも有利に「終戦」させようとしたから、若者たちの屍《しかばね》の山を築いたのである。それを反省できないのは、兵士の命を軽んじているからだ。自分たちが多くの若者を死なせたという痛切な自覚がない。

戦争指導者たちは上から下まで、自分たちしか守らなかったのである。

3　民衆の戦争責任

①映画監督　伊丹万作

敗戦後、日本の民衆の多くは「軍部や新聞にだまされた」と言った。ここでいう民衆には、銃後で戦争を支えた人々はもちろん、戦争に動員され九死に一生を得て生き残った兵士も含む。映画監督の伊丹万作は、戦時中の自分をかえりみつつ、民衆のこの思考を厳しく批判した。伊丹は一九四六年に発刊された雑誌「映画春秋」八月創刊号に、「戦争責任者の問題」という次の文章を寄せている。引用が少し長くなるが、たいへん重要な論点が含まれるものなのでお許しいただきたい。

多くの人が、今度の戦争でだまされていたという。

民間のものは軍や官にだまされたと思っているが、軍や官の中へはいればみな上のほうをさして、上からだまされたというだろう。上のほうへ行けば、さらにもっと上のほうからだまされたというにきまっている。すると、最後にはたった一人か二人の人間が残る勘定になるが、いくら何でも、わずか一人や二人の智慧で一億の人間がだませるわけのものではない。

このことは、戦争中の末端行政の現われ方や、新聞報道の愚劣さや、ラジオのばかばかしさや、さては町会、隣組、警防団、婦人会といったような民間の組織がいかに熱心にかつ自発的にだます側に協力していたかを思い出してみれば直ぐにわかることである。

いたいけな子供たちは何もいいはしないが、もしも彼らが批判の眼を持っていたとしたら、彼らから見た世の大人たちは、一人のこらず戦争責任者に見えるにちがいないのである。

いくらだますものがいてもだれ一人だまされるものがなかったとしたら今度のような戦争は成り立たなかったにちがいないのである。つまりだますものだけでは戦争は起こらない。だますものとだまされるものとがそろわなければ戦争は起こらないということになると、戦争の責任もまた（たとえ軽重の差はあるにしても）当然両方にあるものと考えるほかはないのである。

あんなにも造作なくだまされるほど批判力を失い、思考力を失い、信念を失い、家畜的な盲従に自己の一切をゆだねるようになってしまっていた国民全体の文化的無気力、無自覚、無反省、無責任などが悪の本体なのである。

このことは、過去の日本が、外国の力なしには封建制度も鎖国制度も独力で打破することができなかった事実、個人の基本的人権さえも自力でつかみ得なかった事実とまったくその本質を等しくするものである。

そして、このことはまた、同時にあのような専横と圧制を支配者にゆるした国民の奴隷根性とも密接につながるものである。

「だまされていた」という一語の持つ便利な効果におぼれて、一切の責任から解放された気でいる多くの人々の安易きわまる態度を見る時、私は日本国民の将来に対して暗澹たる不安を感ぜざるを得ない。

「だまされていた」といって平気でいられる国民なら、おそらく今後も何度でもだまされるだろう。いや、現在でもすでに別のうそによって、だまされはじめているにちがいないのである。

戦犯者の追求ということもむろん重要ではあるが、それ以上に現在の日本に必要なことは、まず国民全体がだまされたということの意味をほんとうに理解し、だまされるような脆弱な自分というものを解剖し、分析し、徹底的に自分を改造する努力を始めることである。

こうして私のような性質のものは、自己反省の方面に思考を奪われることが急であって、だました側の責任を追求する仕事には必ずしも同様の興味が持てないのである。

たとえば、自分の場合を例にとると、私は戦争に関係のある作品を一本も書いていない。けれどもそれは必ずしも私が確固たる反戦の信念を持ちつづけたためではなく、たまたま病身のため、そのような題材をつかむ機会に恵まれなかったり、その他諸種の偶然的なまわり合せの結果にすぎない。

もちろん、私は本質的には熱心なる平和主義者である。しかし、そんなことがいまさら何の弁明になろう。戦争が始まってからのちの私は、ただ自国の勝つこと以外は何も望まなかった。そのためには何事でもしたいと思った。国が敗れることは同時に自分も自分の家族も死に絶えることだとかたく思いこんでいた。

このような私が、ただ偶然のなりゆきから一本の戦争映画も作らなかったというだけの理由で、どうして人を裁く側にまわる権利があろう。

伊丹は、敗戦後に誘われて「自由映画人連盟」に名を連ねたものの、戦犯の追放運動には同意できないと自分の除名を求め、前記の「戦争責任者の問題」を書いた。

戦後、GHQは日本の民主化のために、労働組合や文化団体を積極的に作らせ、軍国主義批判運動をやらせた。「自由映画人連盟」もそのひとつだった。その「自由映画人連盟」が戦時中の自分たちをもっぱら被害者の側に置き、「戦犯」探しと追放に躍起となっていることにうさん臭さを感じた伊丹は、彼らと一線を画したと思われる。伊丹はこの文章を一九四六年四月に書いたが、九月に結核が悪化して亡くなっている。よって、この文章は戦後の日本人にあてた遺書となった。

私はこの伊丹の文章に強く共感する。民衆自身が「だまされるような脆弱な自分というものを解剖し、分析し、徹底的に自分を改造する努力を始める」という主体的な態度を取らない限り、二度と戦争をしない社会をつくることはできないからだ。

②軍国主義教育を担った教員たち

戦前、軍国主義教育を担った教員たちは、敗戦とGHQによる占領という衝撃的な結末にどのような態度を取ったのか。

旧制知覧高等女学校の女性教員が八月一五日に女生徒たちに語った言葉が、高木俊朗の『特攻

基地　知覧』に出てくる。

「皆さん、負けたのですよ。美しい歴史の上に、初めて汚点をつけました。だれの罪でもありません。あなたがたの罪です。一生懸命に働きましたか。大君のため、〝すめらみいくさ〟ということを忘れませんでしたか。いいえ、忘れていたでしょう、きっと。これからよい母となって、こどもを教育しなければなりません。こどもの魂のなかに、大和魂をふき込むのですよ」

とぎれがちの先生の声に、私たちも泣きながら、うなずきました。語り終わると、先生は崩れ伏しました。今でも、目をとじると先生の姿が浮かびます。そして、ともすれば沈みがちな私を、立ち上がらせてくれるのです。

「美しい歴史の上に、初めて汚点をつけた」「あなたがたの罪だ」と、敗戦を子どものせいにした教員がいたとは驚いた。そのうえ、これからは「よき母となって子どもに大和魂をふき込め」と鼓舞していることにあきれる。また、その教員の言葉に反発することもなく、共感している女生徒にも驚く。両者ともにここまで凝り固まっていたのかと、軍国主義教育の〝成果〟に、ため息が出る。この教員は、その後も同様の考えを持ち続けて、教壇に立っていたのだろうか。

他方、多くの教員はGHQの民主化政策のもとで、「これからは民主主義の時代だ。平和な国づくりのためにがんばろう」と語り、子どもに国定教科書の墨塗りをさせた。つい、このあいだまで「鬼畜米英」「滅私奉公」と教えていた教員たちが、言うことを一八〇度変えたことに、あたりまえだが不信感を持った子どもも多かったようだ。

そのようななかで、一九四七年六月に日本教職員組合（日教組）が結成された。日教組結成四〇周年記念に発行された『日教組40年のあゆみ』によれば、「アメリカの対日占領政策が軍国主義一掃の民主化政策から反共基地としての対日政策に転換し、〈中略〉戦前回帰を思わせる『復古』的傾向が強まるという状況の変化があり、〈中略〉平和教育を中心に自主的教育研究活動の組織化を強く自覚」し、一九五一年一月の第一八回中央委員会においてスローガン「教え子を再び戦場に送るな」を決定したと書かれている。

この「教え子を再び戦場に送るな」のスローガンの精神をもっともよくあらわしたのが、高知県教職員組合の機関誌「るねさんす」44号（一九五二年一月）に掲載された、竹本源治の次の詩だろう。

「戦死せる教え児よ」
逝《ゆ》いて還《かえ》らぬ教え児よ
私の手は血まみれだ
君を縊《くび》ったその綱の
端を私も持っていた
しかも人の子の師の名において

嗚呼《ああ》！
「お互いにだまされていた」の言訳が
なんでできよう
慚愧《ざんき》　悔恨《かいこん》　懺悔《ざんげ》を重ねても
それがなんの償いになろう
逝《い》った君はもう還《かえ》らない
今ぞ私は汚濁の手をすすぎ
涙をはらって君の墓標に誓う
「繰り返さぬぞ絶対に！」

ここでは、伊丹万作が批判したように、「お互いにだまされていた」という言い訳が、何の反省にもならないことが示されている。「繰り返さぬぞ絶対に！」と教え子の墓標に誓い、そのための実践をする以外に償う方法はないのだ。

私は教員になり、「教え子を再び戦場に送らない」というスローガンと、竹本源治の詩に共鳴して日教組の組合員になり、平和教育に取り組んできた。しかし、あるとき、ふと「これでいいのか」と考えるようになった。

この詩には教え子を死地に追いやったことへの痛切な悔恨はあるが、教え子の死の向こうに広がっている戦場の光景は見えてこない。教え子が荒らした町や村。教え子が殺したかもしれない多くの死体。教え子が傷つけたかもしれない負傷者。教え子が孤児にしてしまったかもしれない泣き叫ぶ子ども……。教え子が戦った他国の土地と、そこにいた人々について、どれだけ思いをはせているのかと疑問が浮かぶ。見ているのは教え子の死だけであり、教え子に「大量略奪、大量殺人」という、平常なら死刑もまぬがれない重大犯罪を犯させてしまったという自覚が明確ではない気がする。少なくとも、この詩に共鳴したときの私には、それが明確でなかった。

私は「教え子を加害者にしてしまった自覚」だけを言いたいわけではない。「加害」と「被害」は絡み合い、時と場合によって立場は変わる。アジア・太平洋戦争において、日本人兵士や満州への入植者らは明らかに加害者だ。しかし、そもそもが貧しい小作農や労働者が多く、「自衛のための戦争」「満州は日本の生命線」というスローガンに踊らされ、侵略戦争に利用されたという意味では被害者である。

問題は、発想が「自国中心主義」でしかないということだ。戦時中、出征兵士には「武運長久」と書いた「日の丸」の旗が贈られた。「武運長久」とは、敵をたくさん殺して、本人は無事に帰ってきてほしいという意味である。きわめて自己中心的な願いであるが、戦争はそもそも究極の自己中心的な行動なのだから、これほど戦争に似合う言葉はないともいえる。

NHKの連続テレビ小説『エール』(二〇二〇年)でも歌われていた、古関裕而作曲の「暁に祈る」の歌は、「ああ　あの顔で　あの声で　手柄頼むと　妻や子が　ちぎれる程に　振った旗……」と始まる。「手柄」とは、奪い、殺すことである。よく考えたら恐ろしいことを、当時の人々はあたりまえに口にして、夫や父や兄弟を送りだしていた。戦争なんだから、殺さなかったら自分が殺されるのだから、という理由で、犯罪行為が正当化されていた。価値観が一八〇度ひっくり返っていた時代だった。

いずれも、相手のことは何ら考慮していない。自分のこと、自国のことしか考えない思考法を克服しない限り、戦争を阻止することはできない。どこの国の人でも、豊かな暮らしがしたいし、幸せになりたいと考えている。それならみんなが幸福になれる方法を考えるしかない。戦争を克服するには、国境を越えて「共生」する道を考えるしかない。

「教え子を再び戦場に送らない」ためには、このことを子どもたちにきちんと伝える平和教育が必要だと私は思うのだ。

③撫順戦犯管理所の捕虜たち

戦後、伊丹万作が求めるような「自己改造」をした人たちは、どれくらいいただろうか。その筆頭としてあげられるのは、中国東北部の撫順《ぶじゅん》戦犯管理所に捕虜として収容された日本兵たちだろう。当時、撫順戦犯管理所は中国共産党の管理下にあり、彼らは自分がやったことを洗いざらい告白することと、その反省を厳しく求められた。当初は反抗的な態度を取っていた彼らだったが、管理員たちのていねいな態度と、管理員たちも食べられない白米と肉の食事が与えられたことにより、次第に共産党軍と日本軍の違いについて考えるようになる。そして、侵略者として中国の人々を踏みにじったことの罪深さを自覚していった。その結果、一九五六年に起訴免除・釈放が言いわたされ、一九五七年に日本に帰ることができた。

日本兵が中国でおこなった数々の残虐な行為は、朝日新聞山形支局著『聞き書き　ある憲兵の記録』（朝日新聞社、一九九一年）や中国帰還者連絡会編『完全版　三光』（晩聲社、一九八四年）、同編の季刊『中帰連　戦争の真実を語り継ぐ』などに詳しい。

帰国した彼らに、日本の世論は「アカ（共産主義）に洗脳された兵士」と冷たかった。就職にも苦労したが、中国帰還者連絡会（中帰連）を結成し、「前事不忘　後事之師（前に起きたことを忘れず、のちの教訓とする）」の精神で、反戦平和・日中友好運動に力を尽くした。彼らは、各地で日本の侵略戦争の実相と自分がやったことを伝える活動をしてきた。私も学校に来てもらって、中学生に話をしていただいた。

彼は自分が中国でやったことを赤裸々に話した。情報収集を任務とする下士官だった彼は、民間人のふりをして部隊より先に村に入り、村人と仲よくなって内部の状況や中国軍との関係を調べた。その情報をもとに部隊が村に侵攻し、村人もろとも村を壊滅させた。文字どおり「三光（焼きつくし、奪いつくし、殺しつくす）」を実行したのである。

子どもたちにそんな残酷なことを告白するのは、苦痛だったろう。だが、彼は自分の贖罪としてそれをやった。先にも触れた戦争指導者たちが、自分のやったことを正当化したのとは、あまりにも違った。私たちが学ぶべき反省の姿が、そこにはあった。

しかし、中帰連の人たちのほとんどが故人となった。今は戦争体験のない世代が「撫順の奇蹟を受け継ぐ会」として、中帰連の活動を引き継いでいる。

④元特攻隊員　岩井忠正・忠熊兄弟

兄弟の特攻体験

日本はなぜ無謀な戦争をやったのか。なぜ自分は反対しなかったのか。特攻体験者のなかで、そこまで掘り下げて反省しているのは、岩井忠正・忠熊兄弟である。彼らの証言は、岩井忠正・岩井忠熊著『特攻　自殺兵器となった学徒兵兄弟の証言』（新日本出版社、二〇〇二年）や、広岩近広・岩井忠正・岩井忠熊著『特攻と日本軍兵士　大学生から「特殊兵器」搭乗員になった兄弟の証言と伝言』（毎日新聞出版、二〇二〇年）、岩井忠正・岩井忠熊著『特攻　最後の証言　100歳・98歳の兄弟が語る』（河出書房新社、二〇二〇年）などに詳しい。

特攻に志願した岩井忠正・忠熊兄弟（1944年11月）　右が兄の忠正　左が弟の忠熊

岩井兄弟の父・岩井勘六は、陸軍士官学校出身の帝国軍人で、日清・日露戦争に従事し、陸軍少将にまでなった人物だった。退役後は満州で、関東軍司令部付の嘱託として在郷軍人会会長を務めた。関東軍を補完する地域警備などを担ったが、特務機関の工作にも協力していたのではないかと岩井兄弟は推測している。満州・大連の家には関東大震災のとき

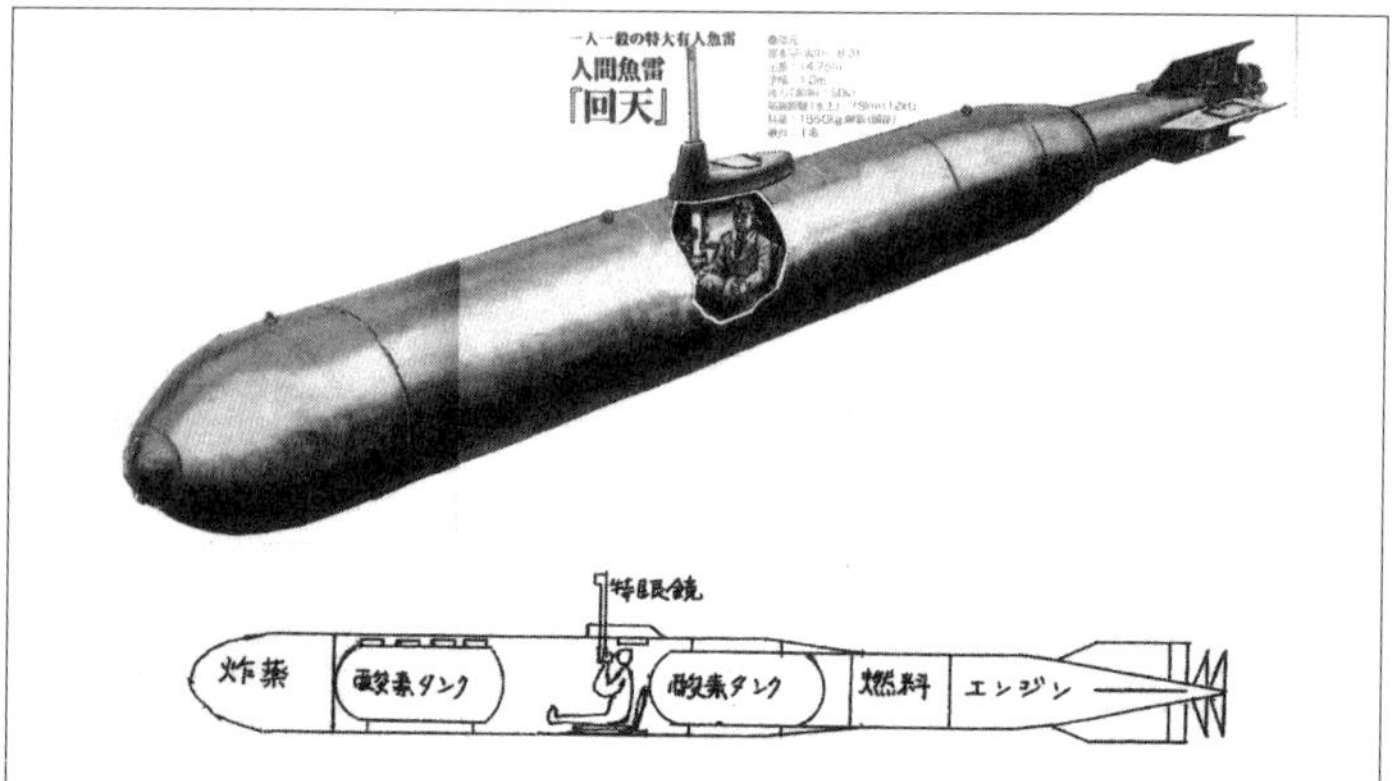

回天の構造の概略（最大径1.0m、全長14.75m、画・岩井忠正）

人間魚雷「回天」

に大杉栄一家を惨殺した罪で服役した甘粕正彦や、「東洋のマタ・ハリ」と呼ばれた川島芳子も出入りしていた。

岩井兄弟は六男四女の九番目と一〇番目で、忠正は一九二〇年生まれ、忠熊は一九二二年生まれの、二歳違いの兄弟だった。父の勘六は国粋主義者であったが、子どもたちは伸び伸び育ち、六人の息子たちの誰も職業軍人にはならなかった。自宅には河上肇の『貧乏物語』や、レマルクの『西部戦線異状なし』など、社会の矛盾や戦争の残酷さを伝える本がたくさんあり、兄弟が軍国主義に染まることはなかった。

陸軍少将の家庭で、六人もいる息子の誰一人として軍人にしていないというのは、当時としてはひんしゅくをかいかねないことだったと思われる。だが、本人の功績の大きさからか、公然と非難されることはなかったようだ。

兄弟は学徒兵として同時に海軍に召集され、二人とも特攻に「志願」した。兄の忠正は一九四五年の春、

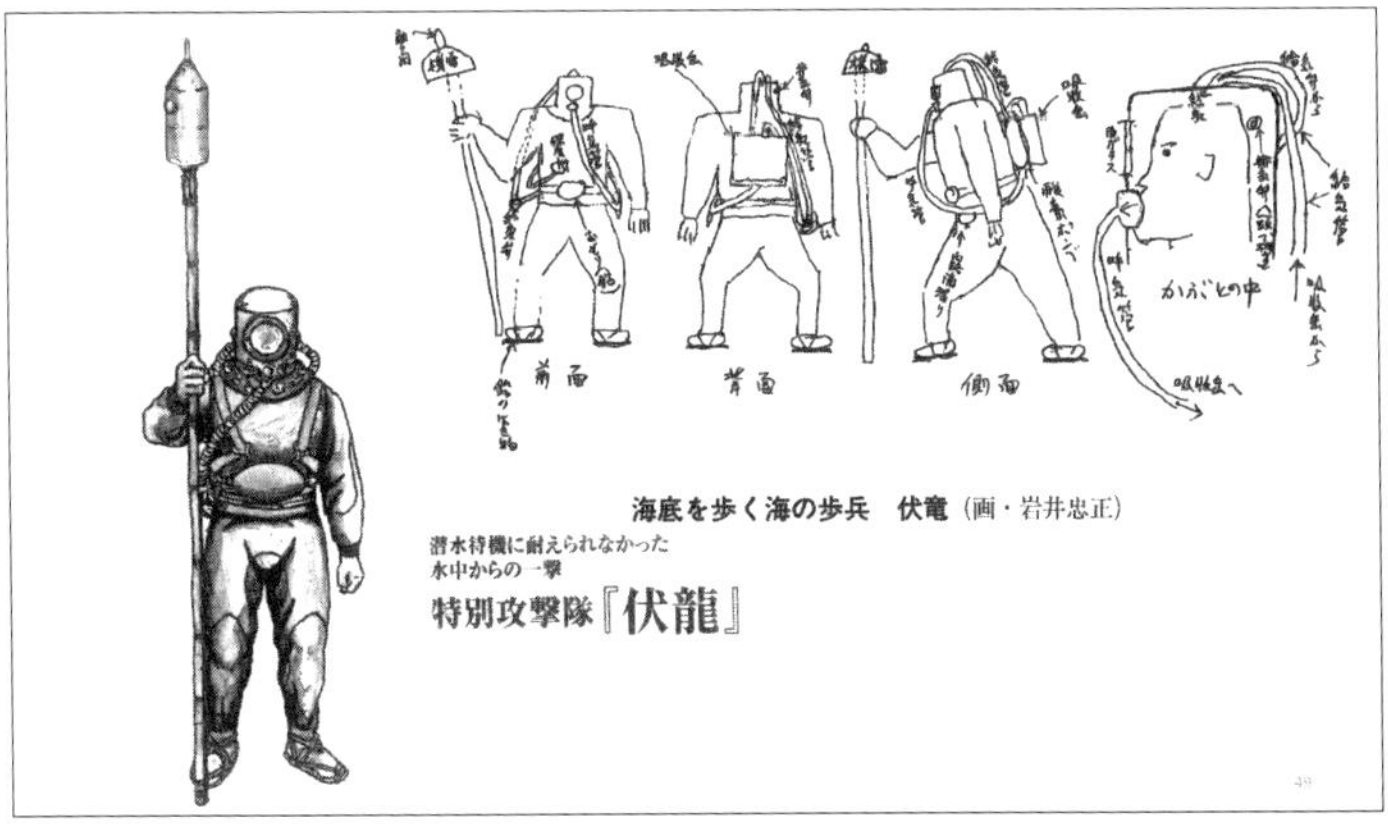

人間機雷「伏龍」

人間魚雷「回天」部隊に配属され、山口県の光基地で訓練を受けた。光基地での暴力はすさまじかった。退屈な座学に一人が居眠りをすると、教官からの鉄拳の嵐。そのうえ、学徒兵の先輩少尉たちからも全員が激しい暴力を受けた。その背後には、海軍兵学校出身者などに負けてはならないという競争心があった。

初めて人間魚雷「回天」の実物を見たときは、衝撃を受けた。内部は実際に人が入れるのかと思うほどの狭さで、当然、脱出装置などなかった。「これが俺の棺桶か」と、忠正も同期生たちも声を失った。忠正はその後、神奈川県にあった人間機雷「伏龍」の部隊に配属され、小隊長になった。「伏龍」は潜水服に構造上の欠陥があった。

特攻兵が重さ七〇キロの潜水服を着て、先端に機雷をつけた三メートルの竹竿を持ち、沿岸部の海底で米軍の上陸艇が近づくのを待ちかまえ、船底を突いて爆撃する。ところが、九時間分の重い酸素ボンベを背負っているため、体が前のめりにならざるをえず、潜水服の面ガラスから見えるのは海底だけになる。米軍の上陸艇を見つけようとして無理に上を向き、仰向けにひっくり返ってしまうと二度と起き上がれなくなり、酸素が切れるまでむなしく死を待つしかない。

また、背中の酸素ボンベは、吐いた二酸化炭素を苛性ソーダ（水酸化ナトリウム）の入った吸収缶を通過させて、再び酸素に変えるという仕組みになっていた。ところが、接続部に不具合があって海水が入り込むと、濃厚な苛性ソーダ溶液ができてしまう。それを浴びると顔が焼けただれ、肺に入ると肺胞を焼き死に至る。想像するだけでも残酷でばかばかしい〝人間機雷〟であるが、こんな愚かな作戦がまじめに構想され、訓練させられていたのだ。

米軍の本土上陸前に敗戦となったため、「伏龍」は実戦に使われることはなかった。だが、訓練中に多くの事故死をもたらした。忠正も訓練中に死にかけたが、部下が助けてくれた。退院後は訓練もなく、瀬戸内海の小さな島で待機となり、カッター訓練などで時間を過ごした。

一九四五年八月六日、忠正は広島原爆の光を目にし爆音を聞いた。八月一五日の敗戦はその島で迎え、結局、忠正は実戦に出ることなく敗戦を迎えた。死なくてよくなったが、素直に喜びが湧いてこなかったという。

忠熊は先端に爆弾を搭載し、自動車のエンジンで動くベニヤ板のモーターボート「震洋」部隊に配属された。部隊の教官であった忠熊は、艇隊長でもあった。佐世保近くの訓練基地には、各地から予科練の海軍飛行兵たちが続々と送られてきた。もはや乗る機体がなく、みな「回天」隊や「震洋」隊に送られていたのである。海の戦いなどまったく知らない彼らに、一から教えるのが忠熊の仕事だった。

一九四五年三月一九日、忠熊は「震洋」を載せた「道了丸」で沖縄に出発した。だが、三月二三日の夕方、九州南部の海域で米潜水艦の魚雷攻撃にあい、忠熊は海に投げ出された。さいわい海にはバラバラになった「震洋」の木材破片がたくさん浮かんでいた。忠熊は浮かんでいる隊員たちに声をかけ、みんなで木材につかまった。忠熊たちは三時間ほど海を漂ったのち、味方に救助された。

八月九日、忠熊は昼間に大きな爆発音を聞いた。光は見えなかったが、長崎に落とされた原爆だとあとから知った。八月一五日の「玉音放送」は聞いていない。だが、「ポツダム宣言受諾」の情報は受けた。敗戦がうれしくなかったというのは忠正と同じだった。

女学生だった梅田和子は、戦争の終わりを素直に喜んだが、「死」に日々直面していた特攻兵たちには、忠正や忠熊のような感想が多いようだ。無理に「死」を受け入れようとしてきただけに、虚脱感が大きく、「生」の実感を取り戻すのに時間がかかったのではないだろうか。

戦後、忠正は商社員となり、その後、得意の語学を生かして翻訳の仕事をした。忠熊は大学に戻り、日本近代史の歴史学者になった。生き残った二人は、一九九〇年代末からの特攻を美化する風潮に危機感を持ち、自らの特攻体験を語り、積極的に特攻批判をするようになったという。

ちなみに、忠熊は「震洋隊では覚醒剤は使われていなかった。覚醒剤はもっぱら航空関係で使ったのではないか」と証言している。たぶん、私もそうではないかと思う。もともと、航空兵独特の過酷な状況（空気の薄さ、寒さ、眠さ）対策として使用されたのが覚醒剤であるから、水上特攻や水中特攻には必要なかったのかもしれない。

兄弟はなぜ特攻を志願したのか

兄の忠正は、慶應義塾大学に在学していた一九四三年秋に、大学生の徴兵猶予の停止によって召集された。そのときの心情を次のように書いている。

国民の中で自分と同世代の、おそらくはより貧しい家庭出身の、大学・高・専などに行けなかった青年の多くはすでに戦線にあって、その多くが戦死し、あるいは傷ついていた。それに対し私たち学生は、かなり不自由になっていたとはいえ、命を失う危険から免れながら、手に入る限りでの好きな本を読んだり映画を見たり、かなり自由な学生生活を享受している。別にそういうことで非難されたりしたわけではないけれども、内心では何となく後ろめたいことに思えていたのである。とりたてて確かめたわけではないが、多くの者は多かれ少なかれ同じように思っていたに違いない。私は、当時すでにこの戦争について、幼稚ながらもかなり否定的な考えをもっていたのだが、やはりそういう「後ろめたさ」を感じていた一人だった。そういうわけで、いよいよ自分も軍隊に行くことになったことで、なんだかホッとした気分も少しはしたのである。(『特攻　自殺兵器となった学徒兵兄弟の証言』)

こうして、軍隊に召集されたことに反発もしなかった忠正だったが、現実の軍隊は想像とはまるで違った過酷な世界だった。どんなエリートであっても、入隊したときは二等兵である。一九四三年の一二月に、神奈川県横須賀市の海兵団で二等水兵となった忠正は、体験したことのない屈辱を味わった。素手で便所掃除をしていると、その手の上にわざと用を足す下士官たちがいるのだ。それでも、反抗することはできず、だまって耐えるしかない。下士官たちからすれば、学徒兵は試験さえ受かれば、彼らを何段も飛び越して兵科予備学生となり、少尉候補生となる。そうなると絶対服従をしなければならなくなるので、わずかな期間の歪んだ楽しみだったのだろう。

忠正は軍隊がますます嫌いになったが、それでも日本には戦争に勝ってほしかったし、お国の役にも立ちたかった。そのため、忠正は「面従腹背」を決め込んだ。訓練はまじめに受けて一人前の将校になるが、天皇制批判などの内心の自由は確保することにしたのである。

横須賀市久里浜の海軍対潜学校[4]に配属され、訓練を受けているときに特攻隊への志願が募られ、忠正は志願した。多くの同期生も志願したので、拒否することなど事実上できない雰囲気が作られていた。とはいえ、忠正はしかたなく志願したのではなかった。そこには一種の「自発性と計算」があった。

ひとつは、この戦争は日本が負けると確信していたが、やはり負けたくはなかった。どうせ死ぬなら敵と刺し違えて死にたいと思った。もうひとつは、対潜学校の生活にウンザリしていたからである。「修正」という名の暴力的制裁、「忠君愛国」と「軍人精神」の精神教育がほとほと嫌で、自分なりの「面従」も限界に達しつつあった。そんなときに、特攻の募集があり、忠正には一筋の光明がさしたように感じられたのである。対潜学校を離れるときは晴れ晴れとした気分だった。このときの忠正は、行き先の「回天」訓練基地である山口県の光基地が、「野蛮が日常化した陰惨な世界」だとは想像もしていなかった。

弟の岩井忠熊は、京都大学から海軍に行った。一九四三年一二月に横須賀の海兵団に入るまでは兄と同じだった。その後、忠熊は一九四四年七月に横須賀の海軍航海学校に配属された。航海士が勤務するのは艦橋（ブリッジ）である。軍艦の指令室であり、心臓部ともいえる場所なので、敵からはもっとも狙われる部署だった。そのため、艦橋で働く航海士の死亡率はきわめて高かった。そんなとき、「特殊な決死的攻撃兵器」の搭乗員の募集があり、志願者は明朝の食事時間までに申し出るようにとの指示があった。その晩、忠熊は志願を申し出た。そのときの心情を忠熊は次のように書いている。

その夜、私は分隊長室に足をはこんで志願の意思を伝えた。温厚な分隊長は「一時の感情ではないか」と静かに質問した。家庭の事情もきかれた。私は十人兄弟の十人目で、父は退役陸軍軍人だからつぐべき家業もない。いわゆる後顧の憂いなき者という条件にぴったりである。……当然になぜ志願したのかを問われることになる。名乗り出るまでにはもちろん考えた。このまま航海士になって艦艇に乗れば、一番危険な艦橋で死ぬことになるのではないか。同じ死ぬならいっそのこと体当たりして敵に確実な打撃をあたえる方がよいではないか。人には笑われそうだが、その当時の私はもうそんな考えに取りつかれていた。海軍にはいる前の私とちがって、もはや大きな流れの中にはいり、その流れのままに泳いでいるような感じだった。
(『特攻　自殺兵器となった学徒兵兄弟の証言』)

こうして忠熊は特攻に志願し、長崎県の「震洋」訓練基地に配属された。学徒兵として召集されたとき、忠熊は忠正と「この戦争に日本は勝てない」「天皇なんかのためには死なない」とひそかに話したことがあった。そんな二人だったが、結局二人とも特攻にみずから志願したのである。岩井忠正は、戦争に反対していた自分が特攻に志願し、戦争に加担したことについて、『特攻自殺兵器となった学徒兵兄弟の証言』のなかで、次のように振り返っている。

私は「満州事変」から始まるこの戦争は日本の中国その他のアジアの国々に対する侵略戦争であって日本には大義はない、米英に対する戦争には敗北しかない、自分たちの未来には死しかないという、ないものづくしの極端に絶望的な展望を持っていた。にもかかわらずそれに抵抗するなどということには、ついぞ思いつきもしなかった。徴兵延期が停止され、軍に召集されることは、嫌だけど避けられぬ運命で、従うほかにない道筋と受け取っていた。自分はこんなことは嫌だし、ほかの連中も大部分は嫌だと思っているだろうが、やはりみんな「大勢《たいせい》」には従おうとしている。自分一人だけが大勢に背いても、それを止めることはできまい。やらざるを得ない。やろう——。

抵抗不可能の大勢だから従う——理屈に合っている。それ以外にどんなことが可能だっただろうか？　だが、一見理屈に合っているように見えるこの立場には根本的な矛盾があることに、当時は気がつかなかった。それはそういう大勢に従うことによって、自分がその大勢を作る一人になってしまったことである。そして自分だけでなく、同じような他の人たちをその大勢に巻き込む手伝いをしてしまったということである。気に入らぬ大勢を自分で支えておきながら、その大勢を理由にこれに従う――ここには勇気の欠如と自己欺瞞があったと思う。

あの戦争は私が作りだしたものではない。だから私には「戦争犯罪」はないと思う。戦争犯罪人は決定を下した天皇をはじめとする当時の権力者である。だが私にもやはり僅かなりとも「戦争責任」はあったと思わざるを得ないのだ。

その責任は道義的なものである。この道義的責任は私に義務を課している。現在と将来に対してである。それはそういう大勢を作ろうとする一切の試みに対して、決して傍観者にはならないという義務である。

「大勢に従うことによって、自分がその大勢を作る一人になってしまう」。ほんとうにそうだと思う。「大勢に従う」ということは、自分が状況に流されることにとどまらず、「大勢」をいっそう大きな流れにし、より多くの被害者を生み出すということだ。そうならないためには、どうしたらよいのか。忠正は「決して傍観者にはならないという義務」を自分に課すことだと言う。「傍観者にはならない」ためには「大勢」に抵抗しなければならない。しかし、「抵抗者」になることがどれだけむずかしいかを、私たちは知っている。それでも、戦争を止めるためには抵抗するしかない。「勇気の欠如と自己欺瞞」を、私たちがどれだけ克服できるかにかかっているのだ。岩井忠正は故人となったが、私はこの言葉を忠正の遺言として受け取っている。

兄弟と同期だった和田稔

「海軍反省会」で、鳥巣健之助が模範的な犠牲的精神の特攻兵として持ちあげた和田稔は、岩井忠正の「回天」隊の同期である。忠正にとっては特別な思い出のある人物だった。和田は東京大学から海軍に召集され、特攻を志願して「回天」隊に配属され、忠正と同期になった。年齢は忠正より一歳下だが、常に成績が首席の優等生で、リーダーだった。

あるとき、居室で仲間たちとくつろいでいるとき、忠正はふだんから言ってみたかったことを口にした。

世間では大和魂だとか敢闘精神だとか軍人精神なんてギャーギャー言っているけど、戦争は結局は物理力と物理力のぶつかりあいじゃないか。そんな観念なんかで勝てるわけないさ。もしそんなもので戦争に勝てるんだったら、ちょっとその念力で、この茶碗をひっくり返してもらおうじゃないか。そんなこともできないのに、何が大和魂だ。な、そうだろう?

(『特攻　自殺兵器となった学徒兵兄弟の証言』)

この忠正の放言に、同期生の近江哲男はおもしろがって同意したが、同期のリーダーだった和田は「おい、遠山、そんな話はするな！」と、たしなめた。おもしろがったのは近江だったので、遠山巌もむっとしていた。忠正はこれ以上はまずいと思って話をやめた。しかし、自分を直接たしなめるのではなく、奇妙なかたちでたしなめた和田に対しては反感が残った。

数日後、忠正は魚雷艇を受け取りに、和田と大津島（山口県）に行った。大津島の士官食堂のこの日のメニューは、光基地では食べたことのない「すき焼き」だった。同期生ともひさしぶりに会えて、二人とも先任将校への到着の報告をすっかり忘れていた。翌朝、朝食のとき、先任将校から到着の報告がなかったことをとがめられ、二人は鉄拳制裁を受けた。

帰りの船のデッキで二人になったとき、突然、和田が忠正に話しかけてきた。

「おい、岩井、貴様がこのあいだ遠山たちに話していたことだがな、じつは俺もそう思っているんだ」

忠正は和田が同意したことに驚いたが、あのときの和田の注意のしかたに対する反感はまだ残っていた。そのため、「うん、そうか」とそっけなく答えただけだった。

しかし、これ以降、和田に対する忠正の見る目は変わり、和田の真意を考えるようになった。和田は忠正の放言に共感したものの、これが上官に知られることを恐れてやめさせようとした。しかし、忠正を名指しで注意すると忠正はかっとなり、けんかになる可能性があった。だから第三者を名指しすることで、その場を収めたのではないか。じつにうまいやり方だと、忠正は気づいたのである。

また、和田が帰りの船であえて忠正への共感を示したのは、もっと自分と話したかったからではないか。そもそも、大津島の同行者に忠正を選んだことからして、話す機会を持とうとしたのではないか。そう気づいて、忠正は和田に冷淡な態度を取ったことを、のちのちはげしく後悔した。しかし、あとのまつりで、このあと和田は二度とそんな話はしなかった。

兄の忠正に強い印象を与えた和田稔は、忠熊にも特別の印象を残していた。和田は忠熊より一学年上だが、海兵団では同期の学生長だった。頭が切れるだけでなく、他人には繊細な心配りができて、家族思いの若者だった。能力も人格も、みなが称賛したのが和田だった。

特攻に志願した忠熊らは、行先も告げられず西へと向かった。途中まで和田もいっしょだった。和田は「人間魚雷だけはかんべんしてほしい」と忠熊につぶやいた。信頼できる人物に、思わず本音をもらしたのだろう。列車が和田の実家のある沼津駅に止まったとき、和田は下車する女性に、「××町の和田医院を知っていますか。いまこどもが通過していったとお伝えください」と頼み込んだ。和田の心にはつねに家族がいたのだろう。この伝言はたしかに家族に届いたそうだ。

特攻の募集があったとき、和田は志願したが、長男だったので一度は外された。ところが、和田は熱烈に再志願し、特攻隊員に加えられた。なぜそこまでして特攻兵になろうとしたのか。忠熊はその理由として、和田の強い責任感をあげている。すでに何度か述べているが、和田は学徒兵の代表のような存在だった。学徒兵はつねに海軍兵学校出身の職業軍人と比べられていた。ばかにされてはならないというプライドがそうさせたのだと忠熊は言う。

特攻兵となった和田は、「回天」隊に配属され、忠熊は「震洋」隊に配属された。「かんべんしてほしい」と言っていたくらいだから、「回天」隊に入れられたときはショックだっただろう。

それでも和田は、必死に与えられた任務をまっとうしようとした。

和田は敗戦の三週間前の七月二五日に、「回天」の訓練中の事故で亡くなった。「回天」の頭部を海底に突っ込み浮上できなくなったのだ。光基地は空襲を受けて、すぐには救助活動もできず、和田がどこに沈んでいるのかもわからなかった。脱出もできず、閉じ込められたまま、和田はむなしく死を待つしかなかったのである。和田の乗った「回天」は、敗戦後の九月に台風によって浮上し、近くの島に流れ着いた。ハッチを開けると和田は眠るように亡くなっていたという。持っていた食料はすべて食べてあったそうだ。冷たい海底の「回天」のなかで、酸素を使い果たすまでの一〇時間、和田は何を考えていただろうか。享年二三だった。

和田は手帳に日記を書いていて、面会のとき弁当箱に隠して家族に渡していたという。そこには和田の揺れ動く心情が書かれていて、弱気な自分と勇ましい決意が交互に出てくる。

和田稔の日記は日本戦没学生記念会編『新版　きけわだつみのこえ　日本戦没学生の手記』(岩波文庫、一九九五年)と、同編『新版　第二集　きけわだつみのこえ　日本戦没学生の手記』(同、二〇〇四年)の双方に収録されている。

鳥巣は、「死生観」を確立し、「安心立命の境地」に達していたもっとも模範的な特攻兵として「海軍反省会」で和田を紹介した。だが、和田は冷静に日本の戦争の限界を見ていた青年だったことが、忠正の証言からもわかる。和田は率直に本音を口にする忠正がうらやましかっただろう。しかし、優等生であるだけに言いたいことも言えず、苦しんでもいたのではないか。「安心立命の境地」に達していたとは、とても思えない。和田が本音を語り合おうとした貴重な機会を、忠正が生かすことができなかったことを、私もほんとうに残念に思う。敗戦三週間前の事故死。しかも、人間魚雷のなかでの死ぬまでの時間を思えば、あまりにも無残でかわいそうでならない。遺書はなかった。日記を書いて、自分と向き合おうとしてきた和田だったが、最後は何も残さなかった。死後、書き残したものが発見されたときのことを考えると、勇ましい言葉を書くしかない。しかし、和田にはすべてがむなしく、もはや建前など書きたくはなかったのではないか。あと三週間。あと三週間で戦争は終わった。もっと早く戦争が終わっていたらと、家族の慟哭が聞こえるような気がする。

前途ある若者をこのような悲惨な死に追い込んだ張本人たち。なかでも「回天」特攻に直接的な責任を負っている鳥巣が、和田の日記の勇ましい部分だけを取り上げて、彼を理想の特攻兵のように持ち上げ、特攻を美化することに、あらためて強い怒りを覚える。

⑤元学術会議会員　増田善信

二〇二一年四月二〇日付の「毎日新聞」に、当時の菅政権が日本学術会議の六名の候補者の任命を拒否したことにかんする記事が出ていた(「『任命拒否撤回を』97歳元学術会議会員、6万2000人署名提出」)。オンライン署名サイト「Change.org」で署名を呼びかけ、六万一六七二筆を集めたのは、九七歳の増田善信である。

増田は、原爆の投下後に降った「黒い雨」の研究で知られている。気象庁気象研究所室長を務め、一九七八年から八三年まで学術会議の会員であった。最後の公選制で選ばれた会員でもある。

その増田が署名運動の先頭に立ったのは、自らの戦争体験と関係している。

太平洋戦争の末期、増田は海軍少尉として島根県の海軍基地で気象観測にたずさわり、米軍に占領された沖縄への特攻に向かう兵士に、天気予報を教えて送りだしたという。

みすみす死ぬことが分かっているのに、と思っていたが、声に出さなかった。「神風が吹くから勝つ」とも言われていて、そんなはずがないと確信していたが、口外しなかった。

（「毎日新聞」二〇二一年四月二〇日付）

そうした自身の苦い経験があり、「二度と戦時中のような不合理な日本をつくってはならない」との思いから署名を集めたのだ。気象研究者であった若き日の増田は、「海軍少尉」という軍人の肩書を与えられ、特攻作戦に組み込まれていった。国家がいったん戦争に踏み切れば、国民の誰もが戦争の担い手に、いやおうなく組み込まれていった時代だった。

菅政権が政府に批判的な六名の任命を拒否したのは、学術会議が軍事研究に否定的だからである。学者が直接戦争に協力していった、あのような時代を繰り返してはならないと、力を振り絞って今、増田は国民に訴えている。

増田は岩井兄弟とほぼ同年である。この戦争体験者たちの訴えを、私たちは真摯に受けとめなければならない。

注

1　A級は平和に対する罪。

2　B級が通例の戦争犯罪、C級が人道に対する罪。

3　現、国立感染症研究所。

4　機雷の敷設、対潜哨戒・掃討などを教育する軍学校。

13章　日本はなぜ無謀な戦争・愚かな作戦に突き進んだのか

1　日清・日露戦争の勝利がもたらしたもの

明治維新を成功させた薩長を中心とする新政府の建国方針は、西欧列強に肩を並べるアジア初の帝国主義国家になることだった。イギリスやフランスは自国の領土は小さくても、先進的な近代工業を起こし、アジア・アフリカに広く植民地を持つことによって、原料と労働力を確保していた。[1]それを保障していたのが強力な近代的軍隊の存在だった。それを手本とした明治以降の日本は、ひたすら軍備拡張の道を進んだ。

日本が最初に植民地として獲得しようとしたのは朝鮮だった。そのためには、中国（当時は清）と朝鮮との「冊封」関係を断つ必要があった。[2]一八九四年、朝鮮で甲午農民戦争が起こったことをきっかけに、日本は「邦人保護」を口実に介入し、清軍と戦争を始めた。日本にとって、初めての本格的な対外戦争であった。西欧列強は日本に勝ち目はないと見ていたが、大国であった清の力を弱らせ、自らが清を植民地化することに寄与することを期待して、日本を支援した。

その結果、予想外に日本が勝利した。日本は清に「朝鮮の独立」を認めさせ、[3]台湾と莫大な賠償金を獲得した。その賠償金の大半をさらなる軍備の増強にあて、日本は帝国主義国としての第一歩を踏み出したのである。

しかし、これで朝鮮を植民地化できたわけではない。ロシアが南下政策を取り、朝鮮を支配下に置こうとしていたからである。そのため、日本は一九〇四年にロシアと戦争することになった。ロシアとの戦争は、清との戦争よりむずかしいと見られていた。だが、ロシアの内部事情が日本に有利にはたらいた。そのころ、ロシアでは「血の日曜日」事件を発端として、第一次ロシア革命が起こっており、軍隊内の反乱も起きていた。ロシア内部の混乱に助けられ、また、ロシアが満州（中国東北部）に勢力を伸ばすのをきらったイギリスが、一九〇二年に締結された日英同盟にもとづいて日本を支援したこともあり、今回も日本は有利に戦争を進めることができた。その結果、日本はロシアが朝鮮から手を引くことを約束させ、樺太南部と南満州鉄道（満鉄）の利権を獲得した。

日清・日露戦争に勝利し、政府は「天皇が治める日本国の偉大さ」をおおいに宣伝し、国民に自信をつけさせた。日本人が中国人や朝鮮人を蔑視するようになったのも、これらの戦争をつうじてだった。また、この二つの戦争は日本人が対外戦争を恐れなくなるきっかけにもなった。なぜなら、日清戦争の戦場のほとんどは朝鮮半島であったし、日露戦争の戦場は満州だったからだ。つまり、日本の本土はまったく戦場になっておらず、戦死者の家族を除く大多数の国民にとって、戦争は遠い外国でのできごとだったからである。戦争の当事者でもないのに、自分たちの住んでいる土地が戦場とされ、踏みにじられた朝鮮の人々や中国東北部の人々に、思いをはせる日本人が当時どれくらいいただろうか。

一九一〇年に、日本は朝鮮を植民地にした（韓国併合）。このとき石川啄木は「地図の上　朝鮮国に黒々と　墨をぬりつつ　秋風を聴く」と、朝鮮の人々に思いをはせて歌ったが、「韓国併合」を批判する日本人は少数だった。

その後、一九一四年にヨーロッパで勃発した第一次世界大戦に、日本は日英同盟を根拠にして連合国側として参戦した。中国におけるドイツの権益を奪い、かつアメリカともども連合国軍の兵站補給基地の役割を果たすことによって、日本は膨大な経済的利益を得ることができた。株価が上がり、人々は浮かれた。軍需景気によって急に富豪になった経営者は「成金」と呼ばれ、派手な金の使い方が風刺の対象にもなった。日本は第一次世界大戦のあとに設立された国際連盟の常任理事国になり、新渡戸稲造は事務局次長に選ばれた。これらの過程をつうじて、日本人のあいだには「一等国意識」「大国意識」が芽生えたといえるだろう。

日本にとって第一次世界大戦は、失うものが少なく、得るものが大きい戦争だった。大戦中の一九一七年に第二次ロシア革命が起こり、一九一八年、日本はアメリカなどとともにロシアに介入した。このシベリア出兵は失敗したが、大戦中も戦後も好景気に沸いていた。「土地調査事業」によって土地を失った朝鮮人たちが、日本に出稼ぎに来るようになったのはこのころである。

しかし、日本人の多くにとって朝鮮人は対等な隣人ではなかった。それが端的にあらわれたのが一九二三年の関東大震災時の自警団による朝鮮人虐殺であった。首都そのものが壊滅するという危機に遭遇し、「朝鮮人が井戸に毒を入れた」というデマに踊らされ、日頃の朝鮮人や中国人に対する偏見と差別意識を増幅させたのである。

2　世界恐慌と軍部の台頭

一九二〇年代の末にはヨーロッパの国々が復興し、アメリカや日本は、過剰投資・過剰生産に苦しむようになった。一九二九年の世界恐慌と失業者の群れは、それが一気に噴き出した象徴的なできごとだった。イギリスやフランスは広大な植民地を囲い込むブロック経済によって、アメリカは国内の豊富な資源とニューディール政策による雇用の創出によって、経済危機を乗り切ることができた。だが、日本はわずかの植民地しか持たず、資源も少ないことから、どちらも採用できないまま長期の不況に苦しむことになった。

そのような日本が、あらたに手に入れようとしたのが満州だった。もともと、日露戦争によって手に入れた南満州鉄道（満鉄）の守備隊として発足したのが関東軍であったが、一九一九年には台湾軍、朝鮮軍、支那駐屯軍に並ぶ、日本陸軍の外地軍のひとつとして、正式に位置づけられるようになり、規模も大きくなっていった。

その関東軍が政府の統制に従わず、石原莞爾《いしわらかんじ》や板垣征四郎ら参謀の独走によって起こしたのが、一九三一年の満州事変である。九月一八日、関東軍は柳条湖において満鉄を爆破し、中国軍の仕業に見せかけた。日本の権益が侵されたと言いたて、満州全域の軍事的占領を企んだのである。荒木貞夫らの陸軍強硬派が関東軍を擁護したことによって、政府は結局、これ以上拡大しないことをもって関東軍の独走を黙認した。これ以降、「満州は日本の生命線」というスローガンが国民にも浸透していった。資源がなく、人口の多い日本は、資源の豊富な満州の広大な土地を獲得する以外に生き延びる道はないと、思いこまされていったのである。

しかし、朝鮮のように満州を直接統治することは得策ではないと関東軍は考えていた。西欧列強が日本の中国大陸への膨張に危機感を持っていることから、一九一一年の辛亥《しんがい》革命によって清の皇帝の地位を追われた愛新覚羅溥儀《あいしんかくらふぎ》をあらたな皇帝にすえ、一九三二年、傀儡《かいらい》政権の満州国を建国し、関東軍による間接統治を進めた。満州は「五族協和（日本民族・漢民族・満州族・朝鮮族・モンゴル族）」の「王道楽土」と称され、国内からは多くの農民が満州に移民し、土地を手に入れた。だが、その土地の多くは中国人が開墾した土地であり、それを奪ったことを多くの入植者は知っていた。

中国（中華民国）は満州事変を日本の謀略として国際連盟に訴え、満州国を当然認めなかった。国際連盟から派遣されたリットン調査団も、満州事変と満州国の正当性を認めなかった。それに反発した日本は、一九三三年、国際連盟から脱退し、国際協調路線から大きく外れていった。

二つの軍事クーデター

この満州国建国後、国内では二度の軍事クーデターがあった。一九三二年の五・一五事件と、一九三六年の二・二六事件である。

五・一五事件は、一九三二年五月一五日に海軍の若手将校たちが「昭和維新」を掲げて決起したクーデターである。首相の犬養毅を暗殺し、軍人内閣を樹立して、国家改造を実現しようとした。世界恐慌のあおりを受けて経済が停滞し、そのうえ凶作が続いたこともあって農村は疲弊し、農村出身の下級兵士たちの家族の窮状は広く知られていた。にもかかわらず、大資本＝財閥は莫大な利益をむさぼり、それを許しているのが財閥と癒着した政党内閣であるという若手将校たちの怒りが背景にあった。犬養毅が満州国の承認に消極的だったことも一因であろう。とはいえ、それは陸軍の若手将校たちの事情も同じだったが、なぜ海軍が先行したのか。

第一次世界大戦は、初めての「総力戦」であった。戦車・機関銃・飛行機・潜水艦・毒ガスなどあらたな兵器がぞくぞく登場し、兵士だけでなく非戦闘員の死傷者もけた違いに多かった。第一次世界大戦後も各国の軍艦保有量は増大しており、その制限が国際連盟の課題になった。一九二二年のワシントン海軍軍縮条約は海軍も受け入れたものの、一九三〇年のロンドン海軍軍縮条約には海軍内の強硬派が強く反発し、その結果として犬養が標的になったのだ。

五・一五事件を起こした将校たちは犯行後に全員検挙されたが、世論は彼らに好意的で、嘆願書が多数出された。首相を暗殺しても死刑になった者はなく、数年後には恩赦で全員が釈放され、多くは海軍内で重要な役職についていった。軍部批判を、政治家もメディアも控えるきっかけになった事件であった。

一方の二・二六事件は、一九三六年二月二六日に陸軍の若手将校たちが「昭和維新」「天皇親政」を掲げて起こしたクーデターである。陸軍は中国全体に戦線を拡大しようとしていたが、当時、陸軍内部には主導権争いがあった。ひとつは、議会制にもとづく内閣ではなく、天皇が直接統治する「天皇親政」を求める「皇道派」であり、もうひとつは、内閣を軍部がコントロールすればよいと考える「統制派」である。

「皇道派」の将校たちの多くは陸軍大学出身ではなかった。将来、高級参謀や将軍に昇進する道が開かれておらず、下級兵士を直接指導する尉官クラスの軍人が多かった。彼らは北一輝《いっき》ら国家主義の右翼思想家の影響も受け、先鋭化していた。彼らに共鳴する者は皇族のなかにもいて、昭和天皇の弟の秩父宮もその一人だったといわれている。

彼らの力がこれ以上大きくなるのを警戒した「統制派」は、「皇道派」が多い陸軍第一師団を満州に派遣し、中央の政治から遠ざけようと画策した。だが、それを知った「皇道派」が、その前に決起したのである。

二・二六事件は五・一五事件よりも、はるかに規模が大きかった。岡田啓介首相の暗殺には失敗したものの、高橋是清《これきよ》ら政府首脳を暗殺し、首相官邸、警視庁、陸軍省などの主要機関を占拠した。それだけでなく、朝日新聞などの報道機関も含めて首都占拠を図り、「天皇親政」政権を樹立しようとした。彼らは「昭和維新」を天皇に訴えようとしたが、五・一五事件とは異なり、天皇は自分の軍隊が大規模に勝手に動かされたことに激怒した。「統制派」に鎮圧を命じ、首都には「戒厳令」がしかれた。

そのため、「皇道派」の勢いは急速にしぼんだ。一部の自決者を除いて大半が投降し、二月二九日にクーデターは失敗に終わった。「皇道派」の首脳部は降格され、主導した将校たちは軍法会議にかけられた。反乱罪に問われた将校ら一七名と、主導者と見られた北一輝が処刑された。天皇が鎮圧を命じたことを知った世論は、五・一五事件のように反乱軍に同情することはなかった。

しかし、この事件を陸海軍ともに、最大限に利用した。軍部が政府内の主導権を握ることに反対する政治家を徹底的に排除し、「軍部大臣現役武官制」[4]を復活させることに成功した。これによって、軍部は気に入らない組閣にたいして、陸軍大臣と海軍大臣を出すことを拒否し、内閣をコントロールすることができるようになった。

こうして、この二つのクーデター事件は直接には失敗したものの、日本全体が軍国主義一色に染まり、海外侵略に向かって一直線に進んでいくきっかけとなったのである。

3 日中戦争と太平洋戦争

日中戦争

一九三七年当時の中国は、[5]蔣介石《しょうかいせき》率いる国民党軍と毛沢東《もうたくとう》率いる共産党軍とのあいだで内戦状態にあった。日本と欧米諸国は、「邦人保護」を口実にして各地に支那駐屯軍を派遣しており、排日を主張する中国人との衝突が絶えなかった。そのようななかで七月七日、北京郊外の盧溝《ろこう》橋《きょう》付近で、夜間の軍事演習をしていた日本軍と、国民党軍とのあいだで戦闘が勃発した。日本は「宣戦布告」もないまま、日中戦争を開始したのである。[6]

このとき、近衛内閣は不拡大を打ち出しながら、同時に増派するという矛盾した方針をとった。

蔣介石国民党政権を倒し、中国を占領すべきという軍部の強硬な方針はかろうじて拒否したものの、増派の要求を抑えきれず、政府が妥協したのである。これに対して、国民党と共産党は内戦を停止し、第二次国共合作で日本軍と戦う方向に転換した。以後、日本軍は国民党軍と共産党軍の両方を相手に、戦争を継続していくことになった。

日本軍は上海から当時の首都であった南京に攻め込み、一二月、蔣介石は南京を捨て重慶に後退した。日本国民は「南京陥落」を提灯行列で祝った。しかし、南京では「大虐殺」が起こっていた。一定のゲリラ兵が残されていたため、日本軍は若い男性を無差別に拘束し、虐殺したのである。戦争だからといって、何をしてもよいわけではない。拘束した兵士は捕虜として待遇しなければならないという国際法（ジュネーブ条約）がある。しかし、日本は条約には参加したものの、国内では批准していなかった。そのうえ、このときの日本軍は兵站補給が追いつかず、捕虜を養う余裕などなかったため、ひたすら殺したのである。

また、民間人の食糧を奪い、女性を襲う事件も多発した。その様子は女性への性暴力を目撃した欧米の特派員によって世界に報道され、日本軍の残虐さが広く知られることになった。日本軍は対策として各地に兵士向けの「慰安所」を設置したが、日本人「慰安婦」だけではとても足りず、朝鮮人や中国人女性をだまして、あるいは強制的に「慰安婦」にした〔吉見義明著『従軍慰安婦』岩波新書（一九九五年）を参照〕。

中国全土を占領しようとした日本軍であったが、「点と線」、つまり「点＝主要都市」と「線＝主要道路」を押さえただけで、「面」で占領することはできなかった。結局、日中戦争は当初の思惑とは違って完全に行き詰まり、ずるずると八年間も続けることになったのである。

その間、ヨーロッパでは大きな動きがあった。一九三九年、ナチス・ドイツがポーランドに侵攻し、英仏とのあいだで第二次世界大戦が勃発した。全権を委任されたヒトラーのもとで、ドイツは瞬く間にヨーロッパ各地を占領した。やがてドイツは、ソ連も含むヨーロッパ全土と、アフリカの英仏の植民地も奪うのではないかと見越した日本は、一九四〇年にドイツ、イタリアといったファシズム国家との「日独伊三国同盟」に踏み切った。三国で植民地の再分割を企み、英仏などのアジアの植民地を日本が奪おうとしたのである。

これに対して、アメリカが日本に厳しい態度を取った。これまでもたびたび、中国からの撤退を勧告していた。だが、一九四〇年夏の重慶への日本軍の無差別爆撃をきっかけに、国際世論、なかでもアメリカ世論が憤激し、日本への石油や鉄鋼の輸出を全面禁止したのである。それまで日本は、石油の約八〇パーセント、鉄鋼の約五〇パーセントをアメリカに依存していた。そのアメリカが輸出をストップすれば、文字どおり「生命線」を断たれるに等しい。

しかし、東條英機ら日本軍の強硬派は、英仏がナチス・ドイツとの戦いに力を注がざるをえず、植民地支配が手薄になると見ていた。オランダ領インドネシアから石油を奪い、イギリス領マレーシアから金属資源を奪えば、日本は十分アメリカとも戦争ができると考えていたのだ。そのような甘い見通しには、もちろん軍部内にも反対派がいた。だが、そのころには戦争を批判する世論はほとんど一掃されていた。国民の大多数は不安を持ちつつも、戦争に反対することはなかった。

太平洋戦争

一九四一年一二月八日に、日本軍はマレーシアのコタバルとハワイの真珠湾を急襲し、太平洋戦争が開始された。この戦争を政府は「大東亜共栄圏」を建設するための「大東亜戦争」と名づけ、東南アジア・南アジアを西欧列強の植民地から解放するための戦争だと宣伝した。

日本軍は当初、破竹の進撃を見せ、東南アジア各地を占領していった。しかし、一九四二年六月のミッドウェー海戦において、空母四隻と艦載機約三〇〇機を失い、このあと、日本軍は敗北局面に入っていった。日本軍は東南アジアの人たちを酷使し、資源を奪ったため、次第に現地人の支持を失い、抵抗組織が各地で次々と生まれた。勝っていたのは、開戦後、半年あまりにすぎなかったのである。

しかし、日本政府は敗北を一切国民に伝えなかった。「大本営発表」では被害はごく少なめに報告され、国民の大多数は勝ち続けていると信じていた。政府と軍部はますます精神主義に陥り、足りないところを「気合」で乗り切れと、兵士にも国民にも物資・食糧の不足への我慢を強制していった。日本軍、なかでも陸軍の考え方は、「人海戦術」によって軍備の不足を補うというものであった。兵士の命は「一銭五厘」といわれ、ますます命が軽視されていった。

一九四二年四月に初めて、日本本土は東京などの大都市に空襲を受けた。これは日本列島に近づいた米空母から飛び立ったB25爆撃機によるもので、このころは日本側も基地から迎撃機が飛び立ち応戦していた。その後、木造家屋の多い日本の都市攻撃には焼夷弾が効果的だと気づいた米軍は、もっぱら焼夷弾を使うようになった。

米軍による空襲というと、B29爆撃機による本土空襲が有名である。B29が最初に日本を襲ったのは一九四四年の六月で、中国の成都の基地から飛び立ち、八幡製鉄所を爆撃した。その後、米軍はサイパン島などのマリアナ諸島の日本軍を壊滅させ、日本軍の航空基地を大規模に改修した。一一月以降はそこからB29を大量に発進させるようになった。

サイパン島は日本軍にとっては「絶対国防圏」と考えられていた。サイパン島などのマリアナ諸島は、B29が日本本土へ往復できる距離で、ここを奪われたことが日本軍の敗北を決定的にしたのだった。サイパン島には多くの日本人が入植しており、軍に見捨てられた入植者が、「バンザイ岬」から飛び降りて自決したことはよく知られている。

一九四四年の一一月以降は、大都市の軍需工場や航空産業の工場などが集中的に攻撃された。同時に、家屋も焼夷弾を受け、街が丸焼けになり、多くの死傷者が出た。空からは連日、爆弾が降ってくるようになり、逃げまどい、多くの焼死体が道ばたに転がった。日本人はこのとき初めて、戦争の恐ろしさを実感したのである。政府は空襲で建物が燃えても、「逃げるな、消せ」と指示したため、住民の被害はいっそう大きくなっていった。

東京と大阪だけでなく、地方都市も空襲を受け、国民のあいだには「勝利」の確信が揺らぎ、不安感と厭戦気分が漂っていた。だが、それをおおっぴらに口にすることはできず、「特攻」による勝利の確信と、「玉砕」の覚悟が国民には強いられていた。その背後にあったのは「戦陣訓」である。

兵士と国民の心を縛った「戦陣訓」

「戦陣訓」は一九四一年一月に、陸軍大臣だった東條英機が軍人の行動規範として打ち出したものだ。作成過程では和辻哲郎や島崎藤村らの文化人もかかわっていた。そもそも、日本軍には一八八二年に明治天皇によって示された「軍人勅諭」があり、兵士は丸暗記を強制されていた。それが遵守できない場合には、厳しい暴力的制裁の対象となるほど重視されていた。そのうえさらに「戦陣訓」が出されたのは、長引く日中戦争とこれから始める太平洋戦争をひかえて、「捕虜」の問題が具体的な課題となっていたからである。

日中戦争では、中国共産党軍の捕虜となった日本の兵士が説得され、日本軍に戦争の愚かさを説く放送をすることがあった。数は少なくても、元同僚である兵士からの呼びかけに動揺する兵士もいただろう。日本軍は捕虜となった兵士がスパイになることを恐れて、「戦陣訓」を作成したのである。

「戦陣訓」は、第一「大日本は皇国なり」から始まる長い訓令であるが、核心は第八の「生きて虜囚《りょしゅう》の辱《はずか》しめを受けず、死して罪過《ざいか》の汚名を残すこと勿《なか》れ」の一文にある。これが兵士だけでなく、民間人にまで「自決」を強要する根拠になった。

それだけではない。戦後、投降することを拒絶し、長いあいだジャングルに隠れていた横井庄一さんや小野田寛郎《ひろお》さんをも生み出すことになった。横井さんは三〇年後に日本に戻ってきたとき、「恥ずかしながら帰ってまいりました」と言った。小野田さんは日本敗戦の情報を知りながらも、三二年間、上官の「任務継続命令」を実行していた。小野田さんは元上官の「任務解除・

帰国命令」によって、ようやく投降・帰国を受け入れた。

日中戦争・太平洋戦争をつうじて、約二三〇万人の兵士が死亡した。しかし、その多くは戦闘による「戦死」ではなく、補給が断たれたがゆえの餓死を含む「戦病死」で、とくに太平洋戦争末期には「戦病死」がほとんどだった。日本は、自国の兵士にすら食べさせることができないような戦争、死んだ兵士の骨すら拾うことができず現地に放置するような戦争をした国だったのである。

日本は日中戦争開始前の一九三六年の段階でも、軍事費が国家予算の五〇パーセント近くを占めていた。それが日中戦争を始めた一九三七年には七〇パーセント近くになり、敗戦直前の一九四四年には実に八五パーセントを超えていた。国家として完全に破たんしている。兵士にも銃後の国民にも、食べさせることすらできなかったのはあたりまえだった。アジア・太平洋戦争は、中国の、さらには東南アジアの人々の資源と食糧、労働力を奪うことをあてにした無謀な戦争だったのである。いったい、そんな広大な土地と資源を奪って、現地の人々がおとなしく従うとでも思ったのだろうか。あまりにも想像力がなさすぎる。

戦後、兵士の死者と負傷者にはまがりなりにも「軍人恩給」が支給されたが、原爆も含む「空襲」などによる民間人の死者約八〇万人と負傷者には何の補償もなく、原爆被害者へのわずかな医療支援があるだけである。戦地とされたアジアの被害者には、「謝罪」も「戦後補償」もまともにされていない。

明治維新から戦前の七七年間、日本は断続的に侵略戦争を続け、最後には大敗して自国民にも他国民にも甚大な被害をもたらした。戦後七八年間というほぼ同じ期間が過ぎたにもかかわらず、いまだけじめをつけることができていないことを、私たちは痛切に反省しなければならない。

4　日独伊三国に共通するものと日本の特異性

日本、ドイツ、イタリアに共通する点は、ともに後発の帝国主義国だったことである。すでにアジア・アフリカのおもな地域は、欧米の先発帝国主義国によって分割されており、三国は戦争を仕掛けて殴り込み、植民地を横取りするしかなかった。

そのために、三国とも国民を戦争に動員するために、強引な手法を取っていた。広義の意味での「ファシズム」である。「ファシズム」はもともとイタリアのファシスト党の思想で、個人よりも「ファッショ（束、集団）」を尊重する全体主義を意味する。しかし、三国のイデオロギーや統治のしかたには、それぞれ独自性があった。

なかでも、特異だったのはドイツである。ヒトラー率いるナチス党の「ドイツを再び偉大な国にする」というスローガンは、第一次世界大戦後の貧困に苦しむ労働者大衆の心をつかみ、ナチス党は党員を増やしていった。「ユダヤ人がドイツをダメにした」というデマを流し、「ドイツ民族の優秀性、血の純潔」を守るためと称して、突撃隊がユダヤ人を暴力的に排斥する行動も、多くのドイツ民衆に支持された。民衆の心は大規模な集会やイベントで叫ばれる「ハイル・ヒトラー（ヒトラー万歳）」によってひとつになり、ヒトラーユーゲント[7]に入団することは少年たちの憧れになった。

日本の場合は、ファシスト党やナチス党のような政党を基礎にした大規模な大衆運動は組織されていない。これらの国ではもともと労働組合の力が強く、社会党や共産党の影響力もかなりあった。そのため、イタリアやドイツの資本家たち、つまり海外の資源や労働力、商品市場を手に入れるための侵略戦争を必要とする人々は、侵略戦争に反対する左翼に対抗するファシズム政党と大衆運動を必要とした。

日本でも大正デモクラシーの時代に労働組合や社会主義政党の運動が多少はあった。だが、一九二五年の普通選挙法とともに成立した治安維持法のもとで、一九二九年に労農党の山本宣治は右翼に暗殺され、一九三三年に共産党の小林多喜二は特高警察に虐殺され、残った幹部も監獄に入れられた。一九四〇年二月に、日中戦争の泥沼化に業を煮やした衆議院議員の斎藤隆夫が、陸軍を厳しく批判する「反軍演説」をしたが、斎藤はそのために衆議院議員を除名された。

一九四〇年一〇月には、国会での議論が必要なくなるように、各政党が合体して「大政翼賛会」を発足させた。労働組合は「産業報国会」としてまとめられ、戦争のための「国家総動員体制」を支えた。日常品を生産する工場が軍需工場となり、深夜労働が強制されても、文句を言うのは「非国民」だとされるので我慢して協力した。大衆が自主的に戦争に協力したものとしては、主婦たちの「兵隊さんは命がけ、私たちはたすきがけ」をスローガンとした、「国防婦人会」の活動があった。これまで家に閉じ込められていた主婦たちの初めての社会活動であり、多くの主婦がいきいきと参加していたといわれている。

戦時中のイタリアでは、爆弾製造工場での労働者のサボタージュなど、民衆によるさまざまな抵抗運動があった。軍隊内にもナチスと組むのを嫌がる勢力があり、一九四三年にはムッソリーニを逮捕して新政権をつくり、連合国側と休戦協定を結んだ（木村裕主著『ムッソリーニを逮捕せよ』講談社、一九八九年）。

日本ではイタリア軍の弱さをあざ笑う軍人が多かったが、民衆が戦争を拒んだのだ。その後、怒ったナチスがムッソリーニを保護し、イタリアを占領した。だが、民衆はパルチザン（ゲリラ部隊）を組織し、ナチスと戦った。一九四五年四月には民衆がムッソリーニを処刑した（木村裕主著『誰がムッソリーニを処刑したか　イタリア・パルティザン秘史』講談社、一九九二年）。

ドイツではイタリアほどの抵抗運動はなかったが、ミュンヘンの学生たちの「白バラ抵抗運動」があり、強制収容所でもひそかにレジスタンスが組織されていた。また、いずれも未遂に終わったものの、ヒトラー暗殺計画はたびたびあった。しかし、日本では戦時中のそのような抵抗運動はほぼなかった。内心の厭戦気分はかなりあった。だが、特高警察と憲兵は圧倒的な力を持っており、何より「天皇陛下へのご奉公は臣民の絶対的な義務」と考える民衆がほとんどだったのだ。

日本人の精神をかたち作った天皇の絶対化

日本の場合、国民の背骨になっていたのは「天皇を絶対視する思想」だろう。大日本帝国憲法は「第一章　天皇」から始まり、次のように定義している。

第一条　大日本帝国は万世一系の天皇、これを統治す。
第二条　皇位は皇室典範の定むる所により、皇男子孫これを継承す。
第三条　天皇は神聖にして侵すべからず。

この三つの条項によって、日本の統治者は選挙によって選ばれた政治家ではなく、〝神武天皇〟以来、連綿と続いてきた皇統の天皇であること、皇位は男子の子孫に継承されること、天皇の地位は誰も侵すことのできない神聖なものであることが明確にされた。

第四条　天皇は国の元首にして統治権を総攬し、この憲法の条規によりこれを行う。
第十一条　天皇は陸海軍を統帥す。
第十三条　天皇は戦を宣し、和を講し、及び諸般の条約を締結す。

この三つの条項によって、天皇は国家元首であること、陸海軍を率いて指揮する権限を持ち、戦争においては宣戦布告・講和・条約締結のすべての権限を持つことも明確にされている。つまり、「第一章　天皇」では、天皇は国政の全権を持つ統治者であり、侵されることのない絶対的な権力者であると明記されているのである。

他方、国民については「第二章　臣民権利義務」で定義されているが、ここには「国民」という言葉は一切なく、すべて「臣民」と表現されている。つまり、国民はあくまで天皇の「臣民＝家来」なのであり、言論・出版・集会の自由の権利は、「法律の範囲内において」許されると第二十九条で定義されている。今日のような「基本的人権」の概念はなかったのである。

ヨーロッパ諸国の場合は、近代化の過程で「自由・平等・博愛」の思想が、各国憲法でまがりなりにも定義されている。ナチス時代のドイツですら、当時、もっとも民主的な憲法といわれていたワイマール憲法を破棄していたわけではない。「国家の非常時」を口実に、「全権委任法」によってナチスに全権を与え、ヒトラーの独裁政権が可能になっていただけである。

しかし、日本の場合は一八八九年に公布された大日本帝国憲法で、絶対的な権力を天皇に与えた。天皇を元首にすることは、植木枝盛《えもり》のような自由民権主義者にすら自明とされていたが、作成過程では、イギリスのように国王の権限を制限するべきだという主張がなかったわりではない。だが、伊藤博文ら明治政府の中枢は、日本の場合は天皇に全権を与え、天皇の名において国民を支配することが、安定的な統治につながると考えたのである。

この大日本帝国憲法の理念をもとに「教育勅語」が作られ、「天皇」のために命も捨てる覚悟が、「国定教科書」をつうじて国民に刷りこまれていった。国民の多くが「天皇教」の信者になり、軍隊では「上官の命令は天皇陛下の命令」と言われ、「天皇」の名のもとに、上官のどんな理不尽な命令も正当化された。

昔の戦争映画などでよく見られる場面であるが、上官が「おそれ多くも天皇陛下におかれましては」と言っただけで、部下は条件反射のように「直立不動」の姿勢を取る。「天皇」の名前はそれだけ威光があったのだ。

私の叔父（父の一番下の弟）は初年兵のときに、部隊内で下着を盗まれた。軍隊では持ち物検査があり、きちんとそろっていないと厳しく叱責される。そのため、叔父は盗まれたことを正直に報告した。すると、上官は「天皇陛下の軍隊に泥棒はおらん！」と言って、叔父を嘘つきと決めつけて殴った。私はこの話を母から聞いたのだが、母に言わせると「軍隊では物を盗まれたら、別の人の物を盗ってつじつまを合わせるか、家族に手紙を書いて届けてもらうしかない。軍隊とはそういうところ」なのだそうだ。

軍隊ではしばしば、こうした盗難事件が起こったそうだ。基本的な物品は支給されるが、傷んだりしても、すぐ新しいものが支給されるわけではない。そのため、家から送ってもらったりするわけだが、送ってもらえる家ばかりではないから、新品を持って入隊する初年兵の持ち物は、しばしば狙われたらしい。しかし、そんなことが起これば、班長である上官の監督責任が問われる。それゆえ、盗難事件などなかったことにされ、本人の責任にされたわけである。

さらに、母は「泥棒はおらんと言われたときに、自分の勘違いでした、自分が紛失しましたと言えばいいのに、不服そうな顔をするからよけいに殴られる。軍隊では要領よく立ち回るものが勝ちなのだ」「軍隊では家から送ってきた物があるときは、必ず上官にも渡してふだんからかわいがってもらえるようにしておかなければならない」とも言った。だが、私の叔父は要領よく立ち回ることができず、上官から目をつけられた。しばしばリンチを受け、やがて精神を病んで除隊させられた。私の軍隊嫌いは、この話を聴いたときから始まった。

戦前、国民はすべて「天皇の赤子《せきし》」であり、天皇は自分の子どものように臣民をいつくしんでくれるとされていたが、軍隊の実態はこんなものだった。私の叔父に起こったできごとは、天皇のあずかり知らぬところで起こったことであるが、「天皇」の名のもとでこんな不当なことが横行していたのだ。

そのうち、日本全土が屍《しかばね》の山になろうと、天皇が生き残り、「国体＝天皇制」が護持されればよいかのような極端な言説もまかりとおっていった。その行きついた先が特攻であり、日本全土の焦土化と、世界で最初の原爆被害だった。

注

1　イギリスは自国の一〇〇倍の面積の植民地を持っていた。
2　中国の王が朝鮮の王を臣下として認めること。
3　一八九七年に朝鮮は国名を大韓帝国と改めた。
4　陸・海軍大臣に現役の大将・中将を任命すること。
5　当時の中華民国。
6　日中戦争は戦前「支那事変」と呼ばれた。
7　はじめはナチスの青少年組織であったが、一九三六年からは国家機関となった。

14章　二度と戦争をしないために

1　戦争をできる国にしたい人たちが増えている

最近、テレビを見ていて、とても気になることがある。八月一五日の「玉音放送」の場面である。私がこれまで何度も見てきたのは、ラジオを囲んで、みんなが天皇の「玉音放送」をじっと聞いているという場面だ。泣いている人はほとんどいない。何を言っているのか、よくわからなかったというから、泣くこともできなかっただろう。だが、「日本は降伏した」「戦争は終わった」という結論を知って、これからは空襲に怯えなくてすむと、ホッとした人が多かったと聞いている。

ところが、近ごろは皇居や靖国神社などの前で、人々が土下座して泣いている場面がよく使われる。こんな場面ばかり見ていると、国民みんなが泣いて、天皇や戦死者に敗戦をおわびしたという印象を持つ。フィルムに映っているので、実際、そういう人たちがいたのだろう。高木俊朗著『特攻基地　知覧』に出てくる女性教員などは、まさしくそうした人たちの一人だっただろう。しかし、そんな人が多数だったとは思えない。こういう放送のしかたに意図的なものを感じるのは、私だけだろうか。

安倍政権以降、過去の戦争の実相を伝えないように歴史教科書を改ざんし、侵略戦争を正当化しようとする動きが加速した。教科書の「従軍慰安婦」という表現から「従軍」を消し、ただの「慰安婦」と表現すべきだと菅政権は閣議決定した。日本軍の関与をとにかく否定したいのだ。

戦時中に朝鮮人たちを「徴用」して炭鉱などで働かせたことを、「強制連行」と表現することにも敏感である。当時は「徴用」は国民の義務であり、朝鮮人も日本人だったのだから、「強制連行」ではないと政府は躍起になって否定する。しかし、相手が朝鮮人であれ、日本人であれ、国家が本人の意思を無視して「徴兵」したり「徴用」するのは、すべて「強制」ではないだろうか。「徴兵」も「徴用」も拒否したら捕まって連行されるのであるから、これを「強制連行」と言わずして何というのだろう。

なぜ、日本政府はこれほどまでに過去の戦争の悪いイメージを消し去ろうとするのか。なぜ、事実は事実として認め、反省して謝罪し償わないのか。やはり、いずれは再び戦争することを考えているからだろう。あの戦争が「まちがっていた」と国家として認めてしまえば、次の戦争には明らかにブレーキとなる。アメリカが広島・長崎への原爆投下をけっして謝罪しないのは、「核兵器の保有と使用」を正当化しておきたいからだ。

学術会議の六名の候補者を会員に任命するのを菅政権が頑なに拒否したのは、大学で軍事研究をさせたいからだろう。すでに、一部の大学では「軍事研究」を受け入れているが、抵抗している大学もある。これをを一気に潰したいのである。

戦争は儲かる。世界のどこかでずっと戦争をしているのは、誰かが武器を供給しているからだ。二〇二二年の二月に、プーチンのロシア軍による軍事侵攻で始まったウクライナ戦争では、アメリカとロシアの軍需会社が大儲けし、株が値上がりしている。

武器がなければ、戦争はそこで終わる。だから、武器商人と結託した政治家や与党は、戦争を終わらせたくない。戦争が続けば、武器は作れば作るほど儲かる。売れ残ることはほとんどなく、国が買い上げる。そして、戦争をしたい人たちに提供し、その国への影響力を確保しようとする。日本の大企業もその一角に食い込もうとしており、政府は「武器輸出三原則」をどんどん形骸化してきた。その最後の歯止めを外そうとするのが、学術会議の人事への介入である。

2　若い世代の保守化

戦後も七八年目となり、アジア・太平洋戦争を体験した人たちの多くが亡くなった。そして、彼らの子どもである私たち団塊の世代も、人生の終盤にさしかかっている。私たちの世代は親から戦争の話を聞くことがあり、反戦・平和意識は人によって程度の差はあっても、共通していたように思う。ところが、保守であれ革新であれ、とにかく戦争は二度としてはならず、不戦を誓った日本国憲法を変えてはならないと考えてきた世代が減った。「中国や北朝鮮の脅威に対抗できる軍事力」が必要であり、そのための「改憲」が必要だと考える人たちが増えてきているのだ。

なかでも、団塊の世代の子どもたちである三〇代～四〇代の保守化が進み、「改憲」や軍事力の強化に賛成する人が増えているといわれている。韓国や中国に対する反発もこの世代に多いようだ。なぜだろうか。

ひとつには、教育と世論の影響が考えられる。戦後長いあいだ、日本の教科書には広島・長崎の原爆の被害をはじめ、多くの人が亡くなった戦争の被害から、「戦争は二度としてはならない」と記述した教科書が多かった。私たちもそのような教科書で学んだ。

一九七〇年代からは、アジア・太平洋戦争の「加害性」を問う動きが出てきて、教科書にも反映するようになった。一九九三年の「河野談話」をきっかけとして、一九九七年には、すべての中学校歴史教科書に、「従軍慰安婦」にかんする記述が掲載されるまでになった。

ところが、これに保守派から猛烈な巻き返しが起こった。一九九七年には、日本最大の右翼団体である「日本会議」が結成され、そのフロント団体である「新しい歴史教科書をつくる会（つくる会）」が、中学校の歴史・公民教科書の発行に着手した。それを契機に、日本の侵略戦争を「自衛のための戦争だった」と正当化する歴史教科書や、「国家があってこそ個人もある」と、「個人」より「国家」が大事だと教える公民教科書が二〇〇一年に登場した。

それらの採択率はごくわずかだったものの、「産経新聞」が他社の教科書を「自虐史観だ」「日本の子どもを日本嫌いにする教科書だ」と猛烈にキャンペーンした。さらに、安倍内閣が二〇〇六年に「愛国心の育成」を盛り込んだ新教育基本法を制定したことが、教科書改ざんの大きな流れを作った。その結果、他社の教科書からも「従軍慰安婦」や「強制連行」の記述がどんどん消え、学校では教えられなくなっていったのだった。

テレビでは、外国人が「日本はすばらしい」とほめたたえ、「日本っていいなあ」とタレントが連呼する番組が増えた。そういう日本を賛美する番組ばかり見ているうちに、日本が批判されると怒りを覚える感覚が、若い人たちに醸成されたのではないか。

日本がアメリカに次ぐ世界第二位の経済大国などではなく、中国には追い抜かれ、韓国には追いつかれそうになっているという経済的力関係の変化に、若い世代だけではなく、日本人の多くがあせりを感じているのかもしれない。

経済大国であることは、必ずしも民衆の暮らしの豊かさの証しではない。そのことは、一部の大富豪が富の大部分を独占している、超格差社会のアメリカの例からもあきらかだ。けれども、国家と自分が一体化することによって、政府が批判されているだけなのに、自分が批判されたかのように感覚するナショナリズムに陥っているのではないだろうか。

その背景にあるのは、若い人たちが強いられてきた経済的困難があるのではないかと思う。この世代は「終身雇用制」が崩壊し、「就職氷河期」に苦しめられ、その後も続く非正規雇用の増加や経済的不安にさらされてきた。競争が煽られ、職場の同僚とも信頼できる関係が築きにくい。自分しか頼れないと考えているから、労働組合にも入らない。入っているのはユニオンショップ協定[1]のある大企業の労働者がほとんどだ。彼らは、企業が利益を上げることが自分の賃金・待遇を保障する唯一の方法だと思いこまされている。だから、大企業の労働組合は、危険な原発の再稼働に反対しないし、武器の生産にも反対しない。

「今だけ・自分だけ・金儲けだけ」の新自由主義に苦しめられていても、そのなかでとりあえず自分が生き残ることに力を傾けざるをえない。失敗しても「自己責任」だと思いこまされ、過労で体や精神を病み、命を絶つ若者があとを絶たない。「奨学金」という名の学生ローンにしばられ、そのうえ、コロナ禍のもとでアルバイトもなくなり、今日明日の食べるものがなく、ボランティアが食事を提供するテントに並んだ若者がたくさんいた。

子どもはさらに悲惨である。親の貧困が子どもの貧困となり、食事も満足に与えられない子どもがたくさんいる。見かねた地域の人たちが子ども食堂を開設し、食事を提供しているが、毎日提供できるわけではない。ところが、政府は「まず自助が優先だ。それで足りなければ共助で補え。公助は最後の手段だ」という姿勢をあらためようとしない。

昭和初期の経済恐慌に苦しんだ民衆も、同じような状況にあった。そのとき、「満州は日本の生命線だ」と、政府や軍部、新聞から煽られ、民衆は侵略戦争の片棒をかつがされた。中国側から反撃されると、さらに中国全土に戦線を拡大した。そして、拡大に行き詰まったあげく、東南アジアに戦線を広げて、最後には破滅的な結果を招いた。戦争体験者がいなくなり、安倍政権によって過去の記憶が意図的に消されてしまった今、日本の民衆は再び戦争への道を選ぶのだろうか。

二〇二三年の三月末に小学校教科書の検定結果が報道された。それによると、社会科や道徳では「愛国心」をめぐり、文部科学省から「取扱いが不適切」との指導が多くなされたようだ。子どものときから「愛国」教科書で学び続けることの危うさを、私たちは戦前の教育の失敗から学んだはずだが、現実は逆の方向に向かっている。

3　お任せ民主主義の限界

敗戦後、日本は天皇を主権者とする「大日本帝国憲法」を破棄し、国民を主権者とする「日本国憲法」を制定した。戦勝国アメリカの主導で作られた「日本国憲法」であったが、「二度と戦争をしない」という誓いを大多数の日本国民は歓迎した。貴族院は廃止され、女性にも選挙権が与えられた。「思想・信条の自由」や「健康で文化的な最低限度の生活」の保障をはじめとする自由と平等の人権条項が整えられ、かたちのうえでは民主主義国家になった。しかし、実際には日本の民主主義の達成度は、いまだに低いままである。

なかでも達成度が低いのは、国民の政治への関与の度合いを示す投票率である。国政選挙はもちろん、身近なはずの地方選挙でも投票率は高くない。投票にかかる時間などわずかなものである。それでも行かない。なぜか。行く必要性を多くの人が感じていないからである。誰に投票していいかわからないとか、誰がやってもいっしょだから関心が持てないという意見が、街頭インタビューなどでは多い。「誰がやってもいっしょ」なはずはないのだが、ようは現状に不満があっても変えられると思えないし、毎日の生活だけで手いっぱいだからだろう。大雑把にいえば、多くの人が現状を受け入れているということになる。

かつて、森喜朗首相は「国民は寝ててくれればいい」と言ったが、いったん政権を取った権力者にとって、本音では投票率など低い方がいいのだろう。しかし、そうやって国民が政権にお任せしているうちに、わずかの得票率でも多数の議席を獲得し、あれよあれよという間に法律を変え、制度を変え、社会を変えてしまうことが繰り返されてきた。

任せていてはいけないのである。「自分が投票しても一票では何も変わらない」と考える人は多い。たしかに学級委員の選挙ではないのだから、一票差で当落が決まることはほとんどない。しかし、一票がたくさん集まれば力を持つ。票がたくさん集まればそれが議席につながる。戦争をする政治家、金持ちをいっそう金持ちにする政治家ではなく、平和を大切にし、格差をなくそうとする政治家・政党にみんなが投票すれば政治は変わる。国政でも地方でも同じである。外国籍であっても、日本に在住する人みなが選挙権を持てば、さらに幅広い意見が政治に反映されるだろう。

しかし、選挙には大きな限界がある。衆議院の解散など例外はあるものの、基本的に衆議院選挙は四年に一回、参議院選挙は三年に一回しかないということだ。四年に一回の国民の意思表示では、その間に政治家や政党はやりたい放題をする可能性がある。当選したら「私が民意だ」などと言って、公約になかったことを平気でやる政治家が、現にいることを忘れてはならない。

政治に常に関心を持ち、監視し、正しい方向に行ったら支持し、まちがった方向に行ったら批判する。さらには自分たちの側から提言し、為政者に働きかける必要がある。つまり、自分たちの側、民衆の側が世論を作らないといけないということだ。世論のあらわし方はいろいろある。投書や署名、メール、SNSでの意見表明は手軽にできる方法である。集会を開いたり、デモをしてアピールするのは、もっと効果的だ。なぜなら、貴重な時間とお金を使って大勢の人が、そこまですることは、為政者にとっては大きな脅威だからだ。人々の本気度が違うからだ。

世界各地では、今も、街頭デモだけでなく、職場や学園でのストライキ（労働者の職場放棄や、学生の授業放棄）がおこなわれている。賃上げや労働条件の改善など職場の課題、授業料値上げ反対などの学園の課題だけでなく、社会保障制度の改悪反対や徴兵反対など政治的な課題でのストライキもある。

日本でも一九七〇年代までは、ストライキが盛んにおこなわれていた。だが、今はほとんどおこなわれない。武器製造や原発関係の企業の職場で、労働組合がストライキをすれば、「反戦」「反原発」の大きな力になると思う。しかし、経営者に組合が協力しているので、そういうことにはなっていない。戦争が起これば、戦争遂行に労働組合が全面的に協力した戦前の「産業報国会」が再びできるのではないかと、私は本気で心配している。

世論を作るためには、まず人々が政治に関心を持ち、自分の意見を持たなければならない。何が正しくて何がまちがっているかを判断するのはむずかしい。しかし、政治は自分たちの生活に直結するのだから、日々のニュースに注目するのは不可欠だろう。権力を監視するメディアがしっかり機能していることが非常に重要である。SNSの情報は玉石混交だから、周りの人に話を聞くのも大切だろう。政治の話が職場でも学園でも家庭でもできるようになり、それが世論としてまとまれば、選挙がなくても政府としては耳を傾け、取り入れざるをえなくなる。その声を無視すれば次の選挙で敗北する。そんな危機感を政府が持てば、無理をして法案を通そうとするのをあきらめる。

だが、世界の歴史を見れば、民主主義制度があったとしても、軍部が武力によるクーデターで気に入らない政権を倒そうとする状況が見受けられる。一九七三年にはそれがチリで起こり、近年では二〇二一年にミャンマーで起こって、軍事独裁政権が生まれた。これらの国では、政権に反対意見を持つ人々が弾圧を受けて投獄されたり殺されたりし、亡命も余儀なくされた。軍隊という武装組織は、本来なら政治的には中立で、民主的に選ばれた政権の指示に従って つまりは憲法・法律にもとづいてしか行動できないはずである。しかし、特定の人々の思惑に賛同して、暴走することがありうるのだ。その意味でも、軍隊が強大化することは民主主義の危機を招くということを、私たちは世界の歴史から教訓として知っておかねばならないだろう。

日本でも戦前、五・一五事件や二・二六事件という軍事クーデターがあったことは、先にも触れた。この二つのクーデターは失敗したが、その後、天皇と政府そのものが戦争に踏み切ったことによって、結局、軍人たちの目的は実現した。したがって、民主主義制度があれば万全だということではけっしてない。民主主義は国民一人ひとりが「主権者」であるという自覚を持って、日常的に積極的に政治に関与することによってしか実現できないのである。

二〇一一年の東日本大震災における福島第一原子力発電所事故によって、いったん政府は原発の新設はやめ、ほかのエネルギーに切り替えると表明した。だが、今になってひっくり返そうとしているのは、国民世論が冷めてきて、大きな反対は起きないだろうと見込んでいるからだ。「エネルギー危機」「電気代・ガス代の値上がりを防ぐには、原子力発電を活用するしかない」という政府と電力業界のキャンペーンが、「原子力に頼るのは危険だ」という一度は作られた国民の危機感を、薄れさせているのである。国防費をGDPの二パーセントにするというのも、ロシアのウクライナ侵略を見て、日本も何があるかわからないと、急に不安になった国民感情を利用しているのだ。

こんなわかりきったようなことをあえて言うのは、岩井忠正の言う「けっして傍観者にはならない」ことが何より大切だと思うからだ。戦争の種はどこにでもある。勇ましい声は一見するとかっこよく聞こえる。それに取り込まれ、泥沼の戦争をみずから選択し、大きな犠牲を払った戦前の国民のあやまちを繰り返してはならない。ハーメルンの笛吹き男の笛に導かれて、いっせいに水に飛びこんでいったネズミたちのようになってはならないのだ。

4　民衆の国際連帯こそが平和へのカギ

どうすれば戦争の危機を回避できるのだろうか。それを考えるヒントを、私は中国の朝鮮族の作家・金学鉄《キムハクチョル》から学びたい。

金学鉄は、一九一六年に日本の植民地であった朝鮮の元山《ウォンサン》[2]に生まれた。成長して独立運動に参加し、朝鮮義勇軍の分隊長として中国共産党軍（八路軍）とともに日本軍と戦った。一九四一年に、河北省の胡家荘戦闘で負傷して日本軍の捕虜となり、一九四二年に長崎の諫早《いさはや》刑務所に送られたが、日本の敗戦によって釈放され、抗日英雄となった。戦後は作家となり、自身の従軍体験を書いた。韓国、北朝鮮を経て中国の朝鮮族自治州に定着したが、毛沢東を批判した小説『二十世紀の神話』をひそかに書いたことにより文化大革命で罪を問われ、一〇年間、強制収容所に入れられた。その後、名誉回復し、二〇〇一年に八四歳で亡くなった。
私が紹介したいのは、その金学鉄の子どものころの体験だ。

私が六年生の秋でしたから1929年ですが、元山港の労働者がストライキをやりましてね。見物に行ってびっくりしました。労働者を襲っているのは日本の警官隊だけでなく、朝鮮人のならず者たちも一緒になっていました。ところが、岸壁には貨物船が何隻か横付けされていて、甲板の上で日本の船員たちが足を踏みならしながら、「スト万歳！」「ガンバレ！ガンバレ！」と叫んでいるではないですか。日本の船員がスト中の朝鮮人労働者を激励していたのです。それをみて、何がなんだか分からなくなってしまってね、日本人はすべて悪者だと思っていたのに、朝鮮人労働者を励ましていたのです。それがどういう意味なのか理解できるのは、それから十年ほど後になってからでした。

（在日総合誌『季刊青丘』一九九〇年春号「私の歩んできた道」）

金学鉄は、多くの朝鮮人がそうであったように「日本人はすべて悪者だ」と思っていた。ところが、日本人労働者が朝鮮人労働者を応援していた。逆に、同じ朝鮮人が朝鮮人を襲っていた。子どもの金学鉄はわけがわからなくなったが、この体験は彼がナショナリズムを超える思想を獲得していくきっかけとなった。

金学鉄は長崎の諫早刑務所で、いろいろな日本人と親しくなった。そのことが『金学鉄文学選集1　短篇小説選　たばこスープ』（新幹社、二〇二一年）のなかの、「仇と友」に出てくる。負傷した左足は三年間まともな治療を受けられず、全身に毒が回りそうになったとき、刑務所の日本人医師が切断してくれて、金学鉄は命拾いをした。前任の日本人医師は「おまえは非国民、皇国の敵だから、わたしが自分の意志で手術してやるわけにはいかない。だから司法大臣の特別許可を取ってこい」と、無理難題を言って拒絶した。だが、後任の医師は患者を差別することなく、自らの責任で手術してくれたのである。

また、理不尽ないじめをする上官を刺して軍法会議にかけられ、囚人として収容されていた若い日本人将校と友人になり、互いに助け合った。戦場では敵味方に分かれて戦う将校どうしが、互いの人柄を知り、友情をはぐくんだことに、私は温かいものを感じた。

そうなのだ。日本人と中国人とか、日本人と韓国人とか、国境によって人間を分ける必要はないのである。金学鉄が子どものころに見た光景も同じである。

一九二九年のできごとだから、昭和初期の世界恐慌のころの話である。日本でも、まだ大正デモクラシーの名残があり、労働組合が経営者と闘って、ストライキをすることもあったのだろう。だから、同じ労働者として、日本人労働者は朝鮮人労働者のストライキを励ましたのだ。逆に、経営者に雇われた朝鮮人のやくざ者たちは、朝鮮人労働者に襲いかかった。

国民の大多数は民衆である。民衆がほんとうに闘わなければならない相手は誰だろうか。それは自分たちを虐げ、戦争に駆り出す人たちではないだろうか。それぞれの国で、民衆を利用する人たちと闘い、戦争をさせないようにすれば、戦争などそもそも起こらないのではないか。私たちが「闘う」べき相手は身近にいる。私たちは他国民と「戦う」のではなく、戦争で儲ける人たちと「闘う」のでなければならない。そのためには、国境を越えて民衆が連帯しなければならない。また、実際に金学鉄が見たように、植民地の朝鮮でも、朝鮮の労働者と日本の労働者とが連帯できたのだ。残念ながら、その後、そうした力は押さえつけられ、日本の労働者たちは戦争に駆り出されたのであるが。

繰り返しになるが、日本は戦前の七七年間で断続的に戦争をしてきたが、一度も攻め込まれたことはない。日清戦争で清が日本に攻めてきたのか。日露戦争でロシアが日本に攻めてきたのか。日中戦争で中華民国が日本に攻めてきたのか。太平洋戦争でアメリカが攻めてきたのか。アメリカに反撃されて、末期には攻め込まれたが、その種は日本がまいた。どの戦争も、「自衛」「邦人保護」を口実に、日本が先に戦争を始めたのではなかったか。

しかも、戦場のほとんどは第三国で、朝鮮や東南アジアを取り合いしての戦争だった。日中戦争は、中国にとっては真の意味での自衛戦争で、日本は一方的な侵略者であった。つまり、どの戦争にも日本側に正義はなかったのである。このことを肝に銘じて、歴史から学ばなければならないと思う。

私たちが今やらねばならないことは、戦争につながるあらゆることに反対することである。直接には、「憲法九条の改悪」に反対すること、「愛国兵士づくりにつながる教育」に反対することだが、貧困問題や環境問題といった命にかかわる経済問題の解決も重要である。国家予算を何に使うのか、他国の土地や資源を奪わなくてもすむような豊かな国をどう作るのか。そうしたことを、みんなで考えなければならない。

それぞれの国の民衆が、それぞれの国の戦争を推進する勢力と闘い、「戦争はやめろ」、「戦争なんかには協力しない」と声をあげれば、戦争は止められる。民衆どうしには、本来、戦争をしなければならない理由などないのだから。

注

1　企業に就職すると自動的に労働組合にも加入する制度。

2　現在は北朝鮮にある港湾都市。

おわりに

私は教員になって、これまで多くの方の戦争体験を聞かせていただいたが、自分の父の中国での戦争体験を聞いていない。母は自分から話す人だったので、小さいころから体験談をたくさん聞いたが、父はまったく語らなかった。私が質問すれば話してくれたのかもしれないが、私自身に関心がなかった。父はときどき、うなされていた。きっといろいろな体験があったはずだ。しかし、私は戦場における父の姿がどんなものだったのか、思いめぐらすことがなかった。

父の一番下の弟が軍隊によって傷つけられたことが、私が社会問題を考えるきっかけのひとつになった。とはいえ、若いころはその叔父のことを詳しく知ろうともしなかった。そのことを後悔し、一昨年、私は父たちの軍歴を調べた。すると、父のすぐ下の弟がインパール作戦で亡くなっていることがわかった。一九四三年の一二月に臨時招集され、一九四四年の三月に宇品から出発して四月にシンガポールに上陸し、六月二六日にインドのアッサム州の高地で戦死していた。インパール作戦は一九四四年の三月八日に始まり、七月三日に終了している。まさしく、戦争のどんづまりのなかで亡くなったことがわかる。

私は、この叔父が戦死したことは知っていたが、どこでどのように亡くなったのか、両親から聞いた記憶がない。インパール作戦なので、遺骨もなかったと思われる。両親も詳しくは知らなかったのではないか。戦後を生き抜くことだけで精一杯だったのだろう。私の両親は典型的な庶民だった。

　父は断続的に三回召集され、中国戦線で戦わされた。召集解除のあいだに姉と兄が生まれ、命からがら中国から戻ってきて私が生まれた。父の人生の前半は戦争とともにあった。父と同世代の日本人男性の大半は、父と同じような歩みをしただろう。そして、多くの男性が戦死させられた。この人たちの人生に、子どもである私たちが思いをはせ、向き合ってきただろうか。少なくとも私はしてこなかった。

　梅田和子さんの戦争体験を聞かせていただいて、日本の戦争にあらためて向き合うことになった。私はこの本が、読者が太平洋戦争を考えるきっかけになってほしいと願っている。いうまでもなく、この本の大半は「ヒロポンと特攻」についての話である。「ヒロポンと特攻」こそが、太平洋戦争を象徴していると私は思ったからだ。近代国家となった日本の戦争では、兵士の命が一貫して粗末にされたが、その行きついた先が特攻であり、兵士に覚醒剤を与えることだった。

　では、なぜそんなことになったのか。この本では、その原因も考えてみた。その結果、戦前と戦後はいまだ地続きであり、なんら克服できていないことを痛感した。

　今年は戦後七八年目である。とうとう戦後が戦前の七七年間より長くなった。戦後の社会が問題だらけであったとしても、それでも日本が戦争をしてこなかったことは、誇りにしてもいいだろう。戦争を止めてきた拠り所は「日本国憲法　第九条」にある。「戦争を永久に放棄」し、「陸海空軍その他の戦力を保持しない」ことを決めた「日本国憲法　第九条」。後半はなし崩しにされているが、かろうじて前半は持ちこたえている。この「日本国憲法　第九条」をなきものにしようとしている人々がいるが、私たちはそれを絶対に手放してはいけない。

また、岸田政権のように「敵基地攻撃能力」などと称して、「防御」のための「先制攻撃」を正当化するような姑息なやり方には、最大限敏感にならないといけない。「蟻の一穴」になりかねないからである。

ウクライナ戦争を経て、「新たな戦前」かもしれない今、過去のあやまちを振り返り、教訓を学ぶことは、けっして無駄ではないと思う。つたないものではあるが、この本を入り口にして、日本の戦争についていていっしょに考えてほしい。

この本を書くために、私なりにたくさんの本を読んだ。私は、おもに特攻に批判的な本を参考にしたが、そうでない本も興味深く読んだ。参考文献としてあげておくので、ぜひ元の文献も読んでほしい。

この本の出版ができたのは、論創社の谷川茂さんが、私の冊子を読んで声をかけてくださったからである。谷川さんと論創社には心より感謝している。

二〇二三年八月

相可文代

日本の近現代の戦争関連年表（明治維新〜敗戦後の独立まで）

１８６８年　明治維新、新政府樹立
１８７２年　学制公布
１８７３年　徴兵令発布
１８７４年　台湾出兵
１８８２年　軍人勅諭
１８８９年　大日本帝国憲法発布
１８９０年　教育勅語
１８９４年　日清戦争（〜１８９５年）
１９０２年　日英同盟締結
１９０３年　国定教科書
１９０４年　日露戦争（〜１９０５年）
１９１０年　韓国併合
１９１４年　第一次世界大戦（〜１９１８年）
１９１７年　ロシア革命
１９１８年　シベリア出兵（〜１９２２年）
１９２０年　国際連盟発足
１９２２年　ワシントン海軍軍縮条約
１９２５年　普通選挙法、治安維持法制定

1929年　世界恐慌
1930年　ロンドン海軍軍縮条約
1931年　満州事変
1932年　満州国建国、5・15事件
1933年　国際連盟脱退
1936年　2・26事件
1937年　日中戦争（〜1945年）、国民精神総動員実施要綱を閣議決定
1938年　国家総動員法制定
1939年　国民徴用令制定、第二次世界大戦（〜1945年）
1940年　日独伊三国同盟締結、大政翼賛会設立、産業報国会設立
1941年　戦陣訓、国民学校令公布、日ソ中立条約締結、太平洋戦争（〜1945年）
1943年　学徒勤労動員、学徒出陣
1944年　学童疎開、特攻開始
1945年　東京・大阪大空襲、沖縄戦、ポツダム宣言、広島・長崎原爆投下、ソ連の対日参戦、敗戦、連合国軍最高司令部（GHQ）による占領、国際連合設立
1946年　日本国憲法公布、極東軍事裁判（東京裁判）
1947年　教育基本法公布
1950年　朝鮮戦争（〜1953年）
1951年　サンフランシスコ平和条約締結（1952年、沖縄などを除く日本独立）、日米安全保障条約締結

参考文献

ガイドブック高槻「タチソ」編集委員会『朝鮮人強制連行・強制労働ガイドブック　高槻「タチソ」編』
大阪府立春日丘高等学校百年史『藤蔭百年』
大阪府立茨木高等学校『府立茨木高校百年史』
故郷への轍冊子刊行委員会『故郷への轍　大阪茨木市安威地下トンネルは語る』
世代をこえて考える戦争と平和展実行委員会『吹田の戦争遺跡をめぐる』
茨木市史編さん室『新修　茨木市史　史料集19　新聞にみる茨木の近代V』
岩垂荘二『50年前日本軍が創った機能性栄養食品　その規格と資料（抜粋）』（光琳）
『森永製菓社史』
『大日本製薬社史』
内藤裕史『薬物乱用・中毒百科　覚醒剤から咳止めまで』（丸善出版）
諸橋芳夫「太平洋戦争記余話」（『全自病協雑誌』一九八九年八月号）
日高恒太朗『不時着』（新人物往来社）
参議院厚生委員会議事録（一九五一年二月一五日）
新井喜美夫『「名将」「愚将」大逆転の太平洋戦史』（ＰＨＰ文庫）
吉田裕『日本軍兵士―アジア・太平洋戦争の現実』（中公新書）
大貫健一郎・渡辺考『特攻隊振武寮　帰還兵は地獄を見た』（朝日文庫）

沓名坂男『特攻とは　元徳島海軍練習航空隊　白菊特別攻撃隊　一等飛行兵曹　沓名坂男（旧姓鈴木）の体験手記』
井筒和幸「怒怒哀楽」（「日刊ゲンダイ」二〇二二年八月二七日付）
渡辺洋二『重い飛行機雲　太平洋戦争日本空軍秘話』（文春文庫）
桑原敬一『語られざる特攻基地・串良　生還した「特攻」隊員の告白』（文春文庫）
吉野興一『風船爆弾　純国産兵器「ふ号」の記録』（朝日新聞社）
西川伸一『覚せい剤取締法の政治学　覚せい剤が合法的だった時代があった』（ロゴス）
高木俊朗『特攻基地　知覧』（角川文庫）
森史朗『敷島隊の五人　海軍大尉関行男の生涯　上下巻』（文春文庫）
蒲原ひろし『第14句集　愚戦の傷痕』（自家版）
鹿屋市文化財センター編『特攻基地　串良の記憶　戦争を忘れない』
碇義朗『紫電改の六機　若き追撃王と列機の生涯』（光人社）
坂信弥『私の履歴書　第18集』（日本経済新聞社）
鴻上尚史『不死身の特攻兵　軍神はなぜ上官に反抗したか』（講談社現代新書）
森史朗『特攻とは何か』（文春新書）
多胡吉郎『生命の谺　川端康成と「特攻」』（現代書館）
蝦名賢造『最後の特攻機　覆面の総指揮官宇垣纏』（中公文庫）
松下竜一『私兵特攻　宇垣纏長官と最後の隊員たち』（新潮社）
城山三郎『指揮官たちの特攻　幸福は花びらのごとく』（新潮文庫）

寺司勝次郎『十七才の青春　花も苦もある航空隊』（寺司版画工房）
加藤拓　中日新聞特集記事　『特攻のメカニズム』第五シリーズ「教官の出撃」（二〇二一年八月一日付～九月五日付）第六シリーズ「司令官の戦後」（二〇二一年一二月五日付～二六日付）
林えいだい『陸軍特攻・振武寮　生還者の収容施設』（東方出版）
伊藤慎二「福岡市中央区薬院の戦争遺跡：陸軍振武寮とその周辺」（「西南学院大学　国際文化論集」第30巻第2号、西南学院大学学術研究所）
境克彦『特攻セズ　美濃部正の生涯』（方丈社）
美濃部正『復刻版　大正っ子の太平洋戦記』（方丈社）
渡辺洋二『彗星夜襲隊　特攻拒否の異色集団』（光人社NF文庫）
芙蓉の塔保存会『大隅町と芙蓉之塔』（芙蓉之塔保存会）
前田孝子『芙蓉之塔ものがたり～特攻作戦に異議を唱えた部隊～』
高岡修編『新編　知覧特別攻撃隊』（ジャプラン）
佐藤早苗『特攻の町知覧　最前線基地を彩った日本人の生と死』（光人社NF文庫）
山中恒『ボクラ少国民と戦争応援歌』（クリエイティブ21）
古久保健『轟音―その後―』（日本機関紙出版センター）
松岡環編『南京戦　閉ざされた記憶を尋ねて　元兵士102人の証言』（社会評論社）
松岡環編『戦場の街　南京　松村伍長の手紙と程瑞芳日記』（社会評論社）
木村裕主『ムッソリーニを逮捕せよ』（講談社文庫）

木村裕主『誰がムッソリーニを処刑したか　イタリア・パルティザン秘史』（講談社）
百田尚樹『永遠の0』（講談社文庫）
戸高一成『特攻　知られざる内幕　「海軍反省会」当事者たちの証言』（ＰＨＰ新書）
伊丹万作「戦争責任者の問題」（「映画春秋」一九四六年八月創刊号）
日本教職員組合『日教組40年の歩み』
竹本源治「戦死せる教え児よ」（高知県教職員組合機関紙「るねさんす」44号、一九五二年一月）
朝日新聞山形支局『聞き書き　ある憲兵の記録』（朝日文庫）
中国帰還者連絡会編『完全版　三光』（晩聲社）
中国帰還者連絡会編『季刊　中帰連　戦争の真実を語り継ぐ』（創刊号ほか）
岩井忠正・岩井忠熊『特攻　自殺兵器となった学徒兵兄弟の証言』（新日本出版社）
広岩近広・岩井忠正・岩井忠熊『特攻と日本軍兵士　大学生から「特殊兵器」搭乗員になった兄弟の証言と伝言』
（毎日新聞出版）
岩井忠正・岩井忠熊『１００歳・98歳の兄弟が語る　特攻最後の証言』（河出書房新社）
日本戦没学生記念会編『新版　きけわだつみのこえ　日本戦没学生の手記』（岩波文庫）
同『新版　第二集　きけわだつみのこえ　日本戦没学生の手記』（同）
吉見義明『従軍慰安婦』（岩波新書）
金学鉄「私の歩んできた道」（在日総合誌「季刊青丘」一九九〇年春号）
金学鉄（大村益夫編・訳）『金学鉄文学選集１　短篇小説選　たばこスープ』（新幹社）

相可文代（おおか・ふみよ）

1950年、三重県生まれ。元大阪府中学校社会科教員。退職後は教科書問題に取り組む。2021年、『「ヒロポン」と「特攻」　女学生が包んだ「覚醒剤入りチョコレート」梅田和子さんの戦争体験からの考察』を自費出版。

カバー画像提供　早川タダノリ
写真・資料提供　梅田和子、蒲原宏、岩井直子

論創ノンフィクション 043
ヒロポンと特攻——太平洋戦争の日本軍

2023年10月1日　初版第1刷発行

著　者　相可文代
発行者　森下紀夫
発行所　論創社
東京都千代田区神田神保町 2-23　北井ビル
電話　03（3264）5254　振替口座　00160-1-155266

カバーデザイン　奥定泰之
組版・本文デザイン　アジュール
校　正　小山妙子
印刷・製本　精文堂印刷株式会社
編　集　谷川 茂

ISBN 978-4-8460-2231-0 C0036